LES MATINÉES

LITTÉRAIRES

Paris. — Imp. P.-A. Bourdier et Cᵉ, rue Mazarine, 30.

LES MATINÉES

LITTÉRAIRES

PAR

TAXILE DELORD

———

. PARIS

CHARPENTIER, LIBRAIRE-ÉDITEUR

28, QUAI DE L'ÉCOLE

—

1860

LES MATINÉES
LITTÉRAIRES

LA POÉSIE AU SEIZIÈME SIÈCLE

AGRIPPA D'AUBIGNÉ

(Les Tragiques)

I

Le titre de ce poëme est pour ainsi dire celui du
seizième siècle tout entier. Jamais les hommes ne
jouèrent plus sanglante tragédie, et plus longue en
même temps. Tragédie politique, tragédie religieuse,
guerres civiles, bûchers, assassinats individuels,
meurtres collectifs, pillages, trahisons se succèdent
sans interruption, et forment le fond uniforme des
éléments que les acteurs mettent en scène. Acteurs
impitoyables, mais jamais vulgaires, car de telles
époques ont le privilége de créer des caractères qui
joignent l'originalité à une certaine grandeur. Ces
temps de troubles, de luttes, de perpétuelle action
sont peu favorables à la littérature, la poésie est dans
les hommes plutôt que dans les livres. Cependant les
rares travaux littéraires qui survivent à ces heures
troublées ont un charme particulier qui agit sur nous
comme l'odeur de la poudre, le bruit des arquebu-

sades et le son du tambour. C'est tout cela que nous croyons entendre dans les vers de d'Aubigné.

Braves vers! dignes vers! comme les appelle Chamier, composés en campagne pendant les longues chevauchées, les haltes de bivouac, les nuits dans la tranchée, dictés pour consoler les ennuis d'une lente guérison par un soldat blessé sur son lit de souffrance :

> D'ici, la botte en jambe et non pas le cothurne,
> J'appelle Melpomène en sa vive fureur.

La réforme ne parvint point à fonder en France une littérature à elle. Le temps lui manqua pour cela. On vit seulement sortir des rangs des réformés quelques individualités puissantes, parmi lesquelles d'Aubigné mérite de figurer en première ligne. Que serait devenue cependant la littérature française si la réforme eût triomphé? Quelque chose de très-grand, sans contredit, une littérature plus large, plus vivante, plus humaine que celle du dix-septième siècle, si l'on en juge par l'admirable poëme dont nous allons parler, poëme imparfait sans doute, semé d'incorrections et de longueurs, mais d'une vigueur peu commune, d'une éloquence toujours énergique, gracieuse souvent, et où on sent l'homme plus que l'écrivain, le cœur mieux que le talent.

S'il est trop exagéré de soutenir que la réforme donna naissance à un homme nouveau, on peut dire néanmoins qu'elle créa l'homme moderne, prenant ses inspirations dans sa conscience, libre et responsable devant lui-même et devant Dieu. En affranchissant la pensée religieuse, la réforme vint également affranchir l'inspiration poétique, car, dès le début, elle se sépara de la renaissance, qui ramenait les esprits vers le passé, et dissimulait sous les fleurs de son printemps le joug qu'elle devait plus tard faire porter à la littérature française. Les catholiques ont beau la renier maintenant et la maudire, la renaissance fut essentiellement catholique; fille du paganisme et de la papauté, elle montra d'une façon éclatante quels secrets rapports unissaient le génie de l'ancienne Rome à celui de la moderne.

Le souffle de la réforme, qui animait des hommes comme Jean Cousin, Jean Goujon, Palissy, Goudimel, dans les arts, comme du Bartas et d'Aubigné dans les lettres, comme Hotman, Beroalde, Ambroise Paré dans l'histoire et dans la science, était évidemment le souffle de l'avenir; dans leurs œuvres on reconnaît l'homme nouveau, cherchant en lui-même sa direction, rompant ouvertement avec les vieilles traditions. Ce ne sont plus seulement les monstres gracieux du paganisme que Palissy nous fait voir dans ses figulines rustiques, mais les créatures du bon Dieu et ses plus doux présents, les poissons, les oiseaux, les fruits, les fleurs. L'art vient de retrouver la nature, et c'est à la réforme qu'il le doit. Quoique la théorie de Hotman ait fourni plus tard des arguments à des intérêts qu'il ne croyait pas servir, elle n'en inaugure pas moins le règne de la philosophie de l'histoire. Ambroise Paré a de nombreux ennemis qui, flairant en lui le calviniste, le poursuivent sans relâche. Quel est le crime dont ils l'accusent? « d'avoir mis l'instrument aux mains de tout le monde. » En effet, Paré crée l'enseignement populaire, il écrit en français, il vulgarise la science, il la profane, il la perd, au dire des chirurgiens officiels, qui le dénoncent « au magistrat civil, à l'ecclésiastique, au populaire. »

En France, la réforme fut moins une religion, une secte, qu'une idée commune ralliant tous les gens lassés de l'esclavage de corps et d'esprit qui courbait les hommes depuis si longtemps et dominés par le besoin de réagir contre les hontes, les crimes et la corruption de l'époque. Outre l'esprit de liberté et le sentiment de la nature qui étaient en elle, la réforme trouvait encore dans cette tendance des cœurs une source féconde de poésie. Des mœurs nouvelles existaient qui pouvaient donner naissance à une littérature nouvelle ; mœurs d'abnégation, de pureté, d'amour chaste, de sacrifice, d'honneur, de foi persévérante. Qu'on ne nous parle pas de l'orgueil et de la sécheresse calvinistes ; ce n'est pas en France que Calvin eut ses plus rigoureux disciples, mais en Écosse, en Suisse, en Angleterre.

Les hommes de la réforme, d'abord simples bourgeois, ouvriers, paysans, comme les premiers chrétiens dont ils cherchaient la trace, loin de persécuter, ne songeaient pas même à se défendre et ne savaient que mourir. Plus tard, quand les nobles se mettent à leur tête, c'est la liberté elle-même, et non pas tel ou tel symbole religieux, qu'ils veulent défendre. Coligny, dans sa ville de Châtillon, protége également les deux cultes. « Sur la tête et sur le cerveau, disait Duplessis-Mornay, il n'y a prise que par

les oreilles. » Résignation et tolérance, ces deux sentiments marquent la réforme naissante d'un caractère
vénérable ; et les persécutions les plus acharnées ne
parvinrent pas à les lui faire perdre entièrement. La
muse protestante se souvenait encore des martyrs
des Valois, lorsqu'elle faisait chanter aux nouveaux
martyrs de la révocation cette touchante complainte
de 1698 :

> Notre cœur, ô Dieu, te réclame.
> Nos cris implorent ton secours :
> Regarde au triste état qui consume nos jours,
>   Vois l'amertume de notre âme,
>   Connais nos maux, viens les guérir.
> Viens nous tirer, Seigneur, d'un affreux précipice,
>   Et jette ton regard propice
>   Sur des pécheurs prêts à périr.
>
>   Nos filles dans les monastères,
>   Nos prisonniers dans les cachots,
> Nos martyrs dont le sang s'écoule à si grands flots,
>   Nos confesseurs sur les galères,
>   Nos malades persécutés,
> Nos mourants exposés à plus d'une furie,
>   Nos morts, traînés à la voirie,
>   Te disent nos calamités.
>
>   Quelles plaintes assez amères
>   Sur nos enfants infortunés !
> Victimes des péchés de ceux dont ils sont nés,
>   Arrachés du sein de leurs mères,
>   Et qui, dans ce destin fatal,
> Immolés à l'erreur par des mains inhumaines,
>   Du péché reçoivent la peine
>   Avant que de faire le mal.

Ton courroux veut-il nous éteindre ?
Nous nous retirons dans ton sein.
De nous exterminer formes-tu le dessein ?
Nous formons celui de te craindre,
Malgré nos maux, malgré la mort,
Nous bénirons les traits que ta main nous apprête ;
Ce sont les coups d'une tempête,
Mais ils ramènent dans le port.

Puisse un si beau retour de zèle
Être instructif aux ignorants,
Relever les tombés, ramener les errants,
Affermir quiconque chancelle,
Nous rétablir en ta faveur,
Sauver nos ennemis, édifier nos frères,
Et triompher de nos misères,
Par Jésus-Christ, notre Sauveur !

Dans les villes et dans les campagnes, un nouveau peuple pour ainsi dire s'était formé à côté de l'ancien, peuple de mœurs pures et chastes, dévoué à sa foi, laborieux, préparant déjà les éléments de cette France industrielle que le fanatisme du dix-septième siècle devait disperser. L'ouvrier de la réforme apprenait dans l'Évangile que l'homme se sanctifie par le travail comme par la prière, et il aimait l'un autant que l'autre. Après une semaine passée tout entière à la besogne, son besoin le plus pressant était d'assister au service divin. Regardez cette barque qui suit doucement le fil de l'eau par un beau dimanche d'été : elle est pleine d'hommes et de femmes tenant des enfants sur leurs genoux; ils font entendre des chants religieux; ce sont des réformés qui se rendent au temple d'Ablon ou de Charenton en entonnant des

psaumes pour abréger les lenteurs de la traversée.
Rien n'égale le zèle de ces pauvres gens à se rendre
loin de la ville, au lieu où il leur est seulement permis d'entendre la parole de vie. Les boues, les neiges, les glaces de l'hiver, l'ardent soleil de l'été, rien
ne les arrête. Les mères vont à pied portant dans
leurs bras les nouveau-nés à baptiser. Peuple et bourgeoisie, tous les réformés partagent ce zèle. Rien
n'est attendrissant comme de lire à ce sujet les fragments du journal de Casaubon, un des plus illustres
érudits d'une époque qui compta tant d'érudits, l'é-
mule de Juste-Lipse et de Scaliger.

« *4 des nones d'avril.* — Je te rends grâce, ô Dieu !
« de ce que tu nous as donné de faire heureusement
« le voyage que nous avions projeté hier. Nous avons
« cependant beaucoup souffert du temps qu'il a fait,
« battus par le vent, qui n'a pas cessé, avec la neige
« et la grêle tombant sans interruption, tandis qu'une
« boue profonde empêchait les chevaux de marcher.
« Mais qu'est-ce que cela? Cela vaut-il la peine d'être
« rapporté à côté du bien incomparable dont tu nous
« as fait jouir? »

« *15 des calendes d'octobre.* — Je m'étais disposé
« de bon matin à prendre le bateau pour me rendre
« au temple; mais lorsque je suis arrivé au port, j'ai
« appris qu'aucun bateau ne partait aujourd'hui. Il
« m'en a coûté d'être privé d'un si grand bien. Mais,
« ô Dieu! mets dans mon cœur la vraie piété, et y
« grave profondément ta sagesse. *Amen* »

« *Ides d'octobre.* — Nous avons consacré ce jour
« au Seigneur et à l'ouïe de sa sainte parole. Malgré

« un temps affreux, nous avons été à Ablon, et nous
« y avons entendu M. Montigny, qui a prêché deux
« fois. Gâces soient à Dieu ! »

« 3 *des nones de décembre.* — Il est enfin venu le
« jour où nous partons à Ablon et présentons au bap-
« tême notre petite fille dernière née. Nous nous y
« rendons, mon Dieu ! confiants dans ton aide. Con-
« duis-nous dans l'aller et le retour, je t'en supplie.
« Conserve ma femme retenue au lit par cette grave
« maladie, et rends-lui la santé d'autrefois. — J'é-
« crivis ces lignes au départ ; en revenant, j'ajoute
« celles-ci : Tu as bien voulu, ô notre bon père ! que
« notre petite fille fût reçue dans ton Église et que
« nous lui donnassions le nom d'*Anne ;* je t'en rends
« grâce avec une profonde reconnaissance. Fais main-
« tenant, ô Dieu saint, que, par la miséricorde de ton
« fils unique, Notre-Seigneur, et la puissance de ton
« Saint-Esprit, la vertu du sacrement lui soit com-
« muniquée, non pas seulement en parole, mais en
« réalité. Tu m'as aussi accordé ce grand bienfait, ô
« père excellent, de trouver ma femme un peu mieux
« au retour. J'espère que bientôt nous pourrons, elle
« et moi, et nos enfants, aller de nouveau rendre des
« grâces spéciales de ce que tu lui auras rendu la
« santé. Ainsi soit-il. Mon Dieu ! conserve et protége-
« nous tous ! *Amen.* »

« 13 *des calendes de juin.* — Je vais à Ablon au-
« jourd'hui, s'il plaît à Dieu. J'y suis allé, en effet,
« et j'en suis revenu sain et sauf. Pourtant, en écri-
« vant ces lignes, je me ressens du temps affreux
« qu'il a fait ; j'y étais allé à pied... »

Le pâtre des Cévennes, le paysan du Dauphiné, des pays d'Aunis, de Saintonge et du Poitou, répétaient cette chanson en se rendant le matin au travail :

> Jà le voile de la nuict
> Petit à petit s'efface,
> Et les astres donnent place
> Au beau soleil qui les suit.
>
> Sus, mon cœur pren ton déduit
> A chanter devant la face
> Du Seigneur, qui par sa grâce
> Le temps gouverne et conduit.
>
> Seigneur ! qui de ce soleil
> Fais le rayon nompareil
> Sur bons et sur mauvais luire,
>
> Illumine nos esprits,
> Pour, au céleste pourpris,
> Heureusement les conduire.

La poésie de la réforme parlait déjà, comme on le voit, une langue harmonieuse et châtiée qui pouvait facilement, et par des transitions insensibles, être conduite à la perfection. Animée des plus nobles sentiments, éclose au foyer domestique, fortifiée par la lutte, guerrière et pacifique à la fois, accompagnant les psaumes du clairon, sachant manier la plume, le mousquet, la navette et la charrue, fille de la chaumière, du manoir et des camps, cette poésie n'attendait plus que la paix pour produire ses chefs-d'œuvre; on l'étouffa dans le sang de la Saint-Barthélemy. Les chefs-d'œuvre du dix-septième siècle ne nous empêchent pas de la regretter.

Les femmes jouèrent un grand rôle dans la réforme, et elles auraient exercé une salutaire influence sur la littérature française toujours trop disposée à se chamarrer des couleurs et des vices de la cour. Au lieu de ces courtisanes brillantes devant lesquelles poëtes et écrivains se sont prosternés à l'envi, elles leur auraient montré de véritables héroïnes d'amour et de dévouement, Jeanne d'Albret, madame de Coligny, Charlotte Arbaleste, la femme de Duplessis-Mornay, la seconde madame d'Aubigné, et tant d'autres que nous pourrions citer.

Tout le monde connaît les nobles paroles de madame de Coligny exhortant son mari à prendre les armes : « Nos frères, chair de notre chair et os de « nos os, sont, les uns dans les cachots, les autres « dans les champs à la merci des corbeaux et des « chiens. Dieu vous a donné la science de capitaine; « pouvez-vous, en conscience, en refuser l'usage à « ses enfants? Vous m'avez avoué qu'elle vous ré- « veillait quelquefois : elle est le truchement de Dieu. « Vous serez meurtrier de ceux que vous n'empêche- « rez pas d'être meurtris. » Et Coligny répondait : « Sondez à bon escient votre constance; si elle pourra « digérer les déroutes générales, les opprobres de vos « ennemis et ceux de vos partisans, les reproches des « peuples. La trahison des vôtres, l'exil en pays étran- « ger, votre honte, votre nudité, votre faim, et ce qui « est plus dur celle de vos enfants?» — «Oui,» reprenait la femme magnanime, et Coligny mettait la cuirasse.

Échappée comme par miracle à la Saint-Barthé- lemy, après des périls dont il faut lire le récit dans

ses mémoires, Charlotte Arbaleste, veuve de M. de Feuquière, devient la femme de Duplessis-Mornay. Savez-vous quelle est « la requeste » qu'elle lui adressa le jour de ses noces? Elle pria son mari d'écrire pour elle un *Traité de la vie et de la mort*, qui s'ouvre par un début plein de grâce poétique : «C'est
« un cas estrange, et dont je ne me puis assez es-
« merveiller que les manouvriers, pour se reposer,
« hastent, par manière de dire, le cours du soleil;
« que les mariniers voguent à toute force pour arri-
« ver au port, et, de si loin qu'ils découvrent la coste,
« jettent cris d'allégresse; que les pèlerins n'ont bien
« ni ayse tant qu'ils soient au bout de leur voyage;
« et que nous, cependant, qui sommes en ce monde
« attachez et liez à un perpétuel ouvrage, agitez de
« continuelles tempestes, harassez d'un si scabreux
« et malaisé chemin, ne voyons toutefois la fin et le
« bout de notre tasche qu'à regret, ne regardons no-
« tre vray port qu'avec larmes, n'approchons de nos-
« tre giste et paisible séjour qu'avec horreur et
« tremblement. Notre vie est une toile de Péné-
« lope... »

Madame d'Aubigné allait épouser son mari lorsqu'on vint lui apprendre qu'il était condamné à mort:
« Eh bien! répondit-elle, je partagerai avec lui la
« querelle de Dieu! »

La foi qui inspirait les vers et la prose que nous venons de citer, qui créait de tels caractères, ne pouvait manquer de donner naissance à une grande et belle littérature; mais lorsque Coligny succomba, comme dit un sonnet de l'époque :

> . . . . non au combat vaincu,
> Non en guerre surprins, non par ruze déceu,
> Non pour avoir trahi son roy ou sa province,
> Mais bien pour aimer trop le repos des François,
> Servir Dieu purement et révérer ses lois,
> Et pour s'estre fié de la foy de son prince,

la réforme le suivit dans la tombe. Elle était morte sans avoir eu le temps de se recueillir, et de réaliser les promesses de la première heure. Proscrit, mutilé, sanglant, le protestantisme, qui succédait à la réforme, ne pouvait produire désormais qu'une œuvre d'affliction, de colère et de vengeance comme les *Tragiques*.

II

Quand les *Tragiques* parurent, vers 1616, la réforme et le protestantisme étaient vaincus. Le public lettré ne lut pas ce poëme, qui ne s'adressait pas à lui. Malherbe et ses disciples, alors tout entiers à la réforme du langage et aux grâces de la cour, ne pouvaient pas faire grand accueil à ce dernier-né de la vieille poésie, à ce sombre et fier enfant de la guerre civile. Quelques seigneurs retirés dans leur château démantelé, quelques bourgeois, quelques magistrats échappés au massacre de la Saint-Barthélemy ouvrirent seuls le volume, le soir, à la veillée; entre un psaume et un chapitre de la Bible, ils en récitèrent d'une voix attendrie et indignée les vers ardents, ces braves vers qui leur rappelaient les an-

ciennes douleurs et les gloires passées. Chaque jour
voyait disparaître ces restes de martyrs brisés par
l'âge, par les fatigues de la guerre, par le chagrin.
Ceux qui survivaient perdus, oubliés, découragés au
sein d'une nation nouvelle, n'avaient guère le pouvoir de faire le succès d'un livre; vint ensuite le
siècle des illustres ingrats littéraires, le siècle de la
courtisanerie superbe, le dix-septième siècle, en
un mot, le poëme de d'Aubigné fut oublié, et les derniers exemplaires des *Tragiques* retrouvés dans les
perquisitions de l'édit de Nantes servirent à allumer
le feu des dragons de Bâville envoyés par la petite-
fille de l'auteur.

« Qui prendra après nous, se demande d'Aubi-
« gné, la peine de lire les rares histoires de notre
« siècle, opprimées, esteintes, étouffées par celles
« des charlatans gagez? » C'est pour répondre d'a-
vance à ces historiens mercenaires qu'il autorise
la publication des *Tragiques* : « Nous sommes en-
« nuyés, dit-il encore, des livres qui enseignent ;
« donnez-nous-en pour esmouvoir, en un siècle où
« tout zèle chrestien est péri, où la différence du
« vrai et du mensonge est comme abolie. Les indif-
« férents, les profanes mocqueurs, les trafiqueurs
« du droit et de Dieu font monstre de leur douce
« vie, de leur récompense, et par leur estat ont
« esbloui les yeux de nos jeunes gens, que l'hon-
« neur ne picque plus, que le péril ne réveille
« point. »

Ce livre pour émouvoir, nul plus que d'Aubigné
n'était capable de le donner à son parti et à la

France. Il avait fait la guerre et suivi la cour, il avait assisté à toutes les batailles, à toutes les fêtes, à toutes les tragédies de son époque; sa naissance elle-même est un drame terrible; entre la mère et l'enfant les médecins condamnent le père à choisir. L'enfant vint au monde et reçut le nom d'Agrippa (*quasi œgrè partus*), en souvenir de sa naissance douloureuse. D'un père fort et courageux, le jeune d'Aubigné reçut une éducation forte et courageuse, savante et militaire à la fois. A sept ans, il savait assez de grec, dit-il, pour traduire le *Crito* de Platon. Pendant que de ses maîtres il recevait le doux génie de la Grèce, son père prenait soin de lui former un cœur romain. Conduit par lui à l'âge de huit ans et demi à Paris, ils traversaient tous les deux Amboise; sur la place du marché, à des crocs sanglants, pendaient encore les têtes des conspirateurs de cette ville. *Ils ont décapité la France !* s'écria le vieux gentilhomme. *Mon enfant*, ajouta-t-il, en mettant la main sur la tête de son fils, *il ne faut point épargner ta tête après la mienne pour venger ces chefs pleins d'honneur; si tu t'y épargnes, tu auras ma malédiction.*

D'Aubigné ne s'y épargna point; toute sa vie il combattit de l'épée et de la plume pour remplir la promesse faite à son père.

Quelque temps après la Saint-Barthélemy, commença, entre d'Aubigné et le roi de Navarre, cette longue liaison, on peut le dire, qui ne finit qu'à la mort de Henri IV; liaison mêlée de brouilles, de raccommodements, de disgrâce et de faveur, dans laquelle cependant d'Aubigné conserva toujours sa dignité et son indépendance. « Sire, écrit-il un jour « dans une lettre d'adieu à son maître, votre mémoire « vous reprochera douze années de mes services et « douze plaies sur mon corps ; elle vous fera souvenir « de votre prison, et que la main qui vous écrit en a « rompu les verrouils et est demeurée pure en vous « servant, vide de vos bienfaits et exempte de cor- « ruption, tant de votre ennemi que de vous-même. « Par cet écrit je vous recommande à Dieu, à qui « je donne mes services passés, et à vous ceux de « l'avenir, par lesquels je m'efforcerai de vous « faire connaître qu'en me perdant vous avez perdu « votre, etc. » Comme le soldat méconnu prenait la route de sa maison, un vieil épagneul vint se traîner à ses pieds et le caresser. C'était un fidèle servi- teur comme lui, Citron, le chien du roi, qui mou- rait de faim dans les rues d'Agen. D'Aubigné im- provisa les beaux vers suivants, qu'il fit attacher au cou de l'épagneul :

Sire, votre Citron, qui couchait autrefois
Sur votre lit paré, couche ores sur la dure.
C'est ce fidèle chien qui apprit de nature
A faire des amis et des traîtres le choix.
C'est lui qui les brigands effrayait de sa voix,
Et des dents les meurtriers : d'où vient donc qu'il endure
La faim, le froid, les coups, les dédains et l'injure,
Payement coutumier du service des rois ?
Sa fierté, sa beauté, sa jeunesse agréable
Le fit chérir de vous ; mais il fut redoutable
A vos traîneux, aux siens, par sa dextérité.
Courtisans qui jetez vos dédaigneuses vues

Sur ce chien délaissé, mort de faim par les rues,
Attendez ce loyer de la fidélité.

Le roi eut honte, il fit recueillir Citron, et se ré-
concilia avec d'Aubigné ; on vit ce dernier combattre
à côté de son maître à Coutras, sous les murs de
Paris, toujours intrépide et dévoué, mais toujours
indépendant. Il était avec Henri de Navarre au moment de l'assassinat de Henri III. « Sire, lui dit-il,
« vous avez plus besoin de conseil que de conso-
« lation ; ce que vous ferez dans une heure donnera
« bon ou mauvais branle à tout le reste de votre
« vie, et vous fera roi ou rien. Vous êtes circuit de
« gens qui grondent et qui craignent, et couvrent
« leurs craintes de prétextes généraux ; si vous
« vous soumettez à la peur des vôtres, qui est-ce
« qui vous pourra craindre, et qui ne craindrez-vous
« point? Si vous pensez vaincre par bassesse ceux
« qui murmurent par cette maladie, de qui ne serez-
« vous point tyrannisé? Je les viens d'ouïr ; ils me-
« nacent que si vous ne changez de religion ils
« changeront de parti, en feront un à part pour
« venger la mort du roi. Comment oseront-ils cela
« sans vous? Gardez-vous bien de juger ces gens-là
« sectateurs de la royauté pour appui du royaume :
« ils n'en sont ni fauteurs ni auteurs ; s'ils en sont
« marqués, c'est comme les cicatrices marquent un
« corps. Quand votre conscience ne vous dicterait
« point la réponse qu'il leur faut, respectez les
« pensées des têtes qui ont gardé la vôtre jusqu'ici ;
« appuyez-vous, après Dieu, sur ces épaules fermes,

« et non sur ces roseaux tremblants à tous vents ;
« gardez cette partie saine à vous, et dedans le
« reste perdez ce qui ne se peut conserver. »

Le roi suivit ces conseils ; il resta protestant jusqu'au moment où il crut que son intérêt lui com-
mandait de ne plus l'être ; entre le serviteur fidèle
et le maître apostat, les rapports, déjà fort difficiles
avant la conversion, durent s'aigrir encore davantage après. D'Aubigné poussait loin la franchise et
même la rudesse. Un jour Henri IV lui montrait sa
lèvre où l'on voyait encore la cicatrice du coup de
couteau de Jean Chastel : « Sire, lui dit d'Aubigné,
« vous n'avez encore renoncé à Dieu que des lèvres,
« et il s'est contenté de les percer ; mais si vous le
« renoncez un jour du cœur, alors il percera le
« cœur. » Gabrielle, qui était présente, trouva ces
paroles fort belles mais mal employées : « Oui, ma-
« dame, répliqua d'Aubigné, parce qu'elles ne ser-
« viront de rien. »

En 1577, d'Aubigné vivait à Casteljaloux, dont il
était gouverneur et où il s'était retiré à la suite
d'une de ces nombreuses brouilles dont nous venons de parler entre Henri de Navarre et lui. Blessé
assez dangereusement après une tentative pour s'emparer de Villefranche, repassant dans ses insomnies
les drames cruels et sanglants auxquels il avait déjà
assisté, mécontent du présent, désespérant de l'a-
venir, le vieux soldat composa sur son lit de douleur
les premiers vers de ses *Tragiques*, une des œuvres
satiriques les plus fortes qu'on ait jamais écrites
dans aucune langue. Ce poëme a sept chants. Les

deux premiers chants (*les Misères et les Princes*) contiennent la peinture des malheurs de la France, des crimes des rois et de la noblesse. Le troisième, la *Chambre dorée*, nous montre toutes les bassesses, toutes les cruautés du parlement, vénal et fanatique complice des grands, bâillonnant les victimes, allumant les bûchers inutiles.

> La vérité du ciel ne fut onc baillonnée,
> Et cette race a veu (qui l'a plus estonnée)
> Que Dieu à ses tesmoings a donné maintes fois
> (La langue estant coupée) une céleste voix ;
> Merveilles qui n'ont pas esté au siècle vaines.
> Les cendres des martyrs sont précieuses graines
> Qui, après les hyvers noirs d'orage et de pleurs,
> Ouvrent au doux printemps d'un million de fleurs
> Le baume salutaire, et sont nouvelles plantes
> Au milieu des parvis de Sion florissantes.

Ce troisième chant est celui où le poëte déploie le plus de force et de véhémence. Il est rempli presque tout entier par une allégorie qui nous montre les juges réunis entre les quatre murs de la chambre dorée :

> D'os de têtes de morts, au mortier exécrable,
> Les cendres des brûlés avaient servi de sable.

Vêtue d'une robe couleur de sang, l'Injustice, au regard furieux, à la balance surchargée d'or, occupe le siége de la présidence ; l'Avarice insatiable, l'Ambition, l'Ivrognerie,

> Étourdie au matin, et sur le soir violente ;

la Vanité, la Luxure, la Trahison, l'Hypocrisie,

> Qui parle doucement, et sur son dos bigot
> Va par zèle porter au bûcher un fagot;

l'Insolence, la Bouffonnerie, la Crainte :

> Son avis ne dit rien qu'un triste oui qui tremble;
> Elle a sous un tetin la plaie où le malheur
> Ficha ses doigts crochus pour lui ôter le cœur;

puis, enfin,

> La Paresse accroupie au marchepied du banc,
> Qui, le menton au sein, la main à la pochette,
> Feint de voir; et sans voir, juge sur l'étiquette.

Tous ces vices composent le tribunal et défilent sous les yeux du lecteur avec une vérité de ton, une fécondité, une puissance de description que peu d'écrivains ont égalées. Vers la fin, cependant, les allusions deviennent moins frappantes, la colère du poëte se fatigue et languit; il ne retrouve sa verve que dans la magnifique malédiction de la fin :

> Que ceux qui ont fermé les yeux à nos misères,
> Que ceux qui n'ont point eu d'oreille à nos prières,
> De cœur pour secourir, mais bien pour tourmenter,
> Point de main pour donner, mais bien pour nous ôter,
> Trouvent tes yeux fermés à juger leurs misères !
> Ton oreille soit sourde en oyant leurs prières;
> Ton sein ferré soit clos aux pitiés, aux pardons,
> Ta main sèche, stérile aux bienfaits et aux dons !
> Soient tes yeux clairvoyants à leurs péchés extrèmes,
> Soit ton oreille ouverte à leurs cris de blasphèmes,
> Ton sein déboutonné pour s'enfler de courroux,
> Et ta main diligente à redoubler tes coups !

Les quatre derniers chants des *Tragiques* nous paraissent gâtés par de grands défauts, qui sont un peu les défauts du temps, l'enflure, le fatras théologique, un certain mysticisme apocalyptique, l'incohérence d'une colère qui ne sait plus se contenir. Tout cela forme un mélange confus de mots et d'idées : l'on a peine à saisir çà et là quelques passages où se retrouve l'inspiration poétique qui dicta dans le premier chant les morceaux dans lesquels le poëte, comparant les rois du passé aux rois du présent, décrit leur entrée dans une ville :

> Vos tyrans aujourd'hui entrent d'une autre sorte ;
> La ville qui les voit a visage de morte.
> Quand son prince la foule, il la voit de tels yeux
> Que Néron voyait Rome en l'éclat de ses feux ;
> Quand le tyran s'égaye en la ville qu'il entre,
> La ville est un corps mort, il passe sur son ventre ;

et personnifiant la France sous les traits d'une mère, le sein déchiré par deux jumeaux, dont l'un

> Faict degast du doux lait qui doit nourrir les deux,

met dans la bouche de la mère cette terrible apostrophe :

> Elle dit : « Vous avez, félons, ensanglanté
> « Le sein qui vous nourrit et qui vous a porté ;
> « Or, vivez de venin, sanglante géniture !
> « Je n'ai plus que du sang pour votre nourriture ! »

Aucun livre, aucune histoire ne donne une idée plus complète, plus saisissante, plus vraie que le chant

second du poëme de d'Aubigné, des crimes et des
turpitudes de cette ignoble et tragique époque où
l'on fit jouer un si grand rôle à la religion :

> Du Louvre les retraits sont hideux cimetières
> D'enfants vuidés, tués par les apoticaires !
> Vos filles ont bien seu quelles receptes font
> Massacre dans leur flanc des enfants qu'elles ont.

Nous n'osons point citer le portrait de Henri III et
le tableau de sa cour ; le pinceau de d'Aubigné est
trop éclatant et trop sincère. Voici pourtant un passage où un jeune homme nouvellement débarqué au
Louvre demande à un vieux courtisan le nom de
quelques seigneurs devant lesquels tout le monde
s'incline.

> Ce courtisan grison, s'esmerveillant de quoy
> Quelqu'un mesconnoissoit les mignons de son roy,
> Raconte leurs grandeurs, comment la France entière,
> Escabeau de leurs pieds, leur étoit tributaire.
> A l'enfant qui disoit : « Sont-ils grands terriens
> « Que leur nom est sans nom par les historiens ? »
> Il respond : « Rien du tout, ils sont mignons du prince.
> « — Ont-ils sur l'Espagnol gagné quelque province ?
> « Ont-ils par leurs conseils relevé un malheur ?
> « Délivré leur pays par extrème valleur ?
> « Ont-ils sauvé le roy, commandé quelque armée,
> « Et par elle gaigné quelque heureuse journée ? »
> A tout fut répondu : « Mon jeune homme, je croy
> « Que vous êtes bien neuf : ce sont mignons du roy. »

Le mouvement de cette fière tirade a été bien souvent reproduit depuis. Que de tours, que d'expressions de cette vieille poésie nous retrouvons dans la

poésie moderne. Certains morceaux des *Contempla-tions* et de la *Légende des siècles* nous reviennent à la mémoire en lisant ces vers des *Tragiques :*

> Prête-moi, Vérité, ta pastorale fronde,
> Que j'enfonce dedans la pierre la plus ronde
> Que je pourrai choisir, et que ce caillou rond
> Du *vice-Goliath* s'enchâsse dans le front.

Le romantisme a bien raison de chercher à se rattacher au mouvement littéraire de la réforme. C'est sa tendance actuelle; c'est par là qu'il peut se sauver et retenir autour de lui les intelligences. Le romantisme, à ses débuts, attaqua le dix-septième siècle au point de vue de la forme littéraire. C'était se placer sur un terrain étroit, et où l'ennemi pouvait avoir l'avantage. Le romantisme, éclairé par l'expérience, doit transporter le combat sur un autre terrain; c'est contre la pensée du dix-septième siècle qu'il faut lutter. Le dix-septième siècle fut une vaste et brillante réaction de l'esprit ancien contre l'esprit moderne, secondée par le triomphe de la monarchie. L'esprit moderne, l'esprit de la réforme vaincu dans la politique, devait l'être aussi dans la littérature. Défaite d'un moment, car la révolution commencée au seizième siècle continue dans les institutions aussi bien que dans les livres. Le romantisme se dépouille de ces oripeaux gothiques dont il s'était affublé, il sent que son berceau véritable n'est point dans l'Église, mais qu'il est sorti bien plutôt de la flamme des bûchers allumés par elle. Le romantisme a cessé d'être une simple réaction littéraire contre le dix-septième

siècle. Absorbé dans l'idolâtrie monarchique, ce siècle a néanmoins rendu de grands services aux lettres
en les épurant; sans doute, cette épuration, si la réforme eût triomphé, se serait accomplie par la réforme elle-même, et les lettres y auraient gagné plus
tôt cette liberté d'allure et de pensée qui leur est si
nécessaire; mais enfin cette épuration est faite, il
faut en profiter et la compléter, en ne craignant pas
de montrer les défauts et en même temps les rares
beautés des écrivains qui, comme d'Aubigné, furent nos pères, sinon nos maîtres, comme Racine et
Boileau.

Pauvre d'Aubigné! persécuté toute sa vie, c'est de
son sang, du sang généreux des martyrs, que sort la
femme qui, d'une âme froide et méthodique, achève
la sanglante persécution commencée contre les siens
au siècle précédent. Un homme de talent, qui a publié des études fort intéressantes sur les écrivains de la
réforme, M. Sayous, dit que, tout en évitant soigneusement les propos publics et en détournant la conversation de ce sujet, madame de Maintenon recueil-
lait en secret tous les détails qui touchaient à son
aïeul. Elle lisait sa vie sur un manuscrit dont elle
était parvenue à empêcher la publication en Hollande : « J'ai apporté l'histoire de mon grand-père,
c'est-à-dire *sa vie*, » écrit-elle à son frère pendant un
séjour qu'elle fait à la campagne. Elle y cherchait les
preuves de sa noblesse; elle y trouva aussi, ajoute
M. Sayous, le fier, railleur et bizarre portrait du
plus audacieux huguenot qui eût jamais parlé en
face à l'aïeul de Louis XIV. Qui sait si elle n'y ren-

contra pas le remords? L'âme profondément égoïste de Louis XIV y était insensible. Ses confesseurs, qui le connaissaient bien, lui disaient qu'en persécutant les protestants il faisait pénitence de ses vieux péchés; il était donc rassuré. On ne trompa point madame de Maintenon, et elle-même ne parvint sans doute pas à tromper sa conscience. Cette femme si intelligente n'était point fanatique; dans le zèle qu'elle déploie pour convertir ses proches, on sent qu'elle est plus touchée des avantages matériels que procure la conversion que de la conversion elle-même. Pendant une campagne de son cousin germain, M. de Villette, officier de marine, petit-fils aussi de l'auteur des *Tragiques*, elle fait enlever ses enfants, et elle écrit à leur mère pour la consoler : « M. de Seignelay m'a dit aujourd'hui que M. de « Villette seroit ici au mois de février. J'espère que « la tendresse qu'il a toujours eue pour moi l'empê- « chera de s'emporter, et qu'il démêlera bien au « milieu de sa colère que tout ce que j'ai fait est « une marque d'amitié pour mes proches. » Dans une autre lettre, elle ajoute à sa cousine, en lui parlant de sa fille : « Ne la plaignez point; elle se trouve « fort bien ici, et je suis ravie de l'avoir; elle est jo- « lie et aimable, et le talent que j'ai pour l'éducation « des enfants sera tout employé pour elle. »

Pendant que madame de Maintenon songe à l'avancement des siens et à la mise en œuvre de ses petits talents pour l'éducation, la persécution continue, et, comme au temps où son aïeul écrivait ces vers :

. . . . Les pitoyables mères
Pressent à l'estomac leurs enfants éperdus
Quand les tambours françois sont au loin entendus,

les protestants fugitifs chantent une dernière fois,
en passant la frontière, la touchante complainte de
Théodore de Bèze :

Adieu, France, adieu !
Qui estes le lieu
Qui premièrement
En monde me vîtes,
Et première ouïtes
Mon gémissement.

O mon pays doux,
Je meurs loin de vous,
Voire et volontiers,
Puisqu'en toy, ô France !
Font leur demeurance
Des saints meurtriers !...

Au milieu des ennuis et peut-être des remords des
dernières années de sa vie, madame de Maintenon
lisait souvent en cachette du roi le testament de son
grand-père. Quels sentiments cette lecture réveillait-
elle dans son âme? N'avait-elle pas appris à lire dans
cette Bible proscrite? n'avait-elle pas chanté dans
son enfance ces psaumes que tant de martyrs faits
par elle répétaient encore sous le nerf de bœuf du
comite, enchaînés au banc des galères du roi? Plus
d'une fois, les cris des victimes de la révocation durent retentir, sinon dans son cœur, du moins dans sa
conscience, et peut-être dans ses longues nuits d'in-

somnie vit-elle le fantôme de son aïeul soulever les rideaux de son alcôve quasi royale pour lui reprocher ses pères reniés et leurs fils proscrits, emprisonnés, décapités, traînés sur la claie par elle.

On a publié il n'y a pas longtemps une nouvelle édition des *Tragiques*, précédée d'une notice très-bien faite sur l'auteur, par M. Lalanne. Cette édition vient à la bonne heure. Notre temps ressemble un peu à celui de d'Aubigné : « La différence entre le vrai et le mensonge est comme abolie; les indifférents, les moqueurs étalent les douceurs de leur vie aux yeux de nos jeunes gens insensibles aux périls; » c'est le moment de répéter aux écrivains : « Nous sommes ennuyés des livres qui enseignent, donnez-nous-en pour esmouvoir. »

LE DIX-SEPTIÈME SIÈCLE

I

LES GRANDS JOURS D'AUVERGNE

(Mémoires de Fléchier)

LE CLERGÉ

Les *grands jours* étaient des assises extraordinaires que des commissaires désignés par le roi allaient tenir dans les contrées où la justice ordinaire ne suffisait pas. Ces commissaires, choisis parmi les membres du parlement et les maîtres des requêtes, étaient armés d'une autorité redoutable. Ils avaient le droit de juger sans appel, de faire des règlements pour le prix des denrées, les poids et mesures, la discipline ecclésiastique, en un mot pour toutes les parties de l'administration. Délégués immédiats de la puissance royale, ils la rendaient présente dans les provinces éloignées.

Lorsque Louis XIV prit en main le pouvoir, à la mort de Mazarin, l'Auvergne fut le premier pays qu'il crut devoir choisir pour faire sentir la force de son autorité. Une déclaration du roi portant établissement des *grands jours* à Clermont, datée du

31 août 1665, fut vérifiée et enregistrée au parlement le 5 septembre. M. de Novion, président à mortier, était nommé président de ce tribunal composé de seize conseillers ; M. Talon remplissait les fonctions du ministère public, et M. de Caumartin tenait les sceaux.

Fléchier, simple précepteur du fils de M. de Caumartin, accompagna son élève à Clermont. La mode était alors aux récits de voyage et aux historiettes. Fléchier, qui se piquait fort de bel esprit, écrivit une relation de son séjour en Auvergne, un peu à la façon de Chapelle et de Bachaumont, un peu aussi à la manière de Tallemant des Réaux. Cette relation, publiée pour la première fois en entier en 1844, valut à son éditeur, M. Gonod, une espèce de persécution en règle de la part de certains dévots. On alla jusqu'à contester l'authenticité de ces mémoires. La guerre fut si violente qu'il était à craindre que le malheureux éditeur ne se décidât point à en donner une seconde édition ; depuis sa mort, un éditeur plus audacieux s'est trouvé pour entreprendre cette publication, que M. Sainte-Beuve s'est chargé de faire accepter aux zélés, en prouvant, dans une introduction dont nous dirons quelques mots plus tard, que ces mémoires sont tout à fait d'accord et pour le ton et pour le fond avec ce qu'on pouvait attendre de la jeunesse de Fléchier, qu'ils ne la déparent en rien, qu'ils font honneur à l'esprit de l'auteur, à sa politesse, sans faire aucun tort à ses mœurs et à sa « prochaine et déjà commençante gravité. »

Ce n'est pas précisément la question de savoir

si la réputation de Fléchier et sa gravité commençante reçoivent quelque atteinte de la publication de
ces mémoires qui nous touche ; il faut convenir
pourtant que cette gravité se montre parfois sous un
singulier jour. Ce qui nous frappe, c'est le nombre et
le sérieux des documents que l'auteur a réunis sans
se douter qu'ils fourniraient un jour à l'histoire des
renseignements d'une si grande importance sur les
mœurs du clergé, de la noblesse et de la magistrature
dans ce siècle qu'on nous représente sans cesse
comme l'époque la plus brillante de la civilisation
en France. Parlons d'abord du clergé, c'est de droit,
puisqu'en fait de bonnes mœurs , il doit donner
l'exemple.

Les *grands jours* sont installés depuis deux mois
environ ; le 7 novembre, on condamne à mort le
curé de Saint-Babel. « C'était un homme qui ne man-
« quait pas d'esprit et qui était assez intelligent dans
« les affaires , mais qui se laissait emporter à ses
« passions, et qui ne se piquait pas trop de donner
« de grands exemples dans sa paroisse ; il était par-
« ticulièrement décrié pour ses amourettes, et l'on
« raconte de lui d'assez plaisantes histoires. » Voici
une de ces histoires : « Il était galant si à contre-
« temps, qu'un jour, une bonne femme l'ayant en-
« voyé prier de venir la voir et de l'entendre à con-
« fession dans une maladie extrême où elle était, il
« négligea de lui administrer les sacrements pour
« s'amuser à gagner une fille qu'il trouvait à son gré
« dans la maison, et ne se soucia plus du salut de la
« maîtresse dans le dessein qu'il eut contre l'honneur

« de la servante. — Quelle peine, disait-il, pour
« moi, d'être appelé par une personne que l'âge et la
« maladie ont réduite à l'extrémité, et quelle joie ce
« serait pour moi de venir pour vous qui avez de la
« jeunesse et de la beauté! Je vous avoue que je
« n'aime pas à entendre ces vieux péchés que nous
« racontent ces bonnes anciennes, et que ceux des
« jeunes gens me paraissent bien plus agréables. »

Le curé de Saint-Babel abusa de la simplicité de
la servante; mais ce n'est pas sur ce crime, ajoute
Fléchier, qu'on l'a jugé. Ce digne ecclésiastique avait
une grange où il tenait sous clef les fruits de la dîme
et ses maîtresses. Un paysan ayant eu la malice d'enfermer le curé dans ce réduit un jour qu'il ne s'y
trouvait point seul, cela l'obligea à appeler au secours
et à constater publiquement son scandale. Pour se
venger du mauvais plaisant, le curé, à la tête de trois
ou quatre chenapans, l'attendit au coin d'un bois, et
l'assomma à coups de bâton. Se voyant réduit à la
mort, le paysan demande la vie ou l'absolution; sur
quoi le curé lui décharge sur la tête un dernier coup
de gourdin qui l'étend roide sur la place.

L'affaire de M. le prieur de Saint-Germain est d'un
autre genre. C'est un honnête ecclésiastique, qui est
de qualité, mais qui n'a pour tout bien que le revenu de son bénéfice. On l'accuse d'avoir eu quelque
chose à démêler avec plusieurs personnes touchant
divers intérêts de ses fermes. Or, il ne fait pas bon
avoir des démêlés avec M. le prieur; il mande les
gens dans la sacristie, et là il leur administre les
étrivières avec toute la rigueur imaginable. M. le

prieur de Saint-Germain fut condamné par la justice des *grands jours* à huit cents livres de dommages et intérêts au profit des individus fustigés, et à trois ans de bannissement, mais on lui conserva son bénéfice.

Les évêques ne donnaient guère de meilleurs exemples. La principale occupation de Mgr Joachim d'Estaing « était de plaider contre ses chanoines et de « faire la guerre à son chapitre avec tant d'aigreur, « que, voulant faire tenir les ordres dans sa cathé- « trale par l'évêque de Bethléem, et les chanoines « lui refusant d'ouvrir la porte, il la fit enfoncer « avec des machines à peu près comme le bélier « dont les Romains se servaient autrefois dans les « siéges. Tous les bals se tenaient chez lui, et sa « maison, qui devait être une maison de prière et de « pénitence, était une maison de réjouissances et de « festins ; toutes les assemblés se faisaient dans la « salle de son évêché, où il ne paraissait point comme « évêque pour instruire son peuple, mais comme un « gentilhomme en habit violet qui disait des dou- « ceurs aux dames tout comme les autres. Il saluait « toutes les dames plus que paternellement, et me- « surant avec sa main leur visage, il rendait compte « de ce qu'elles étaient, et ne se trompait point sur « le jugement de leur beauté, quelque aveugle qu'il « fût, ayant son discernement aux mains comme les « autres l'ont aux yeux, et connaissant comme bon « pasteur toutes les brebis. Il était si peu retenu dans « les fonctions de son caractère, qu'un gentilhomme « lui ayant demandé un jour dispense pour presser

« son mariage, il lui dit qu'il ne l'accordait qu'à con-
« dition qu'il serait c..., et ses aumôniers ajoutèrent
« des choses que je n'ose dire. »

Tout cela n'empêche point Mgr Joachim d'Estaing d'administrer pendant trente-six ans l'Église et le diocèse de Clermont.

On devine ce que peut être le clergé sous un tel évêque. Les chanoines quittent l'aumusse et la soutane après le sermon, se montrent dans les rues parés de rubans et d'habits des couleurs les plus éclatantes, et vont aux comédies avec les dames. Les curés passent leur temps à boire et à courir le lièvre. L'un d'eux est si acharné à la chasse que, lorsqu'il porte le viatique dans une ferme, son clerc tient son fusil sur l'épaule, et, s'il découvre quelque gibier dans les champs, il quitte le saint sacrement, et, prenant son arme, il poursuit le gibier et bat la campagne sans plus songer au moribond qui l'attend.

« Ce que je dis ici, continue Fléchier après s'être
« étendu sur ces faits, me fait souvenir de la folie de
« ce curé d'Alençon, qui montait en chaire tous les
« jours de l'an, et publiait le nombre des maris trom-
« pés (Fléchier dit crûment le mot comme Molière)
« qu'il avait dans sa paroisse, et marquait si l'année
« qui venait de finir avait été bonne ou mauvaise; en
« faisant la procession, il faisait des cornes aux mar-
« guilliers qui le précédaient, et disait en pleine
« église une oraison pour les jésuites contre les jan-
« sénistes; ce qui lui attira l'amitié de ces bons pè-
« res, qui ont depuis sollicité pour lui dans un pro-
« cès qui l'embarrasse. »

Fléchier, quelques lignes plus loin, cite une ancienne bulle du pape qui exempte de la juridiction de l'évêque de Clermont les chanoines et les enfants qu'ils auront eus. Heureusement c'est un prêtre qui parle, sans cela on ne nous croirait pas.

Messieurs des grands jours n'ont pas seulement des meurtriers et des donneurs d'étrivières à punir parmi les membres du clergé ; on leur amène quelquefois des accusés moins coupables. Un jour, c'est un moine qui, ayant jeté le froc aux orties, se promène partout avec un justaucorps bleu et fait le bon courtisan avec les belles dames de l'Auvergne. Il fallut quitter la perruque et reprendre la tonsure. Beaucoup de religieuses abandonnaient également le cloître et réclamaient contre leurs vœux. « Je ne m'en étonnai pas, « reprend Fléchier ; on les contraint pour des inté- « rêts domestiques, on leur ôte par des menaces la « liberté de refuser ; et les mères les sacrifient avec « tant d'autorité, qu'elles sont forcées de subir le « coup sans se plaindre. »

Si les gens éclairés du dix-septième siècle ne croient plus au diable, ils pensent qu'il est de bonne politique d'y laisser croire les autres. M. de Novion ne serait pas fâché que quelque procès en magie et sorcellerie vînt brocher sur le fond un peu monotone de ses occupations judiciaires. Toujours pendre, décapiter, exiler, confisquer, mulcter, cela devient fastidieux à la longue ; si l'on pouvait faire brûler quelqu'un ! Le président des *grands jours* touche au moment de voir ce souhait réalisé. L'intendant d'Aurillac fait arrêter un président à l'élection de Brioude, qu'on accuse de sorcellerie. Un de ses valets vient déposer qu'il lui a donné un grimoire au moyen duquel il pouvait, lorsqu'il était à l'église, s'élever de terre en présence de tout le monde, et planer dans les airs comme un oiseau.

Interrogé sur ce fait, le président volant s'emporte furieusement et supplie qu'on ne le presse pas davantage, promettant de confesser le lendemain tous les déréglements de sa vie. On le met donc aux mains de quatre estafiers; mais soit par le secours du diable son compère, soit autrement, le président s'échappe et se jette dans les bois, où on essaye en vain de le poursuivre : « Voilà comme le diable est de bonne foi et « d'amitié pour ceux qui l'aiment, et comme il trompe « même les intendants. J'eus bien du regret qu'on « eût perdu cette occasion d'apprendre des nouvelles « du sabbat, et de savoir l'art des caractères ; peut-« être quelque bon ange ennemi du démon le livrera « encore à la justice. »

On voit que Fléchier est assez sceptique à l'endroit du diable; néanmoins nous croyons que le président à l'élection de Brioude fit sagement de mettre l'épaisseur des bois de l'Auvergne entre ses juges et lui, et de ne leur point venir donner des nouvelles du sabbat, qu'ils désiraient tant d'apprendre ; il lui en eût peut-être coûté cher de satisfaire leur curiosité.

Cependant M. Talon, « cet homme redoutable à tous les états, » ayant représenté les abus de l'état ecclésiastique, le libertinage des monastères, le désordre et scandale des religieuses de campagne, messieurs des *grands jours* nomment des délégués tirés du sein de la cour, qui procéderont d'urgence à la réforme. Cette ordonnance fait jeter les hauts cris aux personnes vraiment pieuses.

Fléchier parle d'un gentilhomme qui s'offre de mettre la main au feu pour confirmer l'infaillibilité du pape, et croit absolument qu'elle ne brûlerait pas. Il ne parle que de massacrer tous les ennemis de l'infaillibilité, et tient les juges des *grands jours* pour hérétiques, parce qu'ils ont ordonné qu'il y aurait des marguilliers dans chaque paroisse, ce qui est, à son avis, entreprendre sur la juridiction spirituelle, et miner de fond en comble la doctrine de Molina.

Il est pourtant une réforme plus urgente que l'éloquent Talon ne put emporter. L'Église possédait des **esclaves**, de véritables esclaves de corps et de biens. Ces malheureux s'adressèrent à la justice des *grands jours* pour obtenir la liberté que leur refusaient les chanoines réguliers de Saint-Augustin, leurs propriétaires. M. Talon prononça une longue harangue, et dit les plus belles choses du monde sur la liberté ; mais la cause fut *appointée*, c'est-à-dire indéfiniment ajournée. Ce procès-là ne devait être vidé complétement que par la révolution.

Le jour des morts, Fléchier visite les églises de Clermont : « Je ne vis jamais dévotion plus tumul-
« tueuse que celle que l'usage a introduite et que la
« prudence devrait abolir. On voit plus de vingt cor-
« deliers divisés par bandes de deux à deux, qui se
« promènent jusque dans le sanctuaire avec un visage
« serein, et qui se rangent dans tous les coins de l'é-
« glise, attendant qu'on les emploie à chanter les

« prières funèbres qu'on a recueillies de l'Écriture
« pour exciter la piété envers les morts. Les bonnes
« dames selon la rencontre s'adressent à eux, et leur
« recommandent l'âme de leurs pères ou de leurs
« maris, et d'abord les deux religieux qu'on emploie
« entonnent, d'une voix à remplir toute la nef, des
« *De Profundis* et des *Libera.* A peine ceux-là ont-ils
« commencé en se promenant que d'autres sont priés
« de l'autre côté, et font comme un écho déambu-
« latoire qui répond aux premiers.

« Cependant, deux voix sortent d'un autre endroit,
« et l'on n'entend que chant lugubre par toute l'é-
« glise. Les premiers achèvent lorsque les derniers
« commencent ; il y en a de plus ou de moins avan-
« cés, et cela fait à la vérité un peu de confusion. Ce
« que j'admire, c'est que ces bons pères sont si pré-
« parés à cela qu'à la moindre aumône qu'on leur
« présente, au moindre signe qu'on leur fait, ils en-
« tonnent leurs prières de commande à qui mieux
« mieux, cependant que les autels sont chargés d'of-
« frandes de pain et de vin. Ce qui m'étonna davan-
« tage, ce fut de voir un bon frère, au milieu de
« l'église, qui vendait du vin aux bonnes femmes
« pour leurs oblations, et qui faisait un trafic de
« vendre et d'acheter que l'Évangile n'approuve pas. »

Ce tableau d'intérieur d'église est complet ; on y
voit ce qu'était déjà la dévotion pratique à cette époque : une espèce de commerce. Aux psalmodies ga-
gées des moines se joignent les importunités des
petits enfants et des petites filles qui courent après
les gens, les interrompent dans leurs exercices pieux,

et leur demandent un sou en échange d'un *De profundis* ou des sept psaumes de la pénitence. On peut
avoir, comme on voit, des prières au rabais, et faire
tourner bien des feuillets pour six blancs. Fléchier
est excédé de ce tapage : « J'en avais la tête si rom-
« pue, qu'après avoir dîné chez madame de Brion
« et passé quelque temps en conversation, je partis
« pour Effiat, qui est une belle maison, où j'avais ap-
« pris que madame de Caumartin s'était arrêtée après
« son retour de Vichy. »

Homme d'Église, racontant tout ce que nous venons de dire sans étonnement, sans émotion, entre-
mêlant son récit de réflexions légères, d'anecdotes
galantes, de mots prétentieux, de descriptions de
fêtes et de comédies, Fléchier complète sans s'en
douter la physionomie des *grands jours*, et achève de
donner une idée du clergé au dix-septième siècle. Il
représente le prêtre bel esprit.

LA NOBLESSE, LA MAGISTRATURE.

Revenons aux Mémoires de Fléchier et disons
quelques mots de la noblesse et de la magistrature.

Messieurs des *grands jours,* voulant dès leur arrivée
frapper un grand coup, firent arrêter le marquis de
la Mothe-Canillac, le plus innocent de tous les Canillac : il n'était accusé que d'un simple assassinat. Cette
arrestation fut une imprudence. Voyant qu'on empri-
sonne les gens pour si peu de chose, une foule
d'honnêtes gentilshommes s'empressent de décam-
per. La Mothe-Canillac paye pour tout le monde. On

le juge, on le condamne et on l'exécute tout de suite. La justice de ce temps-là était expéditive.

Vient ensuite l'affaire de M. Du Palais. C'est un gentilhomme qui, ayant eu quelques démêlés judiciaires avec un de ses voisins, tente de le faire assassiner. Des huissiers s'étant présentés chez M. Du Palais pour instrumenter au nom du voisin, on les chasse, et comme il fait nuit, voilà les malheureux officiers ministériels, comme on dirait aujourd'hui, cherchant dans la campagne un gîte que tout le monde leur refuse par peur de l'irascible Du Palais. Celui-ci, jugeant qu'il s'est montré trop indulgent, envoie à la poursuite des huissiers des gens qui les rejoignent, en tuent un pour commencer, et chassent les autres devant eux à grands coups de fouet jusqu'au village le plus prochain.

M. de Montvallat, qui avait droit de justice sur ses terres, n'assassinait personne, mais s'il arrivait que quelqu'un fût accusé d'assassinat, il lui promettait sûreté, à condition qu'il lui ferait obligation de telle somme ; si quelque autre avait entrepris sur l'honnêteté d'une de ses sujettes, il faisait brûler les informations, toujours moyennant obligation. On revenait en plein dix-septième siècle à la justice germanique. Chaque crime avait son tarif. Ce digne seigneur, qui aimait tant l'argent, se montrait cependant sur un point d'un désintéressement inouï. Il y avait un droit assez commun en Auvergne, le droit de noces ; autrefois, dit Fléchier, on ne l'appelait pas si honnêtement ; ce droit honteux s'était changé, à la longue, en redevance pécuniaire. Le sire de Montvallat trouvait que les anciennes coutumes avaient du bon ; lorsqu'une de ses vassales se mariait, pour peu qu'elle fût belle, il ne renonçait pas facilement à la redevance habituelle. Pour l'amener à rentrer dans la coutume, il fallait lui parler de la moitié de la dot de la mariée, et encore ne parvenait-on pas toujours à lui faire lâcher son droit.

Quand les prétextes lui manquaient pour tirer de l'argent, il emprisonnait un de ses vassaux riche ou passant pour tel, et ne le mettait en liberté qu'après lui avoir extorqué une obligation.

En attendant de plus grands crimes, nous avons un procès de duel. M. de Blot et M. de Puy-Guillaume se sont battus, et ce dernier a été tué d'une façon qui sent un peu le guet-apens, mais c'est pour avoir enfreint les édits seulement que M. de Blot est condamné à être pendu, tous ses biens confisqués au roi et son château rasé. C'est en ces rencontres, dit Fléchier en racontant les circonstances de ce duel, que les gens de petite noblesse se font de fête. Sous prétexte d'empêcher un combat, ils triomphent bien souvent eux-mêmes, ils ravagent une maison lorsqu'ils viennent la secourir, et les ennemis ne font pas souvent tant de désordre. Une petite course qu'ils auront faite leur vaudra plusieurs jours de bonne chère.

M. Des Héraux, qui s'était laissé aller à pendre de sa propre main un gentilhomme dont il avait à se plaindre, est remplacé sur la sellette par madame de Vieuxpont. Cette dame, ayant eu quelque sujet d'être mécontente du procureur du roi d'Évreux, s'imagina de l'accuser d'avoir tenu des propos séditieux, d'avoir dit que le roi était un tyran, qu'il fallait avouer que c'était un fâcheux gouvernement que la monarchie, qu'il serait bien plus à propos de changer le royaume en république, et de réduire l'État à la forme du gouvernement de Venise. La noblesse ne répugnait pas extrêmement, à ce qu'il paraît, à la délation et au faux témoignage, car madame de Vieuxpont trouva un chevalier de Russan qui se chargea d'informer le roi de ces projets. Deux autres gentilshommes, complices de la dame, entretinrent longuement Sa Majesté de cette affaire, et en reçurent deux cents pistoles de récompense chacun. L'accusé mourut en prison ; mais après sa mort son innocence fut reconnue. Madame de Vieuxpont et un de ses complices, M. d'Amonville, furent condamnés au bannissement temporaire. On s'étonna un peu moins de son crime, dit Fléchier, quand on sut que c'était une dame de Normandie.

Le procès du baron de Sénégas embarrassa fort messieurs des *grands jours*. On l'accusait d'avoir procédé à l'élection des échevins de son autorité privée, d'avoir levé en leur nom des gens de pied et de cheval, et fait payer ses concussions préférablement aux deniers royaux ; l'accusé se défendait avec beaucoup de fermeté et d'esprit de ces crimes, aussi bien que d'autres qu'on lui imputait, notamment d'avoir enlevé une bannière, démoli une chapelle consacrée à la Vierge, et levé les dîmes d'un prieur ; venaient ensuite deux ou trois assassinats, quelques séquestrations, force rançons, usurpations, corvées illégales, et, pour brocher sur le tout, l'emprisonnement d'un homme dans une armoire où il ne pouvait se tenir ni debout ni assis, et d'où on le retira mourant au bout de quelques jours.

Comme on parlait beaucoup à Paris de la grande
sévérité de messieurs des *grands jours*, ceux-ci jugè-
rent qu'il fallait faire preuve de clémence, et le baron
de Sénégas en profita. On aurait pu mieux choisir.

M. de la Mothe-Pintry ne manquait pas de cœur,
selon Fléchier ; il crut malheureusement ne pouvoir
prouver sa noblesse que par quelque crime. Un
paysan ayant refusé de lui obéir, Pintry lui tira un
coup de pistolet à bout portant, et le perça de son
épée un jour que le malheureux dormait paisiblement
sous un arbre. Cet homme de cœur ne fut pas condamné à mort.

Nous voyons paraître maintenant devant les juges
un autre Canillac de Pont-du-Château, bien plus coupable que l'autre, au dire de tout le monde, et qu'on
aurait dû décapiter à sa place. Il était allié au président de Novion, et se croyait tout permis. En sa qualité de sénéchal de la province, ce fut lui qui harangua
messieurs des *grands jours* à leur arrivée, ce dont il
s'acquitta fort cavalièrement. On l'arrêta, on l'inter-
rogea, et quoique chacun fût convaincu qu'il avait
bien commis tous les crimes dont on l'accusait, il en
fut quitte pour l'admonestation et l'amende. On jugea
bien quand on vit M. de Novion président, qui est son
allié, et M. de Vaurouy, rapporteur, qui est l'amant
de sa belle-sœur, que cela lui vaudrait des lettres de
grâce et d'abolition de tous ses crimes. Cette douceur,
ajoute Fléchier, n'a pas laissé de décrier un peu les
grands jours.

L'Espinchal est un gentilhomme qui a tout ce qu'il
faut pour se faire craindre des cavaliers et pour se faire

aimer des dames. Cet homme charmant est accusé de tentative d'empoisonnement sur sa femme, et d'avoir pratiqué sur son page, dont il était jaloux, une opération qui le fit mourir civilement, pour nous servir de l'expression de Fléchier; non content de cela, et songeant qu'il pouvait encore avoir le plaisir d'aimer, ajoute le narrateur, l'Espinchal fit lier le page, et, l'ayant suspendu au plancher, il le laissa mourir dans cette position.

Terminons ces citations par les faits et gestes du marquis de Canillac. C'est le chef de cette illustre maison qui a donné deux papes à Rome, et cinq ou six scélérats aux *grands jours*. On levait dans ses terres la taille de monsieur, celle de madame et de tous les enfants de la maison. Pour exécuter ses desseins plus facilement, et pour empêcher les murmures, il entretenait douze scélérats dévoués qu'il appelait ses douze apôtres, qui catéchisaient avec l'épée ou avec le bâton; il leur avait donné des noms fort apostoliques, appelant l'un Sans-Fiance, l'autre Brise-Tout, et ainsi du reste. Il s'était fort incommodé pendant ses années de service, et il n'avait pas d'autre voie pour rétablir ses affaires que la tyrannie. Le curé de sa paroisse, pour n'être pas inquiété par son seigneur au sujet d'une servante avec laquelle il vivait, payait les frais d'entretien de son écurie; on devine avec quels deniers. Nous ne raconterons pas tous les crimes qui le firent condamner à mort. Son fils encourut le même châtiment pour avoir tué un prêtre, qui s'était mêlé peut-être un peu indiscrètement, dit Fléchier, d'une intrigue qu'il avait avec une dame. Du reste, il permit à sa victime de faire sa prière, de se confesser succinctement, puis il l'envoya dans l'autre monde, c'est ainsi que s'exprime l'auteur des *Mémoires*.

Qu'on ne s'effraye pas trop du grand nombre de condamnations à mort prononcées par messieurs des *grands jours*; elles ne s'exécutaient guère qu'en effigie; le marquis de Canillac dont il vient d'être question fut effigié deux fois. La première il assistait à son exécution derrière une fenêtre de la place du Capitole à Toulouse, et trouvait fort plaisant d'avoir la tête tranchée en tableau. Il était facile de gagner pays à cette époque, les officiers de justice n'y mettaient pas grand obstacle; on se réfugiait dans les montagnes, dans les bois, ou bien on passait la frontière. Pendant ce temps-là, les amis de la cour, les parents, les alliés agissaient auprès du roi ou des ministres, par les confesseurs, par les maîtresses; le coupable finissait par obtenir des lettres de grâce et de rémission, et revenait dans sa province, où on lui rendait à la longue ses biens ou du moins une partie. Il ne paraît pas que ces arrêts des *grands jours* fussent une tache bien infamante pour le criminel ou pour ses enfants, car nous voyons le fils du marquis de Canillac sur le point d'épouser mademoiselle de Ribeyre, qui touchait de très-près à un des membres les plus importants du tribunal extraordinaire.

Malgré son appareil, la justice des *grands jours* n'était au fond qu'une comédie. Tout se borna dans les *grands jours* d'Auvergne à l'exécution assez injuste de M. de la Mothe-Canillac; l'effigie fit justice des autres. Pressés par le temps de leur commission qui allait expirer, et *craignant qu'on ne la renouvelât*, les juges expédiaient les affaires en masse. Dans une seule audience, vingt et un contumaces furent condamnés, et cinquante-trois dans une autre. Il suffit de savoir que les assassinats, les meurtres, les enlèvements, les oppressions étaient les matières communes des jugements, et qu'il y avait un si grand nombre de criminels qu'on en fit effigier en un jour près de trente à la fois. Fléchier trouve ce spectacle d'autant plus agréable, qu'il y avait de la justice sans qu'il y eût de sang répandu. Les juges étaient d'autant plus pressés d'en finir qu'ils avaient passé le temps de la première session à discuter des questions de préséance, et à s'entendre sur la présidence, qui était fort disputée.

Si les mœurs des prêtres et des nobles laissent beaucoup à désirer, celles des magistrats ne paraissent pas sous un jour bien brillant. Sur leurs siéges, messieurs des *grands jours* s'acquittent de leur tâche avec une légèreté qui n'est guère propre à rehausser la justice aux yeux des peuples; l'usage qu'ils font du pouvoir discrétionnaire dont ils sont revêtus ne donne pas une bien haute idée de la façon dont ils le comprennent. Des motifs puisés en dehors de la justice dictent la plupart de leurs arrêts, ils consument le temps en frivoles disputes d'étiquette. En somme, ces *grands jours*, qu'on annonce avec tant de bruit, se réduisent à trente effigies.

On nous parle souvent de cette imposante magistrature de l'ancien régime dont les membres nous apparaissent comme autant de vieux Cids judiciaires. Il ne faut pas regarder de trop près les juges des *grands jours* pour conserver ces illusions. M. Talon, cet homme si redoutable à tous les états, a une mère tracassière à laquelle il permet de s'immiscer dans les affaires de justice. Cette fine ménagère découvre que la livre de Clermont n'est que de quatorze onces, tandis qu'elle est de seize partout ailleurs. Aussi elle jette les hauts cris, parle à tous ceux qui viennent la voir de cette grande affaire, et comme on ne paraît pas disposé à lui accorder une importance suffisante, elle fait venir les marchands chez elle, pèse les denrées à sa manière, et les marchands, à bout d'observations et de remontrances, en passent par tout ce que veut la bonne dame, par crainte de l'autorité du fils, s'il faut en croire Fléchier.

Un des conseillers des grands jours, se croyant mystifié dans une certaine affaire de coffre au fond duquel il ne trouve qu'un pistolet dont il a grand'-peur, M. Nau fait saisir le coupable, et parle de lui appliquer la question. Heureusement ses collègues trouvent ce zèle indiscret, et résistent.

M. de Novion choisit, pour donner communication à ses collègues d'une lettre importante de Colbert, l'occasion d'une soirée, et ces messieurs délibèrent en jouant aux cartes. Les juges souvent quittent le bal pour prendre presqu'à l'instant l'audience. M. de Novion, pour se délasser un peu de ses grandes occupations, ou pour complaire à mesdames ses filles, desquelles il fait tantôt le père, tantôt l'amant (c'est Fléchier qui parle), va aux assemblées, et donne lui-même le bouquet comme un jeune galant. L'espérance qu'ils ont de retourner bientôt à Paris rendant les juges plus gais et plus enjoués, ils se trouvent aux assemblées où M. le président doit aller. Il arrive souvent des désordres dans ces assemblées. Une fois, on est obligé d'enlever tous les flambeaux et de venir danser dans une chambre, parce qu'il ne reste dans la salle aucune place pour les conseillers, et toute la foule se trouvant dans les ténèbres, la joie (c'est toujours Fléchier qui parle) se change, dans cette confusion, en divertissements fort indécents.

Une autre fois les dames se querellent, et, se menaçant provincialement du petit crédit qu'elles pouvent avoir, sont sur le point de se prendre aux cheveux et de se battre à coups de manchon. Qui sait si le lendemain les magistrats témoins de la lutte n'auraient pas été obligés d'informer? Heureusement, Fléchier nous apprend qu'on parvint à calmer nos vives Auvergnates, et qu'on ne laissa pas de danser quelques bourrées et quelques goignades.

Le même M. de Novion faisait jouer la comédie chez lui et donnait des bals et des fêtes les jours d'exécution. « Trouviez-vous qu'il fût fort séant à un homme grave, demande un gentilhomme de Clermont à Fléchier, d'être presque toujours habillé de court hors du palais, peut-être pour faire mieux paraître son saint-esprit; de courir les bals avec mesdames de Ribeyre et Tubeuf, ses filles, de les caresser continuellement, leur baisant la bouche et les dents, ou devant tout le monde leur disant des fleureltes que les grandes passions font dire, et qui sont plus propres pour un amant ou pour un mari que pour un père ? »

M. Talon se fait appeler monseigneur, et à Riom il se montre si en colère de ce qu'on n'a pas été assez ponctuel pour lui rendre quelques respects, qu'une jeune demoiselle s'enfuit de terreur, croyant qu'il allait faire pendre toute la ville.

Quant à M. Nau, dont nous avons parlé tout à l'heure, c'était lui, selon Fléchier, qui chantait avec le plus d'emphase les chansons bachiques, qui dansait la bourrée avec le plus d'impétuosité. Il menaçait tout le monde de la torture. On faisait peur de lui aux petits enfants. Il régla la police et eut l'industrie de manger beaucoup de perdrix à bon marché. Ceci n'est peut-être qu'une médisance de Fléchier. Ce qu'il y a de certain, c'est qu'il intimidait tout le monde et ne parlait doucement qu'à son maître à danser.

Un juge des *grands jours*, un magistrat du grand siècle dansant la bourrée ! Ce n'est pas là une des moindres surprises du récit de Fléchier. Les *Mémoires* abondent en surprises de ce genre : nous n'avons jugé jusqu'ici le dix-septième siècle qu'à travers le prisme complaisant des historiens de cour. Plus on approfondira l'histoire de cette époque, plus on verra combien il faut en rabattre de sa prétendue supériorité.

II

LA MORT DE BOSSUET
(*Journal de l'abbé Le Dieu.*)

S'il est un récit qui promette de grandes et solennelles émotions, c'est sans contredit celui de la mort de Bossuet. Il semble que la France du dix-septième siècle dut tressaillir à la nouvelle de la perte de ce prêtre illustre. On s'attend à trouver dans le drame des derniers instants de Bossuet quelque chose de grand comme sa vie. Consultons à ce sujet un témoin oculaire, l'abbé Le Dieu, et laissons-lui autant que possible la parole. Les réflexions sont inutiles dans un pareil sujet.

Pendant les dernières années de sa vie, Bossuet semble avoir été placé sous l'influence d'une espèce d'idée fixe : celle de laisser son évêché de Meaux à l'abbé Bossuet, son neveu. Aucune démarche ne lui coûte pour arriver à ce résultat, auquel il consacre les derniers restes d'une ardeur qui tombe et d'une voix qui s'éteint. Au mois de septembre 1703, Bossuet vient à Versailles pour continuer ses sollicitations. La maladie cruelle à laquelle il était en proie le tourmentait beaucoup, et il semblerait que la santé de l'évêque malade dût faire un devoir au roi de le retenir auprès de lui. La citation suivante de l'abbé Le Dieu va nous édifier sur ce point :
« M. Dodart, trouvant M. l'abbé Fleury, lui a dit
« que M. de Meaux devait s'en aller à Paris, et même

« à Meaux; qu'il a de la force pour faire ces voyages;
« que madame de Maintenon était étonnée de ce
« qu'il n'était pas encore parti de Versailles : *S'il*
« *voulait donc mourir à la cour !* »

Madame de Maintenon parlait-elle en son nom ou
au nom du roi? Louis XIV n'aimait pas, il est vrai,
à voir mourir à côté de lui les gens qu'il avait connus, non point par sensibilité, mais par crainte de
ce qui pouvait lui rappeler les faiblesses de la nature humaine, auxquelles par moments il ne se
croyait pas soumis; mais qu'elle ait pris l'initiative
de cet ordre de départ, car c'était un ordre véritable
qu'elle donnait à Bossuet par la bouche de son médecin, ou bien qu'on la lui ait imposée, madame
de Maintenon s'est associée à la volonté égoïste du
roi par la sécheresse de cœur avec laquelle elle la
fit signifier au malade : *s'il voulait mourir à la cour!*
On n'eût pas traité avec plus de brutalité le plus
importun et le plus vulgaire des courtisans.

Il y avait déjà longtemps, à cette époque, que
Bossuet n'était plus rien à la cour ni dans sa famille.
« Depuis dix ou douze jours, M. l'abbé Bossuet s'est
« saisi des quittances de M. de Meaux pour rece-
« voir au trésor royal ses appointements de pré-
« cepteur et de conseiller d'État, qui montent à
« 17,000 francs ; et en les prenant il recommanda
« bien à l'abbé Janel, qui avait sollicité et obtenu
« les ordonnances, de n'en rien dire, pour lui épar-
« gner les sollicitations des *dettes criardes.* »

Le mois suivant, nous revoyons Bossuet à Paris; il
a trouvé assez de force pour se rendre aux vœux de

madame de Maintenon. La maladie lui laisse un peu de repos.

« Dimanche et lundi, comme ces jours passés, « quinquina à l'ordinaire et promenade aux Tuile-« ries. On parle encore du voyage de Versailles pour « l'arrivée du roi.

« Jeudi et vendredi à l'ordinaire. Ce matin, j'ai « été porter au père Lachaise, confesseur du roi, « une lettre de M. de Meaux, le saluer de sa part « et savoir des nouvelles de sa santé. Notre prélat » m'avait bien prié de le porter à le venir voir; mais « ce père m'a prévenu et s'est offert de faire cette « visite. Ce samedi, après midi, il est venu, en effet, « et a passé près d'une heure avec M. de Meaux en « tête à tête dans sa chambre. Est-ce pour ména-« ger l'évêché de Meaux à son neveu? Le temps « nous l'apprendra. »

Ne pouvant aller à Versailles, Bossuet écrit à madame de Maintenon, qui daigne quelquefois lui répondre.

« Le lundi 26, M. de Meaux a reçu par la poste « une lettre de madame de Maintenon qu'il m'a « donnée à lire; elle n'a que huit lignes, et com-« mence : « J'ai bien de la joie de votre bonne « santé. » Puis, ayant aperçu au bas *Maintenon*, « je l'ai rendu par respect, et M. de Meaux l'a « reçue avec un grand empressement. Grand régal « ce soir au logis où on attendait M. l'abbé Bos-« suet. »

Ce voyage de Versailles, auquel Bossuet ne cessait de songer, ne devait pas s'exécuter.

« Il est vrai que M. de Meaux est mort ce matin
« 12 avril 1704, quatre heures un quart. Peu après,
« M. l'abbé en a été averti; il s'est habillé et a été
« s'assurer du fait, puis il est parti pour Marly en
« droiture sans aller à l'archevêché; cependant
« M. Bossuet a fait mettre le scellé dans le cabinet
« où il a enfermé la vaisselle d'argent de M. de
« Meaux, et il a fait sceller aussi le cabinet de ma
« chambre où sont les livres. Le portier cependant
« avait ordre de tenir la porte fermée et de ne lais-
« ser entrer ni sortir personne, tant pour empêcher
« de divulguer la nouvelle de la mort que *pour em-*
« *pêcher aussi que d'autres ne vinssent mettre le scellé.*
« Le même commissaire a été en poste à Meaux
« mettre aussi le scellé avant qu'on y sût la mort.

« Ainsi, la première nouvelle de la mort est ar-
« rivée à Marly par notre abbé, de qui le père
« Lachaise l'a apprise, et puis ce père l'a portée au
« roi et lui a présenté M. l'abbé. Le roi a témoigné
« bien de la douleur et des regrets de la perte de
« M. de Meaux, et aussitôt il a donné à M. l'abbé
« l'abbaye de Saint-Lucien de Beauvais. La cour a
« applaudi à ce don. L'abbé est venu *plein de joie,*
« *et témoignant une grande satisfaction.* »

Bossuet n'était pas mort à la cour. Le roi et
madame de Maintenon devaient être satisfaits;
les courtisans aussi. Bossuet laissait deux charges
vacantes : celle de premier aumônier et celle de
conseiller d'État. On songeait à ces deux places et
non à l'homme qui les remplissait naguère avec
tant d'éclat. On ne pouvait demander aux courti-

sans de pleurer M. de Meaux quand on voyait que, pour consoler son parent le plus proche et le plus affectionné, il avait suffi d'une abbaye.

Nous n'insisterons pas sur les détails de cette mort, sur ce départ précipité pour Marly, sur la joie de ce retour, sur les scellés posés à la hâte pour empêcher que d'autres ne vinssent les mettre. Passons à la lecture du testament de Bossuet.

« Le chapitre tenant, on y a fait lecture du testa-
« ment de feu M. l'évêque de Meaux : il demande à
« être enterré dans sa cathédrale, auprès de l'autel,
« à côté de l'épître, au pied de ses deux prédéces-
« seurs; il demande aussi cinq cents messes aussitôt
« après sa mort; il institue M. l'abbé Bossuet son lé-
« gataire universel, priant ses autres neveux de l'a-
« voir ainsi pour agréable, et il le nomme son exé-
« cuteur testamentaire, lui recommandant d'avoir
« soin de ses domestiques et de les récompenser à
« proportion de leurs services, sans marquer aucune
« récompense particulière, *sans en nommer pas un*
« *seul, ni M. Phelipeaux, son grand vicaire, ni moi,*
« *qui le sers depuis 1684 avec un attachement dont tout*
« *le monde me rend témoignage; d'ailleurs, les pauvres*
« *ne sont pas nommés seulement dans ce testament.*
« M. Phelipeaux, chargé de présenter ce testament
« au chapitre, a aussi dit, de la part de M. Bossuet,
« que cet abbé s'offrait de donner un *ornement com-*
« *plet* à l'église, de la couleur qu'on le souhaiterait;
« on l'a depuis demandé blanc. La résolution de
« donner cet ornement ne fut prise qu'hier, sur la
« remontrance de M. Phelipeaux que ce testament

« *déshonorait* M. l'évêque de Meaux , non-seulement
« parce qu'il n'y était fait nulle mention des pauvres,
« ni des récompenses de ses domestiques , mais pas
« même de son église, si ce n'est pour y mettre son
« corps. C'est pourquoi M. Phelipeaux n'était pas
« d'avis qu'on présentât ce testament au chapitre,
« et qu'il fallait plutôt le cacher que le manifester.
« *MM. du chapitre ont témoigné beaucoup de recon-*
« *naissance de l'ornement, et l'on n'a pas fait alors*
« *d'autre réflexion sur le testament.* »

Les funérailles de Bossuet n'eurent lieu que quelque temps après sa mort. L'abbé Le Dieu consacre
ce temps à écrire des mémoires destinés au père La
Rue, qui doit prononcer l'oraison funèbre de l'évêque
de Meaux. Il en lit des fragments à ses amis et connaissances , à des moines, à des abbés, à des religieuses, au lieutenant civil de la ville de Meaux,
au chantre de la cathédrale : « Ce vendredi 6 juin
« 1704, M. Pidoux, chantre de notre église , après
« avoir ouï la lecture de cette même partie de mes
« *Mémoires*, en a très-bien jugé, disant que j'avais
« bien pris le caractère, qu'il y avait un bel ordre
« avec une agréable variété , que la diction était
« précise et nette, et le tour beau. »

Jeudi 12 juin 1704. — « Ce soir j'ai lu mes *Mémoi-*
« *res* au père Gillet, cordelier , suivant le désir de
« M. l'abbé Bossuet, parce que ce père veut faire une
« oraison funèbre dans son couvent. M. Roussin était
« présent, qui a encore tout entendu depuis le com-
« mencement, et il ne s'est pas ennuyé ; M. Sadier y
« était aussi. Ils ont tous fort applaudi. J'ai lu jusqu'à

« la conversion de l'abbé Dangeau, qui leur a beau-
« coup plu. »

Cependant les crieurs sont arrivés de Paris pour
conduire la pompe funèbre. M. l'abbé Bossuet est
attendu le soir même, ainsi que le père La Rue; demain aura lieu la cérémonie. La pompe funèbre de
Bossuet! Il semble à ces mots qu'on évoque toutes
les gloires du dix-septième siècle autour du cercueil
du grand évêque. On s'attend à voir réunis sous les
voûtes de la cathédrale de Maux les plus glorieux
noms de la noblesse, de la magistrature et du clergé.
Écoutons l'abbé Le Dieu : « Cependant M. Legoux de
« la Berchère, archevêque de Narbonne, est arrivé;
« M. de Matignon, ancien évêque de Condom, M. An-
« celin, ancien évêque de Tulle, M. de Pont-Chavi-
« gny, évêque de Troyes, et M. de Saux, Toulousain,
« évêque d'Autun, sont tous arrivés de bonne heure
« pour l'office de demain. M. et madame Bossuet
« aussi, avec madame de la Briffe, veuve du procu-
« reur général, M. de la Briffe, maître des requêtes,
« et M. Dumont, écuyer de monseigneur; plus, les
« abbés de Pomponne, de Larochejaquelein, de Ca-
« telan, les deux Languet, MM. Lefeuvre et Favart de
« Navarre, M. Secousse, curé de Saint-Eustache,
« M. Gaucher, vicaire de Saint-Roch, le père Perrin,
« jésuite, et un autre amené par l'évêque d'Autun.
« Madame la marquise d'Alègre s'est excusée sur ce
« qu'une indisposition l'arrêtait à Paris. »

Les illustrations ne sont pas nombreuses sur cette
liste. La cour n'y est représentée que par Dumont,
écuyer du Dauphin, qui n'est pas même gentilhomme.

Louis XIV n'a pas jugé à propos de témoigner d'une
façon plus éclatante les regrets qu'aurait dû lui inspirer la perte d'un prélat qui eut une si grande part
à quelques-uns des événements les plus importants
de sa vie intime, et qui parut même un moment régner sur sa conscience. Il faut nous contenter de
M. Secousse, du maître des requêtes la Briffe, du
père Perrin, de M. Gaucher, de M. Favart de Navarre,
des deux Languet, des compagnies, l'élection, le pré-
sidial, le grenier à sel, avec le corps de ville de la
cité de Meaux pour rehausser la majesté du spectacle.
C'est l'abbé Le Dieu qui remplit les fonctions de maître des cérémonies, et il ne nous fait grâce d'aucun détail : « Trois chanoines inférieurs en ordre, conduits
« par le crieur avec les inclinations convenables au
« mausolée, aux compagnies, aux prélats, à l'autel
« et au pontife, et au deuil en retournant du côté de
« la gauche, apportèrent le cierge garni d'armoiries
« et de six demi-louis d'or, le pain et le vin. Le pain
« était un pain de six livres à l'ordinaire ; mal : il
« aurait mieux valu prendre un petit pain blanc fait
« exprès. Le flacon de la sacristie servit à présenter
« le vin ; mal aussi : dans une si grande cérémonie,
« il aurait fallu prendre un pot de vermeil que le
« crieur avait apporté. La messe se continua ainsi
« jusqu'à la fin à l'ordinaire. »

Qui s'imaginerait aujourd'hui que les obsèques d'un
homme tel que Bossuet dussent donner matière à des
festins ?

« Au retour à l'évêché, il y avait dans la grande
« salle d'en haut deux grandes tables de quinze cou-

« verts chacune, servies magnifiquement pour les
« prélats, les abbés, les chefs du chapitre et les com-
« pagnies de Meaux ; et une troisième encore de
« quinze couverts où étaient les docteurs de Navarre,
« le père Roncelet, jésuite, et la plupart de ceux qui
« avaient servi autour des évêques, et cette table fut
« aussi proprement servie que les autres, *et l'on y
« buvait d'aussi bon vin.*

« Il y eut encore le soir une chère magnifique pour
« M. l'évêque de Troyes, madame de la Briffe, douai-
« rière, et les abbés qui étaient demeurés. La plu-
« part s'en allèrent à Paris ce jeudi 24 du matin.
« M. de Troyes, resté, m'a fait beaucoup d'amitiés,
« et madame de la Briffe qui demande à voir mes
« *Mémoires.* A dîner, il y eut une aussi grande chère
« qu'hier. Les faisandeaux et les perdreaux élevés
« dans le parc de Germiny ont fort orné les tables ces
« deux jours-ci. »

Maintenant une dernière citation :

« Ce soir 31 août 1704, j'ai remis à M. l'abbé Bos-
« suet, à Paris, tout le linge d'église servant à la per-
« sonne de feu monseigneur l'évêque de Meaux, et
« son grand habit de chœur d'hiver. Cet abbé a tout
« pris, disant : Voyez s'il y a quelque chose à votre
« usage. Je lui montrai les surplis des aumôniers,
« et je lui en demandai un seulement, d'une dentelle
« basse, autrefois fait pour moi, qu'il m'a abandonné.
« Je lui montrai aussi les aubes du commun, et il me
« dit encore : Prenez ce qui vous accommode. Et
« je lui dis que j'avais gardé à Meaux l'aube unie de
« feu M. de Meaux pour avoir quelque chose qui eût

« servi à l'autel à sa personne, et que j'avais aussi
« gardé une robe à dentelles avec sa suite et un pe-
« tit ornement pour la messe complet, le tout venant
« de la chapelle de madame la Dauphine, et qui était
« aussi l'ornement dont je me servais à Germiny pour
« la messe. »

Ces deux prêtres, se partageant froidement la garde-
robe de Bossuet, complètent le tableau que nous
avons essayé de retracer au moyen de citations em-
pruntées au journal de l'abbé Le Dieu. Cette mosaï-
que nous semble présenter un ensemble saisissant et
instructif. Déjà le journal de Fléchier nous a permis
de juger combien ce dix-septième siècle, qu'on nous
présente comme si grand en toutes choses, et qui
parfois nous paraît tel de loin, devient petit quand on
le regarde de près. Le journal de l'abbé Le Dieu rend
la démonstration encore plus évidente. A ceux qui
nous parleront de la reconnaissance de Louis XIV
pour les grands hommes qui honorèrent son règne,
nous montrerons Bossuet malade, chassé de la cour
par les mots cruels de madame de Maintenon, et sa
vieillesse contristée par le refus obstiné d'une faveur
dont le roi ne s'était jamais montré avare qu'envers
lui.

« M. de Meaux a eu la volonté de faire son neveu
« évêque à sa place; si c'est une action digne d'un
« si grand homme, d'autres l'examineront et le déci-
« deront, ajoute Le Dieu, mais il dut être fort mor-
« tifié d'un tel refus. Il est aussi certain qu'il a lui-
« même présenté au roi son mémoire écrit de sa
« main soutenant les raisons pour lesquelles il de-

« mandait de mettre son neveu à sa place, et que le
« roi ne lui répondit autre chose sinon qu'il le verrait,
« et que cela demandait réflexion. » On vante souvent aussi le respect que chacun témoignait à cette
époque pour les devoirs de la famille. « Mercredi à
« l'ordinaire. Notre abbé est déjà allé souper en ville
« avec M. et madame Bossuet, disant bien à M. de
« Meaux que cela ne lui arriverait plus ou bien rare-
« ment : c'était chez M. Leconil, le maître des requê-
« tes, qui ne méritait pas assurément de le détour-
« ner de la compagnie de M. de Meaux. » Nous trouverions dans le journal de Le Dieu dix autres citations
du même genre qui nous feraient voir les neveux et
nièces de Bossuet préférant, au devoir de se réunir
autour de son lit de souffrance et d'adoucir par les
affections de la famille ses dernières et douloureuses
veilles, le plaisir de souper chez un maître des requêtes.

Rien n'est triste comme ce tableau de la mort
de Bossuet ; on n'y voit pas couler une larme. Partout
éclate la sécheresse de cœur de cette société pétrifiée.
Ces dettes criardes qu'on ne veut pas payer, ces scellés mis à la hâte pour frustrer les créanciers, cette
joie de l'abbé Bossuet quand il tient son abbaye ; le
grand Bossuet lui-même oubliant dans son testament
de laisser un souvenir à ses amis, une aumône à ses
pauvres, tout cela étonne et afflige. Cet ornement blanc
que l'abbé Bossuet se décide à donner aux chanoines
pour faire excuser les lacunes du testament de son
oncle, les plaintes de Le Dieu ne voyant dans les funérailles de l'illustre évêque que la faute d'avoir em-

ployé un petit pain ordinaire au lieu d'un petit pain
blanc fait exprès, ces tables somptueusement servies,
ces faisandeaux et ces perdreaux de Germiny, font
naître un sourire triste sur les lèvres; toutes ces scènes jettent une lumière inattendue sur les mœurs
d'une époque que nous n'aurions jamais bien connue
sans la récente publicité donnée aux travaux de quelques-uns de ses historiens familiers.

III

UN PRÊTRE PEINT PAR LUI-MÊME

Le dix-septième siècle est l'époque où le clergé a
joué le rôle le plus considérable en France ; il est mêlé
à tout, et partout il fait une grande figure, à la cour, à
la ville, dans la politique, dans les lettres ; jamais il
n'a été plus complétement maître des individus et de
la société. Vu d'ensemble et de loin, le clergé offre
le spectacle d'une vaste et puissante organisation
fonctionnant au sein de la nation avec une force et
une régularité pleines de grandeur. Les traditions de
l'administration religieuse au dix-septième siècle
sont souvent citées avec honneur et invoquées de nos
jours. Cependant, quand on pénètre dans les détails
de cette administration, quand on étudie ses rouages,
on s'aperçoit qu'il y a beaucoup à rabattre de cette
admiration. Il en est de l'Église comme de la monarchie : elles sont à l'apogée et dans tout l'éclat du
jour; cependant un œil perçant peut déjà voir flotter

sur leur tête l'ombre du crépuscule. Les caractères et les intelligences faiblissent. On a pu voir dans le récit des derniers moments de l'évêque de Meaux ce qu'il y avait d'étroit, de mesquin, d'égoïste dans le cœur et dans la tête des gens d'Église. Le nom de Bossuet prête encore une certaine importance aux détails que nous avons donnés, et empêche de sentir trop vivement leur petitesse, pour ne pas employer le mot de bassesse qui leur conviendrait mieux. Bossuet disparu, les hommes et les choses reprennent leurs proportions naturelles. Le journal de l'abbé Le Dieu nous montre les idées et les mœurs du clergé sous leur véritable jour ; tout prestige disparaît. On comprend tout ce qu'il y a de vérité comique dans le *Lutrin*, en même temps que l'on croit lire un chapitre inédit de cette étude de mœurs ecclésiastiques que Balzac a intitulée les *Célibataires*.

Nous ne croyons pas faire tort à la réputation du clergé au dix-septième siècle en donnant l'abbé Le Dieu comme un échantillon complet des gens d'Église de cette époque. C'était un prêtre régulier, laborieux, instruit, mais sans la moindre élévation d'intelligence. On ne dirait guère, à l'entendre, qu'il a été le confident des pensées et des travaux d'un homme comme Bossuet. On a vu ce qui l'a frappé dans les funérailles de son évêque : l'emploi d'un pain ordinaire au lieu d'un pain blanc fait exprès, d'une burette à la place d'un flacon en vermeil. Son journal abonde en observations du même genre : il signale la moindre violation dans le cérémonial de la célébration des offices avec une douleur qui va parfois jusqu'à l'amertume. On sent que la vie du prêtre est vouée à ces menus détails, que son esprit s'y complaît et s'y noie. Lisez plutôt le passage dans lequel l'abbé Le Dieu nous montre M. de Bissy, le successeur de Bossuet à l'évêché de Meaux, célébrant la messe le jour de la Toussaint, et « donnant la « communion aux chanoines sans *confiteor*, ni *mise-* « *reatur*, ni *indulgentiam* pour plus prompte expé- « dition. Il a baisé l'Évangile assis, la mitre en tête, « ce qui est une faute énorme en cérémonie ; il a « crié plutôt que chanté, et étourdiment, *Oremus* « après le *Credo*, sans dire *Dominus vobiscum* ; il a dit « le troisième *Per omnia* et le *Pax Domini sit* sans « songer à la bénédiction, qui se donne devant ; « puis il est revenu au *Pax et ejus sit*. Enfin il est « sorti en tirant tantôt à dia et tantôt à hue. » M. de Bissy, indisposé ce jour-là au sortir de la messe, ne veut voir personne, et les vicaires interdisent aux visiteurs la porte de son appartement. L'abbé Le Dieu, qui apparemment éprouvait un très-vif besoin de reprendre son évêque sur les fautes qu'il venait de commettre, termine le paragraphe par cette ré-flexion : « Quel gouvernement faut-il espérer d'une « pareille noirceur ? »

Les grands jours de sa vie sont ceux où il déjoue les efforts de la cabale pour le priver des honneurs dus à ses fonctions : « Le samedi, veille de la Pen- « tecôte, j'ai fait la bénédiction solennelle des fonts, « et le soir j'ai fait l'office à vêpres pour commencer « la fête de la Pentecôte. M. Régnier est venu avec « moi à l'encens et m'a dit dans la sacristie que

« M. Sernaut, syndic, l'avait bien grondé ce matin
« de m'avoir nommé pour faire l'office ces jours-ci.
« Voilà donc la déclaration de la brigue faite par
« Lesage, avec Navarre, Sernaut et les autres de la
« clique du trésorier pour m'exclure de l'office de
« ces jours. . . . .

« Voici, Dieu merci ! le dimanche de la Pentecôte
« heureusement passé, auquel j'ai fait l'office tout
« du long, et donné à la messe la communion géné-
« rale à tous ceux du chœur qui ne sont pas prêtres à
« l'ordinaire. »

Après cette préoccupation constante de l'étiquette
religieuse, la grande affaire de l'abbé Le Dieu c'est
son bien-être. Il appartient cependant à la classe la
plus favorisée du clergé secondaire, il est chanoine et
jouit d'un petit bénéfice de quatre cents livres. Il
n'en fallait pas davantage dans ce temps-là à un céli-
bataire pour vivre heureux; mais il est évident qu'il
s'attendait à un legs de Bossuet, et l'abbé ne paraît
pas très-disposé à réparer à cet égard l'oubli de son
oncle.

Quelque effort qu'il fasse pour le dissimuler, le dés-
appointement du chanoine perce quelquefois. Il achète
à la vente des meubles de Bossuet une tapisserie, et
il écrit à l'abbé Bossuet de lui *faire justice* sur cette
tenture dont l'aunage s'est trouvé incomplet : « Je
« pris occasion de lui expliquer ma demande et ma
« plainte fort au long en lui envoyant la suite des
« Méditations que j'avais corrigées, et par sa lettre
« du 23 février 1706, que Cornuau m'a apportée, il
« me mande précisément : «Je donne ordre à M. Cor-

« nuau de vous rendre content ; je vous prie de tout
« faciliter. »

« On voit par là que l'abbé Bossuet n'a pas eu seu-
« lement la pensée de me faire présent de ces quatre
« aunes de tapisserie, tant pour rendre ma tenture
« parfaite, que pour me restituer l'aunage qui me
« manque, à moi qui travaille pour lui actuelle-
« ment en chose si importante et si nécessaire. Nou-
« velle preuve qu'il n'a aucune bonne volonté pour
« moi. »

Il est impossible, en lisant le journal de l'abbé Le
Dieu, de n'être pas frappé de l'attention qu'il donne
aux choses de la table. Il ne fait pas un repas sans
noter soigneusement la qualité des mets et surtout
des vins qu'on lui a servis. Il commence par rendre
compte du dîner d'installation du nouvel évêque de
Meaux : « Le festin était magnifique, le vin bon, de
« Bourgogne, mais non le plus fin. Il y avait à la fin
« de la fenouillette; c'est une liqueur commune et
« de peu d'usage aux grandes tables. Ce prélat est
« homme d'ordre et d'économie : on évite par ce
« moyen la profusion et le dégât. »

On sent, à l'ironie de cette réflexion, que le digne
chanoine s'attendait à quelque chose de mieux au
dessert qu'à un simple verre de fenouillette. Une
autre fois cependant, M. de Bissy le traite mieux :
« Le prélat a voulu absolument que je me plaçasse à
« sa gauche, et faisant lui-même les honneurs de sa
« table, et m'a toujours servi ce qu'il y avait de plus
« délicat, et de son bon vin de Champagne dont il
« avait une bouteille en main et l'abbé de Bissy une

« autre. » Quoique peu enclin évidemment à la bienveillance à l'endroit de son évêque, Le Dieu n'hésite
jamais cependant à rendre justice à ses menus. Le
jour de l'Assomption, on invite l'abbé à dîner à l'évêché. « Il y avait grande compagnie de chanoines et
« très-grande chère à l'évêché. Il est inutile de dé-
« crire la bonne chère : elle était abondante et très-
« délicate, mais les vins surtout étaient exquis. Le
« bourgogne à l'ordinaire, très-bon ; du reims, à la
« fin, excellent, et du canarie, tout des meilleurs. »
Chargé d'une mission de confiance, l'inspection
des reliques du diocèse, tout en faisant l'inventaire
des châsses de sainte Artingathe, de sainte Frodo-
berte, de saint Fare, de saint Jeroche, et d'autres saints
et saintes en grande vénération dans les environs de
Meaux, l'abbé Le Dieu ne perd pas de vue la gastrono-
mie ; il tient note exacte des bons dîners qu'on lui
donne en route : « De là, je suis allé coucher à Cou-
« lommiers chez M. Chaquelin, curé de ce lieu et
« doyen rural, qui m'a très-bien régalé à souper avec
« d'excellent vin de Bourgogne... M. Delit, curé d'A-
« milly, m'a fort bien régalé à dîner. Revenu coucher
« à Coulommiers, où le doyen m'a encore très-bien
« régalé avec son bon vin... Descendu au château du
« Vivier, chez M. de Bourlamaque, bonne réception
« par lui et par mademoiselle sa fille, qui nous ont
« bien régalés et fait boire de bon vin à dîner. »
L'abbé Le Dieu se préoccupe fort des nouvelles de
la vendange et du prix des vins. « L'on a fait à Meaux
« de très-bonnes vendanges ; on écrit la même chose
« de toute la Champagne et de la Bourgogne ; il y a

« partout une grande abondance de vin, qui diminue
« de prix, et qui se trouve fort bon et de bonne
« garde..... Depuis près de trois semaines, les pluies
« sont très-fréquentes et abondantes ; il n'a pas laissé
« de venir des vins de Champagne à la foire Saint-
« Martin, mais non en aussi grande quantité qu'on
« l'espérait ; il n'y a point eu de vins fins ni de vins
« gris, mais seulement des vins blancs de Châtillon-
« sur-Marne et d'alentour, vendus à 80 ou 90 livres
« la queue la plus chère. Les vins rouges tendres des
« environs de la rivière de Marne ont valu 50 et 60
« livres la queue ; les gros vins et les vins triés de
« Quincy 40 livres ; les vins de Brie communs, 30 et
« 32 livres. »

Les œnologues pourront trouver d'utiles renseignements dans ces détails, mais peut-être édifieront-ils
assez peu les âmes pieuses. On est surpris de voir un
prêtre, un des meilleurs, déployer une érudition si
étendue sur les divers crus et leurs prix respectifs.
Passe encore de la part d'un ecclésiastique dans le
genre de celui dont l'abbé Le Dieu nous raconte la
mésaventure. « La nouvelle de Meaux et de l'évêché
« est que Denis, aumônier et secrétaire de l'évêque,
« a été chassé, son maître l'ayant trouvé ivre. Il était
« étourdi, goinfre, dissipé, aimant le plaisir, le jeu,
« la compagnie des femmes ; sans gravité, ni piété,
« ni affection, toujours à la chasse à Germiny, et
« même en visite. Voilà l'homme que l'évêque avait
« mis chez lui pour dire la messe, édifier sa maison
« et son diocèse. »

On voit par le journal de Le Dieu que les prêtres

chasseurs étaient fort nombreux au dix-septième siècle. Le clergé secondaire gardait encore quelque
chose des mœurs grossières du moyen âge ; la rudesse avec laquelle il était traité par les prélats l'empêchait de se dégrossir et de s'élever. Le Dieu rencontre un jour le curé de Vareddes : « Ce curé, qui
« revenait d'Estrapilly, de la fête de la Décollation
« de saint Jean, me dit que le curé de ce dernier lieu
« s'était plaint à lui amèrement des mauvais traite-
« ments de l'évêque dans sa visite, l'ayant rendu sus-
« pect de mauvaise conduite avec sa servante tout
« publiquement devant le peuple, qu'il se regardait
« comme déshonoré et incapable de faire aucun fruit
« dans la paroisse. » Voici d'autres passages non
moins instructifs sur le même sujet : « On apprend
« de tous les curés unanimement que M. l'évêque ne
« dit pas un seul mot d'exhortation en aucune paroisse,
« mais qu'il va son train fort vivement, faisant toutes
« ses questions aux curés sur les habitants et aux
« habitants sur leurs curés, étant presque toujours
« sur ses pieds d'une manière assez légère et peu
« digne de la gravité épiscopale. On a remarqué qu'il
« disputait souvent avec son aumônier, et que son
« aumônier répliquait aussi souvent, se plaignant
« qu'il le traitait comme un laquais ; qu'il ne daignait
« pas inviter les curés à manger avec lui. »

Dans l'année 1706 où nous sommes, plusieurs évêques maintenaient encore l'usage antique des enquêtes publiques. Ils convoquaient, pendant les vi-
sites pastorales, les fidèles dans l'église, et les invi-
taient en leur présence à énumérer les griefs qu'ils

pouvaient avoir contré leur pasteur. Le curé comptait naturellement des partisans et des détracteurs dans la paroisse ; de là naissaient souvent des conflits peu favorables à la dignité du clergé. Cet usage avait sa raison d'être au temps des premiers chrétiens, lorsque le peuple prenait une part directe à l'élection des évêques et jouait un rôle important dans le gouvernement de la primitive Église. Au dix-septième siècle, il n'était plus qu'un contre-sens et une cause d'humiliation pour les prêtres. Bissy tenait pour ces enquêtes et ne négligeait aucune occasion de les pratiquer. Cependant, s'il y eût été soumis lui-même à son tour, comme l'équité et la logique semblent l'exiger, il n'en serait pas sorti beaucoup plus blanc que tel ou tel curé de son diocèse. Saint-Simon, dans ses Mémoires, trace un assez vilain portrait de Bissy ; Bossuet le traite fort mal, s'il faut en croire l'abbé Le Dieu. « Oui, oui, disait « M. de Meaux, M. de Toul est un fripon, un petit « fripon. » Ce petit fripon n'en parvint pas moins au cardinalat. Il est vrai qu'il avait de la protection et qu'il faisait une guerre à mort au jansénisme. Nous n'avons pas à le suivre dans sa carrière de courtisan et d'homme de parti, nous ne voulons voir en lui que le prélat chargé d'administrer un grand diocèse.

Questions de cérémonial et de représentation, voilà ce qui, d'une extrémité à l'autre de la hiérarchie ecclésiastique, du cardinal au bedeau, occupe principalement les esprits. Bissy pousse cette préoccupation peut-être plus loin que Le Dieu lui-même :

« Il m'avait donné cette heure pour prévoir l'office
« pontifical dans les usages de Meaux. Après avoir
« tout vu : « Vous avez à choisir, lui dis-je, monsei-
« gneur, un prêtre assistant, deux diacres d'honneur
« et un porte-bougie. La fonction du premier re-
« garde une première dignité comme M. le doyen ;
« mais un chef de compagnie aime toujours mieux
« tenir la première place au chœur ; M. Phelipeaux,
« trésorier, la ferait fort bien aussi. Je doute qu'il
« le veuille. J'avais coutume de la faire sous feu
« M. de Meaux ; vous choisirez qui vous plaira.
« MM. Blouin et Angilbert faisaient les diacres d'hon-
« neur auprès de M. de Meaux. — De quelle taille
« sont-ils, dit le prélat ? — D'une taille commune et
« propre pour cela. Ils seront donc bien près de moi
« puisqu'ils étaient bien auprès de feu M. de Meaux
« qui n'était pas plus grand que moi. Il me parut
« par ce discours fort occupé de sa taille, et crai-
« gnant fort de se rapetisser s'il rapprochait de lui
« quelque plus grand homme que lui. »

Avec tout cela, s'il faut en croire Le Dieu, M. de
Bissy ne savait pas dire la messe. Aussi paraît-il, à sa
façon de voyager, qu'il n'aimait guère à célébrer cet
office : « Remarquez que ce prélat a fait ses voyages
« les trois dimanches de Pâques. Le jour de Pâques
« fleuries il est arrivé de Paris ; le jour de la grande
« Pâques, il est allé coucher à Versailles, et le jour
« de Pâques closes, il s'en va à Germiny en plein
« midi avec tous ses équipages. »

On a beaucoup parlé des grandes traditions de
gouvernement et d'administration du haut clergé de

France. Il n'y faut pas regarder de trop près. La grande affaire, par exemple, du gouvernement de M. de Meaux est de faire nommer doyen du chapitre le chanoine Chevalier à la place du chanoine Pidoux. Chevalier est vaincu, Pidoux l'emporte, l'évêque est furieux, et la ville de Meaux se réjouit de son échec. Il y a une grande dispute entre l'hôtel de ville et l'évêché. Le corps municipal ne veut pas faire de visite à monseigneur au jour de l'an. Bissy jure qu'il aura satisfaction de ce refus, et en effet, il obtient un ordre du roi qui oblige le maire de Meaux à se présenter chez lui. Là-dessus grand triomphe du prélat, mais qui ne compense pas l'amertume de l'élection de Pidoux. Le doyenné manqué, Bissy veut avoir la chantrerie; intrigues, menaces, il n'épargne rien pour arriver à ce résultat; le chapitre est plein de cabales comme la cour; si on ne lui donne pas le chantre qu'il demande, monseigneur déclare qu'il *plantera tout là*, et qu'il s'en ira vivre désormais à Germiny ou à Paris.

L'abbé Le Dieu n'hésite pas à comparer le gouvernement de M. de Bissy à celui de Roboam; c'est peut-être beaucoup dire. La vérité est que Bissy est un esprit tracassier, qui a des procès avec ses fermiers et avec tout le monde. L'histoire seule de ses contestations avec l'abbé Bossuet, à propos des orangers de Germiny, remplirait presque un volume. Il est vrai que ce dernier pourrait presque lui en remontrer sur la chicane. Comme administrateur, les théories de M. de Bissy sont bien simples; elles se réduisent à cet axiome : les biens de l'Église sont à moi. Aussi, a-t-il besoin d'une tapisserie pour orner sa maison de Paris; il s'empare tout simplement des pièces qui composent la tenture du chœur de l'église. L'abbé Le Dieu appelle cela une indignité, et il a bien raison; mais cette indignité et d'autres encore n'empêchèrent pas Bissy, grâce à la protection de madame de Maintenon et des jésuites, de revêtir cette pourpre romaine qu'on avait toujours refusée à son prédécesseur.

Fléchier, dans ses *Mémoires sur les grands jours*, nous a montré le prêtre mondain et le prêtre soudard; Le Dieu, dans son *Journal*, nous fait voir le clergé tel qu'il est véritablement, en grande majorité du moins, au dix-septième siècle. Nous sommes bien loin ici des évêques damerets et des curés assassins de l'Auvergne; courbé sous le despotime épiscopal, le prêtre que nous avons sous les yeux n'a, à proprement parler, ni vice ni vertu; esclave de la règle, de la discipline, en toutes choses il se renferme dans des devoirs de forme, il se crée des joies de vanité et se console par des plaisirs sensuels; il est courtisan, valet à l'évêché comme on est courtisan et valet à Versailles. Sans indépendance, il n'y a pas de prêtre, et comment trouver des prêtres indépendants quand nous voyons l'infortuné Pidoux, dont nous parlions tout à l'heure, interdit de la messe et du confessionnal pour n'avoir pas voulu donner sa démission du poste de doyen que M. de Bissy demandait pour un de ses vicaires?

IV

LA COMÉDIE DU DIX-SEPTIÈME SIÈCLE

(*Mémoires du duc de Saint-Simon*)

LE MARIAGE AU DIX-SEPTIÈME SIÈCLE

C'est dans les *Mémoires de Saint-Simon* qu'il faut chercher la véritable comédie du dix-septième siècle. Molière, dans son théâtre, n'en montre que certains côtés ; Saint-Simon les aborde tous franchement. Pour qui sait les lire, ses *Mémoires* se déroulent comme une de ces pièces à tableaux que le public semble affectionner particulièrement aujourd'hui. A chaque instant le théâtre change et nous montre des scènes et des personnages nouveaux. La cour, l'Église, le parlement, la noblesse, la bourgeoisie, passent successivement sous les yeux du lecteur. Que d'acteurs divers et illustres, dans cette vaste comédie sans compter l'auteur lui-même qui joue un rôle si important dans ces *Mémoires*, sans le vouloir et sans s'en douter, que de caractères et de portraits, quelle variété de tableaux, quel art naturel de composition pour grouper tous ces personnages, capitaines, courtisans, cardinaux, princes, ministres, magistrats, autour d'un homme, le roi !

La seule façon de rendre compte des *Mémoires de Saint-Simon* est de les analyser comme on analyserait une comédie en cent actes avec prologue et épilogue. Le prologue nous montre l'auteur présenté à Louis XIV pour être mousquetaire par son père, un favori ancien de Louis XIII, un soleil éteint. « Le roi, » dit Tallemant des Réaux, « prit amitié pour « Saint-Simon, à cause, disait-il, que ce garçon lui « apportait toujours des nouvelles certaines de la « chasse, qu'il ne tourmentait pas trop ses chevaux, « et que, quand *il portait en un cor*, il ne bavait pas « dedans. » Cela lui valut un titre de duc et pair, les charges de premier écuyer et de premier gentilhomme de la chambre, le gouvernement de Blaye et de Senlis, des capitaineries, et d'autres places encore. Saint-Simon raconte d'une autre façon l'origine de la fortune paternelle : « Le roi était passionné pour la « chasse, qui était sans suite et sans cette abondance « de chiens, de piqueurs, de relais, de commodités « que le roi son fils y a apportés, et surtout sans route « dans les forêts. Mon père, qui remarqua l'impa- « tience du roi à relayer, imagina de lui tourner le « cheval qu'il lui présentait la tête à la croupe de ce- « lui qu'il quittait. Par ce moyen, le roi, qui était « dispos, sautait de l'un sur l'autre, sans mettre pied « à terre, et cela était fait en un moment. Cela lui « plut, et demanda toujours le même page à son re- « lais ; il s'en informa, et peu à peu il le prit en affec- « tion. » Ces deux versions prouvent que Louis XIII n'exigeait pas de trop grandes qualités de ses favoris ; en voici un du moins dont Richelieu sans doute ne dut pas prendre ombrage.

Revenons à la cour de Louis XIV, nous y retrouve-rons notre jeune mousquetaire remplissant assidû-

ment ses devoirs militaires, faisant non moins exacte-
ment sa cour au roi, dansant, au retour de sa première
campagne, aux ballets qui ont lieu pour les noces du
duc de Chartres avec mademoiselle de Blois, fille de
madame de Montespan, alliance étrange, qui mêlait
le sang de la bâtardise à celui de la légitimité, et que
l'orgueil du roi imposa à la faiblesse de son frère. Dubois, de valet devenu précepteur du duc de Chartres,
commence à montrer le bout de son nez dans l'intrigue qui précède et prépare cette union, d'où nais-
sent des scènes si amusantes. Voyez le souper du roi
après la déclaration du mariage : le fiancé est placé
entre sa mère, qui pleure et regarde tout le monde,
cherchant à voir quelle mine chacun fait, et son père,
qui n'ose lever les yeux sur personne, tant il est honteux et confus. Le roi offre à sa belle-sœur de tous les
plats qui sont devant lui ; elle refuse avec brusquerie,
et à chaque refus le roi redouble de politesse et d'ob-
séquiosité. En se levant, il fait une révérence très-mar-
quée et très-basse à Madame, pendant laquelle celle-ci
exécute une pirouette si juste, que le roi en se relevant
ne voit plus que le dos de sa vindicative belle-sœur.
Entendez-vous ce bruit insolite ? Une main vigoureuse
s'est appesantie sur la joue de quelqu'un : c'est Madame, la terrible Madame, qui vient de donner un
soufflet à l'allemande à M. son fils pour le punir d'avoir
consenti au mariage, « soufflet, dit Saint-Simon, si
« sonore, qu'il fut entendu de quelques pas, et qui, en
« présence de toute la cour, couvrit de confusion ce
« pauvre prince et combla les infinis spectateurs,
« dont j'étais, d'un prodigieux étonnement.»

Capitaine de cavalerie dans le Royal-Roussillon, Saint-Simon est témoin de cette incroyable scène où le roi résiste aux supplications du maréchal de Luxembourg, des principaux généraux de l'armée, des princes du sang, et refuse de donner une bataille qui doit lui livrer le prince d'Orange et les Flandres, pour retourner plus tôt auprès de madame de Maintenon; il se bat bravement à Nerwinde et revient à la cour où sa mère songe à le marier. Quoique fort jeune encore, Saint-Simon ne répugnait point à cette idée. Fils d'un favori de Louis XIII, sans oncle, ni tante, ni cousins germains, ni parents proches, ni amis utiles de son père et de sa mère, il se sentait, nous dit-il, fort esseulé dans un pays où la considération et le crédit font plus que tout le reste. Où trouver ces appuis qui lui manquent? Passant en revue toutes les grandes familles, il se souvient fort à propos que le père du duc de Beauvillier et le sien ont vécu sur un pied d'intimité dans le temps; c'est sur le fils qu'il doit s'appuyer. On pouvait plus mal s'adresser. Chef du conseil des finances, ministre d'État, premier gentilhomme de la chambre, bien vu du roi et de madame de Maintenon, soutenu par de grandes alliances, le duc de Beauvillier était tout à fait un personnage. Saint-Simon, sans recourir à un intermédiaire, lui lâche sa demande à brûle-pourpoint. L'aînée des huit filles du duc est entre quatorze et quinze ans; c'est celle-là que Saint-Simon demande. Mais, répond Beauvillier, elle veut absolument se faire religieuse. — Alors donnez-moi la seconde. — Elle est contrefaite, et nullement mariable. — Je prendrai donc la troisième. — Mais elle n'a pas treize ans ! On revient sur la première; Saint-Simon fait une peinture éloquente de ce que l'on ne prend que trop souvent pour vocation et qui n'est qu'une velléité passagère, cause de regrets éternels. Trouvant le duc obstiné dans l'idée de couvent, il le quitte, dit-il, pour aller passer les premiers élans de sa douleur dans la solitude. Le lendemain, il revient à la charge, il harcèle, c'est le mot, Beauvillier, le guettant dans tous les coins et recoins du palais. Le « soir, j'allai à la musique, à l'appartement, où je « me plaçai en sorte que j'y pus toujours voir M. de « Beauvillier qui était derrière les princes. Au sortir « de là, je ne pus me contenir de lui dire à l'oreille « que je ne me sentais point capable de vivre heureux « avec une autre qu'avec sa fille, et je m'écoulai. »

Le feu de ce jeune homme qui ne peut vivre heureux qu'avec une enfant qu'il n'a jamais vue rend la situation fort comique. L'ambitieux s'y montre avec une naïveté plaisante. Le duc de Beauvillier ne cède point cependant à la crainte de faire le malheur éternel de Saint-Simon ; il s'en tient à l'irrésistible vocation d'une fille de quatorze ans. La négociation est donc rompue, mais non point l'amitié. C'est de cette époque que date entre Saint-Simon et Beauvillier cette intimité dont l'auteur des *Mémoires* parle en toute occasion avec un sentiment de fierté, de respect, de tendresse qui fait honneur à son caractère.

Passons maintenant à un autre tableau. On pourrait l'intituler : *Une après-dînée du grand roi*. Les affaires de famille ont toujours tenu dans la vie si réglée de

Louis XIV autant de place que les affaires d'État. Il n'est pas de bourgeois de Paris qui se mêle autant de querelles de ménage : fils, petits-fils, neveux, filles, nièces, gendres, c'est tout un monde à surveiller, à réconcilier, à tenir en paix. Les princes ont des maîtresses, les princesses des amants. Les maîtresses veulent gouverner les princes, les amants cherchent à tirer de l'argent et des places des princesses. Amants et maîtresses ont des amis, des soutiens qui forment cabale. Ces cabales effrayent fort le roi, surtout celle qui se forme autour de la Choin pour s'emparer de l'esprit du Dauphin. C'est une fine commère que cette Choin ; elle veut épouser Clermont, qui est l'amant de la princesse de Conti, rester cependant la maîtresse du Dauphin et le gouverner de compte à demi avec son mari. Or, le roi avait un moyen de connaître les intrigues : il ouvrait tout simplement les lettres. C'est ce que Saint-Simon appelle *user du secret de la poste.* Un jour donc qu'il faisait mauvais temps et qu'il ne sortait point, le roi très-chrétien, le plus honnête homme de son royaume, se livrait à cette innocente distraction de violer le secret des lettres. Ce jour-là, précisément, Clermont ne s'était pas mis en frais de courrier, et pourtant le paquet qu'il envoyait à mademoiselle Choin contenait, outre une foule de détails sur leurs affaires présentes et sur leurs espérances futures, une liasse de lettres de la princesse de Conti qu'il sacrifiait à sa belle. Le roi, suffisamment édifié, mande la princesse, qui accourt tremblante dans son cabinet. Le roi commence par la chapitrer assez humainement, dit Saint-Simon, sur sa faiblesse pour Clermont, dont il lui montre les preuves. Il aurait dû pousser la générosité jusqu'au bout, et ne point infliger à la pauvre princesse le cruel châtiment de lire en sa présence ses lettres sacrifiées, et celles de Clermont et de la Choin : « Voilà où elle pensa mourir, et elle se jeta aux « pieds du roi baignée de ses larmes, et ne pouvant « presque articuler. Ce ne fut que sanglots, par- « dons, désespoirs, rages, et à implorer justice et « vengeance; elle fut bientôt faite. La Choin fut « chassée le lendemain, et M. de Luxembourg eut « ordre en même temps d'envoyer Clermont dans la « place la plus voisine, qui était Tournay, avec celui « de se défaire de sa charge et de se retirer après en « Dauphiné pour ne pas sortir de la province. »

Quand on voit à quoi le grand roi passe ses après-dînées, on s'étonne moins que les princesses de la famille royale fassent entre elles des repas *un peu allongés*, empruntent les pipes des Suisses, et se traitent mutuellement de sac à vin et de sac à guenilles en présence de toute la cour.

Cependant Saint-Simon, qui ne se sentait capable de vivre heureux qu'avec la fille du duc de Beauvillier, épouse la fille aînée du maréchal de Lorges. C'est une grande et utile alliance qui pourra le soutenir à la cour et le pousser à l'armée. La maréchale de Lorges, dont son gendre vante l'intelligence et la vertu, préférait néanmoins sa fille cadette : « Il n'a- « vait pas tenu à ses désirs et à quelque chose de « plus que l'aînée n'eût pris le parti du couvent pour « mieux marier sa favorite. Celle-ci était une brune

7.

« avec de beaux yeux, l'autre blonde avec un teint et
« une taille parfaits, un visage fort aimable, l'air
« extrêmement noble et modeste, et je ne sais quoi
« de majestueux par un air de vertu et de douceur
« naturelle ; c'était aussi celle que j'aimai le mieux
« dès que je les vis l'une et l'autre sans aucune com-
« paraison, et avec qui j'espérai le bonheur de ma
« vie, et qui depuis l'a fait uniquement et tout en-
« tier. » Saint-Simon n'a pas laissé d'autre portrait
de sa femme. Contentons-nous de ces lignes discrètes
et émues ; les événements achèveront de nous la faire
connaître, en lui prêtant des charmes nouveaux.
Nous la verrons bientôt, matrone de vingt ans, faire
respecter et aimer à la cour ses grâces un peu sévères,
s'attirer l'estime du roi, et, chose plus difficile encore,
celle de madame de Maintenon. Modeste et sentant
sa dignité, ayant l'esprit de conduite et n'aimant
point à intriguer, exerçant une grande influence sur
son mari et ne cherchant jamais à en abuser, ferme
et dévouée à la fois, madame de Saint-Simon est certainement une rareté et une exception parmi les
femmes de son temps. On avait alors l'ambition de la
famille, mais non la tendresse et le dévouement.

Saint-Simon, avec sa nature active, énergique et
remuante, avec ses luttes perpétuelles et ses perpé-
tuels déboires, devait passer sa vie entre la colère et
l'abattement. Je me figure le soir cet homme rentrant
dans son entresol du palais de Versailles après son
labeur de sisyphe, harassé de sa pierre de courtisan
roulée tout le jour, mécontent, amer, souvent déses-
péré. Que serait-il devenu s'il n'eût trouvé cette jeune

femme dont la douceur et le bon sens le consolaient
et le calmaient en l'éclairant? Sans elle, que de fautes
irréparables ! Madame de Saint-Simon fut la poésie et
la sagesse de la vie de son mari. En échange, il lui a
donné l'immortalité dans ses Mémoires, qu'elle traverse d'un air si fier et si doux, et une place dans
cette fin du dix-septième siècle dont elle est une des
physionomies les plus aimables et un des plus nobles
caractères,

Le mérite de madame de Saint-Simon était d'autant
plus grand qu'elle eut affaire à l'homme peut-être le
plus rempli de vues et de projets de son temps, projets malheureux, constamment suivis de chutes. S'associer aux uns, adoucir les autres, tel dut être le soin
principal de la jeune duchesse. Saint-Simon était
perdu avec une poupée de cour; courtisan malheureux, ambitieux déçu, le sort, qui lui devait une
compensation, lui envoya une femme véritable. Dans
toutes les crises de sa vie, suspect au roi par sa réputation de savoir et de hauteur; en butte à la haine
de madame de Maintenon par son opposition à peine
déguisée aux menées du duc du Maine et par sa haine
pour les bâtards; calomnié auprès du duc et de la
duchesse de Bourgogne par les bruits mensongers
répandus à la suite de la campagne de Lille; on sent
toujours à côté de Saint-Simon, plutôt qu'on ne le
voit, un bon ange qui le défend contre lui-même, qui
le retient à la cour qu'il veut fuir et dont il ne pourrait vivre éloigné. Ce bon ange, c'est sa femme. Sans
elle peut-être eût-il été chassé. On eut besoin heureusement d'une femme de sens et de vertu pour

mettre en qualité de dame d'honneur, auprès de la duchesse de Berry. Dans cette place, elle devint le chaperon de la plus folle princesse de la cour et le paratonnerre de son mari.

Un hasard singulier donna pour beau-frère à Saint-Simon le fameux Lauzun. Il vit pendant les fêtes du mariage de madame de Saint-Simon mademoiselle de Quintin, sa sœur : « Elle avait quinze ans, et « lui plus de soixante-trois. C'était une étrange dis-« proportion d'âge ; mais sa vie jusqu'alors avait été « un roman, il ne le croyait pas achevé, et il avait « encore l'ambition et les espérances d'un jeune « homme. Depuis son retour à la cour et son réta-« blissement dans les distinctions qu'il y avait eues, « depuis même que le roi et la reine d'Angleterre, « qui le lui avaient valu, lui avaient encore procuré « la dignité de duc vérifié, il n'était rien qu'il n'eût « tenté par leurs affaires pour se remettre en quel-« que confiance avec le roi, sans avoir pu y réussir. « Il se flatta qu'en épousant la fille d'un général d'ar-« mée, il pourrait faire en sorte de se mettre entre le « roi et lui, et, par les affaires du Rhin, s'initier de « nouveau et se rouvrir un chemin à succéder à son « beau-père dans la charge de capitaine des gardes « qu'il ne se consolait point d'avoir perdue. »

Le maréchal et la maréchale de Lorges connaissaient trop Lauzun pour croire qu'il pût rendre leur fille heureuse, en dehors même de la disproportion d'âge. Mais il proposa d'épouser sans dot, et cette raison du sans dot emporta l'affaire. Quant à mademoiselle de Quintin, « la distance des âges et l'inex-

« périence du sien lui firent regarder ce mariage
« comme la contrainte de deux ou trois ans tout au
« plus, pour être après libre, riche et grande dame,
« sans quoi elle n'y eût jamais consenti, à ce qu'elle a
« bien des fois avoué depuis. » En effet, Lauzun
vécut jusqu'à quatre-vingt-dix ans. Le roi trouva
M. de Lorges très-hardi de mettre un tel homme
dans sa famille. « Je souhaite, ajouta-t-il, que vous
« ne vous en repentiez pas. De vos affaires, vous en
« être le maître, mais pas des miennes ; je ne vous
« permets de faire ce mariage qu'à condition que
« vous ne lui en direz jamais le moindre mot. »
Voilà le marié et la mariée bien attrapés, et un beau
sujet de comédie pour Molière ; mais les vices et les
ridicules de cour lui étaient interdits. On lui livrait
bien quelques petits marquis, mais il fallait s'arrêter
là. Georges Dandin et les maris bourgeois, qu'il met
perpétuellement en scène ne sont pas plus comi-
ques pourtant que le vieux Lauzun épousant *sans dot*,
pour rentrer dans la politique, une fillette de quinze
ans qui ne l'accepte que dans l'espoir de devenir
veuve le lendemain de ses noces.

Après la paix de 1697, Saint-Simon renonce au
service militaire. Le roi appelait cela le *quitter*, et
il gardait rancune à ceux qui lui faisaient cet affront.
Quel grave motif poussa Saint-Simon à braver ce
danger, après quatre campagnes faites avec honneur ? Louvois avait déjà inventé *l'ordre du tableau*,
qui réglementait l'avancement sur un pied d'égalité
en dehors de toutes les conditions de dignité et de
titre ; son fils Barbezieux voulut que tout colonel

passât chaque année deux mois dans un autre ré-
giment que le sien. « Cela fut trouvé fort sauvage. »
Saint-Simon, cependant, se serait soumis à l'ordonnance ministérielle ; il aurait même supporté de voir
plusieurs de ses cadets passer avant lui dans une
promotion de brigadiers, si « quatre gentilshommes
particuliers » n'en avaient fait également partie.
C'est ce qui lui parut impossible à supporter et le
décida à renoncer à la carrière militaire, « malgré la
« réflexion d'abandonner toutes les espérances du mé-
« tier, l'ennui de l'oisiveté et la douleur des étés à ouïr
« parler de guerre, de départs et d'avancements. »

Saint-Simon allait donc concentrer son activité
dans l'enceinte du palais de Versailles ; son horizon
devenait celui d'une cour occupée de petites intrigues. Rien de mesquin, rien de vulgaire, on peut
dire, comme cette dernière période du règne. Les
esprits se rapetissent, les cœurs se resserrent ; chacun court tristement après la faveur. Le roi est trop
vieux pour changer d'habitudes et de favoris. Madame de Maintenon s'entoure d'un rempart de plus
en plus impénétrable. Les ambitions et les espérances se tournent du côté du Dauphin ; on s'em-
presse autour de mademoiselle Choin, qui doit être
la Maintenon du nouveau règne. Les arts, la littérature, qui ont fait la gloire des premières années de
Louis XIV, sont négligés et abandonnés ; les grands
hommes sont morts sans laisser de successeurs. Le
principal mérite d'un homme est son assiduité auprès du roi ; elle lui tient lieu de tout. Plus de fêtes,
plus de spectacles ; nous sommes aux jours de tris-

tesse, d'ennui, en attendant les jours de douleur.
C'est précisément ce moment que Saint-Simon choisit pour renoncer complétement à l'air, à la vie, et
pour descendre tout entier dans le royaume des
ombres. Sa retraite du service militaire clôt notre
prologue. Le spectateur a pu se faire une idée générale du monde au sein duquel la pièce va se mou-
voir ; il en connaît déjà le principal personnage. Sa
constante et principale idée est de se créer des appuis à la cour ; de là son ardeur singulière à épouser
une fille du duc de Beauvillier, et enfin son heureux mariage avec mademoiselle de Lorges. Ami
de Beauvillier, il compte avec raison sur cette
grande et intime relation pour pousser sa fortune ;
il dit en parlant de Fénelon : « C'était un esprit
« coquet qui, depuis les personnes les plus puissantes
« jusqu'à l'ouvrier et au laquais, cherchait à être
« goûté et voulait plaire ; et ses talents en ce genre
« secondaient parfaitement ses désirs. » Caractère
honnête et cependant ambitieux, Saint-Simon cherchait à se faire estimer et voulait dominer ; malheureusement ses talents secondaient mal ses désirs.
A ses débuts, il a cette passion des petites choses qui
doit le perdre. Le rôle qu'il joue dans le procès de
préséance de M. de Luxembourg nous montre déjà
Saint-Simon tout entier ; les coups d'épingle sont
pour lui des coups de poignard ; le chagrin de voir
« quatre officiers particuliers » passer avant lui, voilà
ce qui le détermine à quitter le service militaire.
Nous devons nous en féliciter, car peut-être un boulet
de canon eût emporté le futur auteur des *Mémoires*.

LE MÉDECIN, LE VALET DE CHAMBRE.

On prétend que l'ennui d'avoir sans cesse sous les yeux le clocher de Saint-Denis, sépulture des rois de France, détermina Louis XIV à quitter cette résidence, théâtre brillant des fêtes de sa jeunesse, peuplée pour lui de souvenirs charmants. Le roi, il est vrai, n'aimait guère à songer à la mort; mais d'autres motifs contribuèrent également à l'éloigner de ce château, dont les embellissements et la magnifique terrasse lui avaient coûté des sommes énormes. Saint-Germain et les autres habitations royales n'étaient pas pleines de sa seule présence : l'ombre de ses prédécesseurs pouvait parfois y voiler son soleil. Saint-Germain faisait songer involontairement à Henri II et à Diane de Poitiers. Le moyen âge y avait livré son dernier combat en champ clos; Blois rappelait les Valois, leur légèreté, leur cruauté, leur superstition, leurs haines, leurs passions, et surtout les honteuses amours d'Henri III, continuées par le frère même de Louis XIV; l'ombre de Guise assassiné hantait encore ce palais où l'oncle du roi, Gaston d'Orléans, promena ses velléités d'ambition et tâcha d'oublier ses trahisons et ses bassesses. A Fontainebleau Louis XIV avait à redouter la concurrence du soldat de Marignan et de Pavie; ici, plus de Lebrun ni de Le Nôtre. C'étaient les peintures de Primatice qui couvraient les plafonds; les jardins avaient été dessinés par Nicolo. Le souvenir de la cour charmante de François Ier semblait diminuer le prestige de la sienne.

Chaque automne pourtant Louis XIV revenait à ce palais où son père était né, où s'étaient écoulées les années de son enfance; mais bien des fois, en traversant la galerie des Cerfs, il dut se sentir importuné à l'idée qu'une petite reine, et déchue encore, avait osé faire acte d'autorité souveraine dans sa propre maison et tacher ses parquets du sang d'une victime. Il y avait cinquante ans que la cour n'était allée à ce château de Vincennes où Charles IX sua son agonie sanglante, lorsque Louis XIV s'en souvint à son lit de mort pour y faire transporter son arrière-petit-fils, le dernier espoir de sa race. Chacune de ces résidences, Saint-Germain, Blois, Fontainebleau, Compiègne, Vincennes, avait des inconvénients particuliers aux yeux de Louis XIV et un tort général, celui de lui rappeler les misères et les humiliations de la monarchie, l'insolence de quelques grands, l'indépendance de la noblesse, en un mot la féodalité. Pour rompre encore plus complétement avec le passé, il voulut avoir un lieu nouveau, entièrement à lui, où il pût tenir la noblesse sous sa main et où la noblesse tînt tout de lui. La pensée qui présida à la construction de Versailles, et Saint-Simon semble l'avoir compris, fut entièrement politique.

Louis XIV détestait Paris. Paris était toujours pour lui la ville de la Fronde. Il n'avait pas oublié les nuits d'angoisse passées au Palais-Royal entre sa mère et Mazarin tremblants, dans ces temps où « la France, « qui est accoutumée à cette belle et honorable ser- « vitude de nos souverains, regardait la puissance « que le peuple voulait prendre dans Paris comme

« une grande maladie de l'État. Et le parlement en
« était tout surpris. » Il fallut pourtant céder, s'enfuir devant ce peuple comme des malfaiteurs qui se
cachent. Madame de Motteville, que nous venons de
citer, raconte cette fuite dans les ténèbres : « Ja-
« mais nuit sans assaut et sans guerre ne fut remplie
« de tant de trouble et d'horreur... Toute la maison
« royale étant assemblée, elle prit le chemin de
« Saint-Germain en Laye. Le roi, la reine et toute la
« cour se trouvèrent en ce lieu sans lit, sans offi-
« ciers, sans meubles, sans linge, et sans rien de tout
« ce qui était nécessaire au service des personnes
« royales et de toutes les autres qui les avaient sui-
« vies. La reine, étant arrivée, coucha dans un petit
« lit que le cardinal Mazarin avait fait sortir de Paris
« quelques jours auparavant à cette intention. Il avait
« de même pourvu à la nécessité du roi, et il se
« trouva aussi deux autres petits lits de camp, dont
« l'un servit à Monsieur, et l'autre demeura pour lui.
« Madame la duchesse d'Orléans coucha une nuit sur
« la paille, et Mademoiselle aussi. Tous ceux qui
« avaient suivi la cour eurent la même destinée; et,
« en peu d'heures, la paille devint si chère à Saint-
« Germain, qu'on ne pouvait pas en trouver pour de
« l'argent. » L'humiliation de ce lit de camp et de
cette paille ne dut jamais s'effacer de l'esprit du roi.

L'embarras et le danger sont grands d'étaler en
face de la population d'une grande ville certains désordres et scandales dont ne s'effarouchent point les
mœurs complaisantes d'une cour. Comment se soustraire ensuite aux dangers de cette liberté de conver-

sation si redoutée des despotes et qu'il est si difficile de détruire complétement dans une capitale où se rencontrent sans cesse tant d'hommes importants par la position, la fortune ou l'intelligence? La monarchie telle que Louis XIV et son successeur la firent était impossible à Paris. Il le sentit, et il fit bâtir Versailles.

Louis XIII, qui était, comme Nemrod et comme la plupart des rois de France, un grand chasseur devant Dieu, courait souvent le cerf dans la forêt de Saint-Léger. Une auberge à rouliers et un moulin à vent s'élevaient sur la lisière de cette forêt. Fatigué de ne trouver, après une longue journée de chasse, que la maigre hospitalité du meunier pour lui et de l'hôtelier pour sa suite, le roi acheta l'auberge et le moulin, les fit raser, et sur l'emplacement donna ordre de bâtir un petit château. Dans les premiers temps de ses amours avec mademoiselle de La Vallière, le roi y venait quelquefois avec sa maîtresse goûter en secret les douceurs de la lune de miel. C'était un lieu sans eau, sans bois, sans vue, un sol de sables mouvants et de marécages. Cela n'arrêta point le roi dans le dessein de faire du petit pavillon paternel le grand palais de Versailles; peut-être même l'idée de lutter contre la nature, de lui faire violence, contribuat-elle à affermir Louis XIV dans son projet. Du reste, voulant achever une œuvre qui fût entièrement de lui, il ne pouvait mieux choisir que Versailles. Tout y était à créer, bois, parc, jardins, appartements, parterres. L'eau manquait; on essaya d'abord de détourner une rivière. « Qui pourra dire l'or et les

« hommes que la tentative obstinée en coûta pendant
« plusieurs années, jusque-là qu'il fut défendu sous
« les plus grandes peines, dans le camp qu'on y avait
« établi et qu'on y tint longtemps d'y parler des ma-
« lades, surtout des morts que le rude travail et plus
« encore les exhalaisons de tant de terres remuées
« tuaient. »

Près d'un tiers de l'infanterie française périt dans
ces tranchées sans honneur. Une armée et des millions furent sacrifiés; mais Louis XIV atteignit son
but, il parvint à élever un édifice assez vaste pour
contenir la monarchie et la noblesse, et les séquestrer
du reste de la nation. Dans ce phalanstère royal, il
réalisa la plus vaste tentative de communisme qu'on
ait jamais essayée en aucun temps et en aucun pays.
Il croyait, après avoir ainsi muré sa vie, que nul œil
indiscret ne pénétrerait les mystères de sa cour, qu'il
en déroberait les secrets à ses contemporains et à la
postérité. Mais l'ennemi s'était glissé dans la place.
Un des courtisans les plus assidus de la majesté royale
devait lever le voile; aujourd'hui, grâce aux *Mémoires
de Saint-Simon,* nous connaissons la cour de Louis XIV
mieux que beaucoup de ceux qui en étaient : nous
pouvons aller et venir dans ce labyrinthe si confus et
si régulier en apparence. La renommée de ces Mémoires et de leur auteur grandit chaque jour davantage. On regrette amèrement qu'un pareil historien
ne se soit pas rencontré à chaque époque de nos an-
nales pour raconter les temps anciens. On en appelle
un pour les temps nouveaux. Ne nous flattons pas de
cette espérance; outre que les hommes du talent de

Saint-Simon sont excessivement rares, les mémoires posthumes n'auraient pas beau jeu maintenant. Les événements marchent si vite, les personnages sont si nombreux et durent si peu, qu'il faut pour ainsi dire les prendre au vol et au hasard pour les fixer sur la toile. Les journaux remplacent les mémoires et photographient l'histoire. D'ailleurs les individualités disparaissent, les tailles se nivellent, la publicité est partout; il n'y a plus de classes inconnues les unes aux autres, plus de cour comme au siècle de Saint-Simon et de Versailles.

Vu du milieu de la terrasse, ce palais, avec ses deux énormes ailes percées de mille fenêtres, a l'aspect triste d'une caserne ou plutôt d'un couvent. On dirait un de ces immenses édifices religieux de l'Inde où des milliers de brahmes vivent dans la perpétuelle contemplation d'une idole. Seulement à Versailles l'idole était vivante. De tous les coins de la France on accourait pour l'adorer. « C'était un démérite aux « uns, et à tout ce qu'il y avait de plus distingué, de « ne pas faire de la cour son séjour ordinaire, aux « autres d'y venir rarement, et une disgrâce sûre « pour ceux qui n'y venaient jamais. » Pour se prosterner devant l'autel de ce dieu jaloux, qu'on nomme le roi, le mari abandonne ses terres, la femme renonce à ses enfants; il n'y a plus de famille, plus de foyer domestique; on a une cellule à deux; on est logé, chauffé, éclairé en commun; on mange à l'écuelle du couvent.

Si un voyageur eût dit à l'auteur des *Mémoires :* — J'ai vu dans mes voyages d'outre-mer un pays où tous les nobles vivent réunis dans un vaste monastère divisé en une foule d'appartements. Ces moines-gentilshommes n'ont rien en propre; les meubles qui garnissent leur chambre appartiennent au supérieur du couvent, c'est-à-dire au roi qui s'est enfermé au milieu d'eux et qui pourvoit à leur entretien. Ils sont tenus seulement de s'habiller, et, pour le faire magnifiquement, tous se ruinent si bien qu'ils dépendent entièrement du roi, qui leur donne des pensions selon qu'il est satisfait de leur assiduité et de leur régularité. Pour s'absenter, les moines sont tenus d'obtenir l'agrément du supérieur qui ne le refuse jamais, mais qui n'aime pas que les demandes de ce genre soient fréquentes et les absences prolongées. Dans le couvent, on se lève et on se couche à la même heure; chacun a les mêmes occupations, qui consistent à voir le roi s'habiller et se déshabiller, à le regarder manger, à le suivre à la promenade, à faire la haie pour le saluer quand il passe d'un appartement à un autre pour se rendre à sa chaise percée. Les plus favorisés sont ceux qui ont le droit de ne pas sortir de la chambre quand le roi passe sa chemise de nuit le soir, et d'entrer chez lui le matin quand il met ses chausses. Ces nobles n'imaginent pas de plus grand honneur que de tenir la chandelle au roi au moment où il met son bonnet de nuit. Quelques-uns ont le droit de porter un habit de la même couleur et de la même forme que lui; cela s'obtient par brevet et est considéré comme une faveur énorme. L'assiduité au lever et au coucher du roi tient lieu des plus grands talents; mais l'assiduité ne suffit pas toujours : il y a une foule de ces moines parmi les plus assidus auxquels le dieu n'a pas daigner se manifester une seule fois; et qui cependant continuent non-seulement à l'adorer, mais encore à adorer ceux de leurs confrères auxquels par un mot, par un regard, il a communiqué un reflet de sa divinité. Cette existence monotone est si parfaitement au goût de la nation dont nous parlons qu'on y voit des hommes de génie, chassés de ce couvent pour une faute légère, mourir de chagrin de n'y pouvoir rentrer et de ne plus jouir de la présence de l'idole. — Il est probable que Saint-Simon se serait fort moqué de ce pays, et qu'il n'aurait reconnu ni lui ni ses contemporains dans ces moines de cour. On l'étonnerait bien, s'il revenait au monde, en comparant Versailles à un couvent et l'existence qu'on y menait à celle que quelques réformateurs avaient rêvée pour la société moderne, et qui l'a si fort effrayée. Rien de plus juste, cependant, que ces comparaisons, mais rien de plus difficile pour l'homme que de se rendre compte de ce qu'il est réellement et du milieu dans lequel il vit. Saint-Simon, ce caractère si indépendant, a été esclave toute sa vie; cet esprit si libre s'est constamment asservi à des minuties; cet homme si fier s'est montré un des courtisans les plus assidus, et quelquefois même des plus subtils de son époque : « Je lui parlai aussi (au roi) de la longue « absence que j'avais faite *de douleur de me croire mal* « *avec lui*, d'où je pris occasion de me répandre moins « en respects qu'en choses affectueuses sur mon at- « tachement à sa personne, et mon désir de lui plaire

« en tout, que je poussai avec une sorte de familia-
« rité et d'épanchement, parce que je sentis à son
« air, à son discours, à son ton et à ses manières
« que je m'en étais mis à portée. » Malgré sa gravité
de duc et pair, Saint-Simon ne joue-t-il pas un peu le
rôle d'un neveu qui vise à séduire un oncle de comédie? Il s'agit ici de l'audience que Maréchal lui fit
obtenir du roi en 1710, et dont le résultat le fit rester
à la cour. Il soupirait, nous dit-il, avec un *dépit ardent* après le moment de la quitter. Chamillard, son
principal appui, venait de tomber, il n'était plus des
Marly. « Il me demanderait peut-être par quoi j'avais
« jugé du changement de ses bontés pour moi; je
« lui répondrais qu'ayant été quatre ans durant de
« tous les voyages de Marly, la privation m'en avait
« paru une marque qui m'avait été très-sensible, et
« par la disgrâce et par la privation de ces temps
« longs de lui faire ma cour. » Pendant que Saint-
Simon *se décharge le cœur en sa présence,* le roi l'interrompt : « Mais aussi, monsieur, c'est que vous parlez
« et que vous blâmez; voilà ce qui fait qu'on parle
« contre vous. — Je répondis que j'avais grand soin
« de ne parler mal de personne; que pour de Sa Ma-
« jesté, *j'aimerais mieux être mort,* en le regardant
« avec feu entre deux yeux. » Quelle mauvaise humeur aurait pu tenir contre de telles protestations
soutenues par une si chaude pantomime? Le roi
s'humanisa. A son premier : *Sire, Marly!* l'habile
courtisan est désigné pour être du voyage; son ardent dépit se calme, et le voilà, fort heureusement,
pour de longues années encore rattaché à la cour.

Saint-Simon obtint dans sa vie trois ou quatre audiences du roi. Toutes sont de véritables scènes de comédie. Si Louis XIV attache une grande importance à toutes les distinctions de cour qui émanent de lui, Saint-Simon n'en met pas moins à toutes celles qui, selon lui, sont attachées à la pairie. Le roi tenait aux siennes, et il n'aimait pas qu'on leur fît concurrence; c'était pour lui une espèce de monnaie de singe dont il se servait pour payer ses courtisans; faute d'argent, il leur donnait le bougeoir. Maintenir ses distinctions à un taux élevé était pour le roi une affaire politique. Rien de semblable dans toutes ces questions d'eau bénite, de quête, de tabouret, de carrosse, de bonnet, pour lesquelles Saint-Simon prend feu à chaque instant avec une éloquence souvent très-grande, mais que son sujet même finit par rendre comique. Résolues selon le gré de Saint-Simon, ces questions de préséance et d'étiquette n'ajoutaient rien à la dignité dont il était revêtu, et n'y faisaient pas d'un fétu, pour nous servir d'une expression de Louis XIV. L'importance politique de la pairie était perdue, et il n'était au pouvoir de personne de la restaurer. Sans son respect pour la royauté, on sent que Saint-Simon raillerait presque le bougeoir, le justaucorps à brevet, tous ces vains honneurs de cour. Gardez-vous cependant de toucher à la moindre prérogative honorifique de la pairie. Là tout lui paraît sérieux, important, affaire d'État. Les plus grandes douleurs et les plus grandes joies de sa vie lui viennent des atteintes que l'on porte à la majesté de son titre et des réparations passagères qu'elle re-

çoit. Rappelez-vous plutôt le fameux compte rendu
du lit de justice sous la régence : « Je gouvernais mes
« yeux avec lenteur et ne regardais qu'horizontale-
« ment pour le plus haut. M. le duc m'avait jeté un
« regard triomphant qui pensa démonter mon sé-
« rieux, qui m'avertit de le redoubler et de ne m'ex-
« poser plus à trouver ses yeux sur les miens. Con-
« tent de la sorte, attentif à dévorer l'air de tous,
« présent à tout et à moi-même, compassé de mon
« corps, pénétré de tout ce que la joie peut impri-
« mer de plus sensible et de plus vif, du trouble le
« plus charmant, d'une jouissance la plus démesu-
« rément et la plus persévéramment souhaitée, je
« suais d'angoisse de la captivité de mon transport,
« et cette angoisse même était d'une volupté que je
« n'ai jamais ressentie ni devant ni depuis ce beau
« jour. Que les plaisirs des sens sont inférieurs à
« ceux de l'esprit, et qu'il est véritable que la pro-
« portion des maux est celle-là même des biens qui
« les finissent ! »

Cette joie est vraiment effrayante; on dirait que
l'âme de celui qui l'éprouve est sur le point d'éclater; elle a aussi quelque chose d'humiliant pour la
nature humaine. Quoi ! tous ces transports parce que
le président du parlement sera obligé tout à l'heure
de lever son bonnet d'une certaine façon ! Un tel
hosanna parce que le duc du Maine et le comte
de Toulouse vont être réduits à leur rang de pairie
et que lui, Saint-Simon, ne sera plus précédé par
eux !

Il faut s'en prendre moins à l'homme lui-même

qu'à l'influence de son époque. Le despotisme pesait
sur toutes les intelligences; celles qu'il ne parvenait
pas à écraser, il les faussait; toutes les issues étaient
fermées à l'activité humaine; ne pouvant mettre son
ardeur, son énergie dans les grandes choses, Saint-
Simon la dépensa dans les petites. Il passa les plus
belles années de sa vie à la poursuite de la faveur,
non sans doute pour la faveur elle-même, mais parce
qu'en dehors d'elle il n'y avait que l'isolement et le
vide. Il nous montre Fénelon voulant atteindre le
même but, et cherchant pour cela à plaire à tout le
monde, même au laquais. Tel fut Saint-Simon avec
moins de penchant naturel et de grâce. Sous la monarchie, le confesseur, le médecin et le valet de
chambre étaient les trois pouvoirs de l'État. Tout le
monde s'inclinait devant Fagon. « Il avait accoutumé
« de malmener les autres, et d'en être respecté jus-
« qu'au tremblement. » Quant au valet de chambre,
c'était bien autre chose : « C'était par lui que pas-
« saient tous les ordres et messages secrets, les au-
« diences ignorées qu'il introduisait chez le roi, les
« lettres cachées au roi et du roi, et tout ce qui
« était mystère; c'était bien de quoi gâter un
« homme. » Un valet de chambre honnête homme
est un bienfait de la Providence, sa mort devient
un malheur général. Aussi Saint-Simon a-t-il pu dire
en parlant de Bontemps : « Sa perte causa un deuil
« public; chacun en fut affligé comme d'une perte
« particulière, et il est également innombrable et
« inouï ce qui fut volontairement rendu à sa mé-
« moire, et des services solennels célébrés partout

« pour lui. » Bloin, son successeur, ne dut pas cau-
ser les mêmes regrets : « C'était un homme de beau-
« coup d'esprit qui était galant et particulier, qui
« choisissait sa compagnie dans le meilleur de la
« cour, qui régnait chez lui dans l'exquise chère
« parmi un petit nombre de commensaux grands
« seigneurs, ou de gens qui suppléaient d'ailleurs
« aux titres, qui était froid, indifférent, inabor-
« dable, glorieux, suffisant, et volontiers imperti-
« nent. »

Quand un valet de chambre peut choisir sa compagnie dans le meilleur de la cour, c'est-à-dire
dans l'élite de la noblesse française, il ne faut pas
s'étonner des faiblesses qui déparent le caractère et
l'intelligence des hommes les plus fiers de la fin du
dix-septième siècle. Saint-Simon était certainement
de ce nombre ; cependant on sent au portrait de
Bloin qu'il s'est approché de lui et qu'il a vainement
tâché de l'amadouer ; Fagon non plus n'a pas dû se
laisser apprivoiser ; repoussé par le médecin du roi, il
est plus heureux auprès de son chirurgien, et nous venons de voir le service que Maréchal lui rend de lui
faire obtenir une audience de Louis XIV. Bientôt
nous verrons poser le confesseur, et dans la laideur
du portrait du père Letellier nous devinerons la rancune du peintre qui se venge en secret de la contrainte qu'il est obligé de garder devant le modèle.
Dans cet abaissement de la vie de cour, Saint-Simon,
au milieu de cette fausse activité du courtisan, s'est
énervé, perdu pour l'action véritable ; il le comprend
parfois : on sent l'impatience de sa position petiller

dans sa phrase ; sa raison lui montre l'inutilité de ses efforts. Dix fois il songe à quitter Versailles ; mais, né pour raconter et pour observer, il s'oublie dans le plaisir d'être spectateur, et sans s'en douter, le spectacle lui suffit. C'est ce qui explique sa force comme moraliste et sa faiblesse comme homme d'État. Nous la sentirons bientôt lorsqu'un hasard inespéré, le mettant tout à coup sur la scène, il se trouvera dans la nécessité d'appliquer ses idées politiques sous la régence. Appelé au pouvoir, il s'y noiera dans les petitesses ; il s'épuisera en harangues pour forcer le régent à acheter, malgré la pénurie du trésor, le diamant qui doit porter son nom ; il ne comprendra pas mieux au temps de Law la révolution qui s'opère au profit des classes moyennes qu'il ne l'a devinée sous le grand roi, ce *règne de vile bourgeoisie ;* il côtoiera pour ainsi dire les grands événements politiques sans y être mêlé directement, et quand nous voudrons trouver la trace de son passage aux affaires, c'est au garde-meuble qu'il faudra la chercher.

LE CONFESSEUR.

Avant le médecin et le valet de-chambre, nous aurions dû mettre le confesseur. Son influence ne se bornait pas aux affaires des particuliers, elle embrassait aussi celles de l'État. Le confesseur était un ministre ; il disposait d'une des sources de faveurs les plus abondantes de l'ancienne monarchie : il distribuait les évêchés et les bénéfices. Depuis Henri IV, ce ministère était resté entre les mains des jésuites. Ce roi et ses successeurs leur confièrent la direction de leur conscience, ce qui ne fait pas tout à fait l'éloge de la morale de ces religieux. Louis XIV eut trois confesseurs pendant son règne, tous les trois jésuites. Quelques phrases de Saint-Simon expliquent assez cette préférence : « Maréchal, premier « chirurgien du roi, qui avait sa confiance, homme « droit et parfaitement vrai, que j'ai cité plus d'une « fois, nous a conté, à madame de Saint-Simon et à « moi, une anecdote bien considérable, et qui mé- « rite de n'être pas oubliée. Il nous dit que le roi « dans l'intérieur de ses cabinets, regrettant le père « de Lachaise, et le louant de son attachement à sa « personne, lui avait raconté une grande marque « qu'il lui en avait donnée : que peu d'années avant « sa mort, il lui avait dit qu'il se sentait vieillir, qu'il « arriverait plus tôt qu'il ne pensait qu'il faudrait « choisir un autre confesseur; que l'attachement qu'il « avait pour sa personne le déterminait uniquement « à lui demander en grâce de le prendre dans sa « compagnie; qu'il la connaissait; qu'elle était bien « éloignée de mériter tout ce qui s'est dit et écrit « contre elle, mais qu'enfin il lui répétait qu'il la « connaissait; que son attachement à sa personne et « à sa conservation l'engageait à le conjurer de lui « accorder ce qu'il demandait; que c'était une com- « pagnie très-étendue, composée de bien des sortes « de gens et d'esprit, dont on ne pouvait répondre, « qu'il ne fallait point mettre au désespoir, et se met- « tre ainsi dans un hasard dont lui-même ne lui pou-

« vait répondre, qu'un mauvais coup était bientôt
« fait, et n'était pas sans exemple. »

On conçoit que Louis XIV n'ait pas hésité à prendre un confesseur jésuite. Seulement, il aurait pu
avoir la main plus heureuse, ou plutôt les ducs de
Beauvillier et de Chevreuse, car ce sont eux qui choi-
sirent et désignèrent le père Letellier pour succéder
au père Lachaise dont la mort, sans exciter autant d'affliction que celle de Bontemps, ne laissa pas que d'ê-
tre regrettée. C'était un homme doux, indulgent,
habile : « La fête de Pâques lui causa plus d'une fois
« des maladies de politique pendant l'attachement
« du roi pour madame de Montespan. » Mais il ne
craignait pas de temps en temps de parler franchement au roi. « Ce n'est pas moi qui suis bon, » lui
répondit-il un jour que celui-ci lui reprochait son in-
dulgence, « c'est vous qui êtes dur. » Pendant plus de
trente-deux ans qu'il occupa le confessionnal royal,
le père Lachaise ne fit de mal à personne ; on n'en
pourrait dire autant de son successeur. « Il était pro-
« fondément faux, trompeur, caché sous mille plis
« et replis, et quand il put se montrer et se faire
« craindre, exigeant tout, ne donnant rien, se mo-
« quant des paroles les plus expressément données
« lorsqu'il ne lui importait plus de les tenir, et pour-
« suivant avec fureur ceux qui les avaient reçues.
« C'était un homme terrible qui n'allait à rien moins
« qu'à destruction, à couvert et à découvert, et qui,
« parvenu à l'autorité, ne s'en cacha plus. »

Comment un tel homme, « violent jusqu'à faire
« peur aux jésuites les plus sages, et même les plus

« nombreux et les plus ardents jésuites, dans la
« frayeur qu'il ne les culbutât jusqu'à les faire chas-
« ser une autre fois, » se trouva-t-il sur une liste de
candidats laissée par le père Lachaise? comment surtout fut-il choisi par des personnages prudents et
éclairés comme Beauvillier et Chevreuse? C'est ce
dont il n'est pas très-facile de se rendre compte. Le
roi le prit les yeux fermés et sur l'étiquette du sac,
car il avait toujours eu un faible pour les jésuites;
les *voyages de politique* du père Lachaise les lui faisaient aimer et apprécier, au point qu'il ne voulut
permettre à aucun membre de sa famille de choisir
un confesseur hors de la compagnie. La duchesse de
Bourgogne se serait fort bien contentée d'un simple
barnabite; il lui fallut prendre un jésuite; elle en
essaya plusieurs; elle arrêta enfin le père de la Rue.
Le père Valois, puis le père Martineau, confessèrent
les enfants de France; le Dauphin se confessait au
père Lachaise, puis à son successeur, le roi le voulait ainsi; Monsieur, qui était sans contredit le péni-
tent le plus embarrassant de la famille royale, avait
remis la direction de sa conscience à ce bon père du
Trévoux, le même qui criait à Monsieur, frappé d'a-
poplexie : « Monsieur, ne connaissez-vous pas votre
« confesseur? ne connaissez-vous pas le bon petit
« père du Trévoux qui vous parle?... et fit rire assez
« indécemment les moins affligés.... » Ce confesseur, *bien que jésuite*, le tenait de plus court qu'il
pouvait et lui retranchait non-seulement d'étranges
plaisirs, mais beaucoup de ceux qu'il se croyait permis. Avec les goûts, les mœurs, les habitudes des

divers membres de la famille royale, la situation de
tous ces jésuites confesseurs était assez périlleuse au
point de vue de la religion; ils s'en tiraient comme
ils pouvaient; ce qu'ils étaient obligés de céder indi-
viduellement comme prêtres, l'ordre tout entier le
regagnait; ils se consolaient de leurs concessions en
songeant qu'elles valaient à la compagnie le privilége
d'être exempts des taxes et impositions du clergé; le
roi lui-même sollicita et obtint pour eux cette faveur
de l'assemblée du clergé. C'est ainsi que tout tournait *ad majorem Dei gloriam,* c'est-à-dire à la plus
grande gloire de Dieu et des jésuites.

Nous parlions tout à l'heure des goûts de la famille
royale; nous n'en citerons qu'un seul, le jeu. Cette
passion régnait sans partage à la cour, et de là s'étendait à la société tout entière. Le roi donnait l'exemple et encourageait tout le monde à l'imiter. Le duc
de Bourgogne lui demanda un jour une somme assez
considérable pour payer ses dettes de jeu; le roi lui
répondit « d'en user toujours avec la même con-
« fiance, et qu'il jouât hardiment, sans craindre que
« l'argent ne lui manquât, et qu'il n'était de nulle
« conséquence d'en perdre à des personnes comme
« eux. » Le duc d'Antin, faisant son bilan devant les
courtisans, avoua qu'il avait gagné six ou sept cent
mille francs au jeu, « et tout le monde demeura persuadé qu'il en avait gagné bien davantage. » On est
tout étonné de voir Saint-Simon, parlant de tel ou
tel courtisan joueur, faire remarquer avec soin qu'on
ne l'avait jamais soupçonné, et qu'il avait toujours
eu les *mains fort nettes,* comme si c'était devenu une

chose rare et digne d'éloge pour un gentilhomme de ne pas tricher aux cartes. Le jeu, dans cette cour si fière et si dédaigneuse, donnait une position et une influence à des gens comme ce Langlée, *homme de rien de vers Mortagne au Perche*, fils d'une femme de chambre de la reine mère. Il fut des plus grosses parties du roi au temps de ses maîtresses, et familier avec ses filles au point de leur dire leurs vérités; les princes allaient dîner chez Langlée. « Il s'était rendu maître des modes et des goûts. » Ce Brummel en perruque trônait à Versailles. « A Monsieur, aux filles du roi, à quan-« tité de femmes, il leur disait des ordures horribles, « et cela chez elles, à Saint-Cloud, dans le salon de « Marly. » On supportait tout cela parce qu'il avait la bourse pleine, qu'il savait en dénouer les cordons à propos, qu'il était beau joueur et beau prêteur. Le jeu, qui avait transformé le fils d'une femme de chambre en grand seigneur, en ami de la famille royale, pouvait bien faire de Chamillard un ministre, le successeur de Colbert et de Louvois.

Cela est triste à dire, et on sent que Saint-Simon en est humilié; c'est à ce joueur de billard, à cet homme de robe, qu'il doit un peu son importance secrète à la cour. Son beau-frère, le duc de Lorges, épousa, bien malgré lui, assure-t-il, la troisième fille de Chamillard. Ce mariage conclu, il ne paraît pas pourtant qu'il ait voulu pousser le mépris des mésalliances jusqu'à ne point profiter de celle-ci. Chamillard lui rendit des services, et il s'en est montré reconnaissant en nous laissant de cet homme faible et honnête un portrait plus flatté que ne le sont en général ses peintures, mais qui doit être ressemblant au fond. C'est là, du reste, il faut le reconnaître, le caractère de tous les portraits de Saint-Simon ; il exagère souvent en beau ou en laid certains traits ; mais l'ensemble de la physionomie est vrai. Les plus grands hommes ont leurs défauts et leurs côtés faibles ; on rend hommage à la vérité en les montrant. La perfection n'est pas dans la nature de l'homme ; les gens qu'on nous présente comme des êtres parfaits, des héros depuis les pieds jusqu'à la tête, ne sont que des mannequins. On a beaucoup reproché à Saint-Simon, puisque nous parlons de ses portraits, les tons un peu crus avec lesquels il a peint Villars et Noailles. Il ne les aimait pas, cela est vrai : le premier, pour la conduite assez peu franche qu'il tint dans les querelles entre les ducs et le parlement ; le second, à cause d'un tour assez vilain qu'il lui avait joué ; mais, pour ne parler que du premier, il faut bien avouer que le portrait de Saint-Simon gagne à être vu après une lecture attentive des *Mémoires* de Villars ; il y parle constamment de lui, et rien que de lui ; il a tout prévu, tout indiqué ; il emporte des villes malgré Vauban ; il gagne des batailles malgré les généraux ; si on éprouve un échec quelque part, c'est qu'on n'a pas voulu suivre ses conseils ; là où il n'est pas tout va mal ; il lui suffit de se montrer pour ramener la confiance et la victoire. Le roi lui avait promis, nous dit-il, de montrer, aux premières occasions, combien il était content de lui. « C'é-« tait, désormais, à la guerre à faire naître ces occa-« sions. Le marquis de Villars alla les chercher en

« Italie. Ce fut cependant avec quelque répugnance,
« parce que les affaires y avaient été mal commen-
« cées. Avant que d'arriver à l'armée, il eut une
« rencontre qui lui fit honneur. Le général Mercy,
« instruit de son voyage, l'attendait sur la route avec
« un corps de cavalerie et d'infanterie beaucoup plus
« fort que son escorte. Quand le marquis de Villars
« aperçut l'ennemi, il se mit à la tête des troupes
« qui l'accompagnaient sans savoir qui elles condui-
« saient. Sitôt qu'il en fut reconnu, elles s'écrièrent :
« *C'est notre général que Dieu nous a envoyé.* Et elles
« chargèrent avec tant de furie, qu'en un instant les
« Allemands furent dispersés. Le maréchal de Ville-
« roi vint le recevoir à la tête du camp, et lui fit
« compliment sur la confiance que le soldat lui mon-
« trait. Villars répondit au compliment par ces vers
« de Racine dans *Bajazet :*

« Comptez qu'ils me verront encore avec plaisir,
« Et qu'ils reconnaîtront la voix de leur vizir. »

Les passages où se trahit le naturel un peu fanfaron
de Villars ne sont pas rares dans ses Mémoires. C'é-
tait pourtant un excellent soldat, on n'en peut douter;
mais, comme chez tant d'autres, chez lui le caractère et l'esprit politique n'étaient point à la hauteur
du courage et du talent militaire. Il fut ministre cependant, et voulut jouer un rôle sous la régence.
Dans l'organisation des conseils, le régent le plaça à
la tête de celui de la guerre. Il en sortit bientôt, mécontent de ce qu'on ne prisait pas assez haut ses services. Attaché secrètement au duc du Maine et au

restant de la vieille cour, il ne renonce point à servir
la régence, et flotte assez misérablement entre les
deux partis; il ne fait pas de l'opposition active; il
boude, disant après l'événement ce qu'il aurait fallu
faire, détaillant avec complaisance les sages avis qu'il
eût donnés si on l'avait consulté, ou ceux qu'on n'a
pas voulu suivre. Nous le savons par expérience, l'extrême contentement d'eux-mêmes est le faible des
militaires; c'est un peu à l'engouement qu'on éprouve
pour eux en France qu'il faut attribuer les reproches
assez vifs que la plupart des écrivains qui se sont occupés de Saint-Simon lui adressent au sujet de sa
partialité sur Villars. Il a sauvé la France à Denain,
nous dit-on, c'est vrai, mais notre reconnaissance ne
doit pas aller jusqu'à faire mentir l'histoire. A la fin
du dix-huitième siècle, comme à ses commencements, la France eut besoin d'être sauvée. D'autres
généraux trouvèrent aussi leur Denain sur les bords
du Rhin et de la Limmat. Ils avaient, comme Villars, des *parties de capitaine*; comme lui, ils arrêtè-
rent l'invasion. L'historien sera-t-il donc bien coupable si, en rendant justice aux qualités brillantes de
Moreau et de Masséna, par exemple, il met également
à nu leurs faiblesses?

Outre Chamillard, dont nous venons de parler,
Saint-Simon a encore un ami dans le gouvernement:
c'est le chancelier de Pontchartrain, dont le fils (celui
avec lequel il se brouillera plus tard, et qu'il traitera
de *cyclope*) a épousé mademoiselle de Roucy, cousine
germaine de sa femme. S'il n'est point parvenu à
forcer la porte du cénacle des duchesses de Beau-

villier, de Chevreuse et de Mortemart, *si leur sublime n'a pu s'amalgamer*, il est entré pleinement dans l'intimité des ducs de Beauvillier et de Chevreuse; il a l'amitié de Chamillard, la confiance du chancelier. Tout cela tend à faire de lui une manière de personnage. Il ne faut donc pas s'étonner que le père Letellier cherche à entrer en relation avec lui. Le père et la mère de Saint-Simon le mirent entre les mains des jésuites pour le former à la religion (Voltaire aussi fut leur élève). Le choix de ses parents, nous dit-il, fut heureux, « car, quelque chose qu'il « se publie d'eux, il ne faut pas croire qu'il ne s'y « trouve *par-ci par-là* des gens fort saints et fort « éclairés. » Le père Sanadon, chargé de former le jeune duc à la religion, ne réussit qu'à en faire un parfait janséniste, ce qui ne l'empêcha pas de rester en fort bons termes avec son néophyte manqué. Ce fut à lui que s'adressa le père Letellier. « Il fallait qu'il « se fût informé de moi au père Sanadon, qui appa- « rémment lui apprit mes intimes liaisons avec les « ducs de Chevreuse et de Beauvillier, peut-être « celle que j'avais avec monseigneur le duc de Bour- « gogne, qui était alors profondément cachée, et « avec M. le duc d'Orléans. Il était vrai que dès lors « je pointais fort, mais c'était sous cloche; et quoi- « que j'entrasse depuis longtemps dans beaucoup « de choses importantes, le gros du monde ne s'en « apercevait pas encore parfaitement. »

Saint-Simon se fait illusion : l'importance des choses dans lesquelles il entre n'est pas si grande qu'il croit. C'est sans doute la faute d'un temps où, ne pouvant trouver des occupations dignes d'elles, des intelligences comme celles de l'auteur des Mémoires sont obligées de prendre le change, de tromper leur activité; mais la vérité est qu'il perd son temps en petites intrigues. Tout le monde en faisait autant. Pénétrer dans le sanctuaire de madame de Maintenon, si bien gardé par les *dames familières*, flatter dans la Choin la Maintenon du futur règne, s'introduire dans la coterie formée autour de monseigneur, courir à Meudon au-devant de l'avenir, être des *parvulo*, voilà à quoi chacun songeait, sans cependant négliger le roi, autour duquel jésuites, sulpiciens, jansénistes, ourdissaient chaque jour de nouvelles trames. Saint-Simon n'a rien à espérer du côté de madame de Maintenon, la coterie de Meudon lui est hostile; il est suspect au roi, qui ne l'aime pas. Pour se distraire, il fait des projets, il écrit des mémoires sur des sujets de politique; il va de Beauvillier à Chevreuse, bourdonnant un peu à la façon de la mouche du coche. Faute de mieux, il ne craint pas quelquefois de se faire entremetteur officieux; il veut marier les uns, réconcilier les autres. On le voit s'épuiser en vaines combinaisons pour sauver Chamillard; il réussit mieux à réconcilier le chancelier Pontchartrain avec Beauvillier, et Noailles avec ce dernier et Chevreuse; il amène le duc d'Orléans à rompre avec madame d'Argenton, sa maîtresse; il travaille sourdement au mariage de mademoiselle sa fille avec le duc de Berri. Voilà les choses importantes dans lesquelles il entre. Quant aux affaires véritables, il est obligé de s'en tenir à l'*écorce*, à ce qu'il en peut *écumer*, pour nous servir d'expressions qui lui sont familières.

Le 2 novembre 1780, le roi Charles II d'Espagne meurt en laissant son trône au duc d'Anjou, petit-fils de Louis XIV. Il y avait dans le conseil un parti pour qu'on n'acceptât pas le testament; il faisait valoir d'excellentes raisons à l'appui de son opinion. Mais pouvait-on attendre de Louis XIV qu'il renonçât à mettre la famille des Bourbons à la place des descendants de Charles-Quint? Au moins fallait-il suivre une politique conforme aux circonstances, et ne point rompre le traité de Riswick, en reconnaissant, par une magnanimité d'apparat, comme roi d'Angleterre, le prince de Galles à la place de Jacques II, son père, tandis que ce traité avait pleinement reconnu les droits de Guillaume. C'était commencer la guerre par un acte de déloyauté. Cette date de 1700, glorieuse pour la maison de Bourbon, ouvre la série des malheurs de la France. Vaubàn et Catinat sont en disgrâce. Le roi ne pardonne pas au premier de voir les misères du pays, et d'oser proposer des moyens pour les soulager; la vertu du second l'effraye; à la place de généraux véritables, des généraux de cour commandent les armées; Tallard se fait battre à Hochstett, Villeroi à Ramillies, la Feuillade devant Turin; il faudra bientôt s'humilier devant la Hollande, et solliciter humblement la paix. Un caprice de la reine Anne cause la disgrâce de Marlborough: Villars triomphe à Denain, Vendôme à Villaviciosa, et le traité d'Utrecht est enfin signé. En même temps que les malheurs publics viennent les malheurs domestiques; le roi en est accablé.

En 1711 la mort du Dauphin ouvre la liste funèbre des trépas royaux; la duchesse de Bourgogne meurt l'année suivante, précédant son mari de quelques jours; un mois après le duc de Bretagne leur fils succombe; trois générations disparaissent en un an; les dernières espérances de la monarchie reposent sur un faible enfant de cinq ans, le duc d'Anjou, que sa gouvernante sauve en lui redonnant le sein d'une nourrice. Pour distraire Louis XIV, car il lui faut toujours des distractions, on lui donne le spectacle d'une ambassade apocryphe; il monte une dernière fois sur son trône pour écouter la harangue que lui débite un jésuite portugais en persan de Molière, et le grand règne finit par une mystification.

Tels sont les événements que Saint-Simon raconte avec une verve, une vivacité, une éloquence que peu d'écrivains ont égalées. Quels accents pour dire les coups redoublés que la mort frappe sur la famille royale ! Quelle grâce fine et charmante dans le portrait de la duchesse de Bourgogne! Quelle douleur dans les pages qu'il consacre à son mari! Il attendait beaucoup pour lui de son règne et tout pour la France. On sent que le patriote (un mot qui se trouve parfois sous sa plume) est plus touché par cette mort inattendue que le courtisan; aussi cette douleur sincère et éloquente remue-t-elle le cœur. C'est une chose à remarquer que les plus beaux morceaux de Saint-Simon, ceux dans lesquels il se montre observateur vraiment profond et dramatique du cœur hu-

main, sont des récits de mort. Il y en a trois principaux dans la partie des Mémoires que nous avons
parcourue jusqu'ici : la mort de Monsieur, la mort
de monseigneur et la mort du roi. Le premier est
une comédie véritable, où l'on voit les deux frères
aux prises, l'un se sentant dupé dans le marché
du mariage de son fils avec la fille naturelle du
roi, marché dont les conditions n'ont pas été te-
nues, boudant et cherchant à faire acheter sa boude-
rie; l'autre plus à son aise la chose faite, et ne voulant rien lâcher, désireux cependant que Monsieur
use de son influence sur son fils pour le forcer à mettre un terme à ses galanteries et à vivre convenablement avec sa femme, mais sans que cela lui coûte
rien. Le duc de Chartres aurait voulu servir, mais le
roi était buté à ne lui confier aucun commandement.
Là-dessus, Monsieur, répondant « qu'il ne s'enten-
« dait point à l'empêcher de s'amuser (le duc de
« Chartres) pour se consoler, il ajouta qu'il ne voyait
« que trop la vérité de ce qu'on lui avait prédit;
« qu'il n'aurait que la honte et le déshonneur de son
« mariage, sans en tirer jamais *aucun profit*. Le roi,
« de plus en plus outré de colère, lui repartit que la
« guerre l'obligerait bientôt à faire plusieurs retran-
« chements, et que, puisqu'il se montrait si complai-
« sant à ses volontés, il commencerait par ceux de
« ses pensions avant que retrancher sur soi-même. »
Quelle menace pour Monsieur ! Aussi le voit-on
languir et dépérir jusqu'au moment où une apoplexie
subite le frappe à table, dans son palais de Saint-
Cloud, où son frère ne le retrouve plus que privé de

vie sur ce lit de repos où il « demeura exposé aux
« marmitons et aux bas officiers, qui la plupart, par
« affection ou par intérêt, étaient fort affligés. Les
« premiers officiers et autres qui perdaient charges
« et pensions faisaient retentir l'air de leurs cris,
« tandis que toutes ces femmes qui étaient à Saint-
« Cloud, et qui perdaient leur considération et tout
« leur amusement, couraient çà et là échevelées
« comme des bacchantes. La duchesse de la Ferté,
« de la fille de qui on a vu l'étrange mariage, entra
« dans ce cabinet, où, considérant attentivement ce
« pauvre prince qui palpitait encore : « Pardi ! s'é-
« criait-elle dans la profondeur de ses réflexions,
« voilà une fille bien mariée ! » Ce fut là l'oraison
funèbre de Monsieur. Le surlendemain, à Marly, le
duc de Bourgogne demanda au duc de Montfort s'il
voulait jouer au brelan. « Au brelan ! s'écria Mont-
« fort dans un étonnement extrême, vous n'y songez
« donc pas, monseigneur ! Monsieur est encore chaud.
« —Pardonnez-moi, répondit le prince, j'y songe fort
« bien ; mais le roi, qui ne veut pas qu'on s'ennuie à
« Marly, m'a ordonné de faire jouer tout le monde,
« et de peur que personne ne l'osât faire le premier,
« d'en donner l'exemple. »

La mort de monseigneur est un récit plus intéressant encore, parce que le narrateur lui-même y joue
un rôle important. Saint-Simon n'avait rien à espérer
du côté du Dauphin ; mademoiselle Choin le détestait autant que madame de Maintenon. La duchesse
d'Orléans, pour des motifs qu'il serait trop long de
rapporter, redoutait le règne de ce prince, qui ve-

nait d'échapper à une maladie grave. Tous les deux, madame de Saint-Simon en tiers, causent de cette maladie : « Elle me vanta les soins et la capacité des
« médecins qui ne négligeaient pas jusqu'aux plus
« petits remèdes; elle nous en exagéra le succès, et
« pour en parler franchement et en avouer la honte,
« elle et moi nous lamentâmes ensemble de voir
« monseigneur échapper à son âge et à sa graisse
« d'un mal si dangereux. Elle réfléchissait avec ce
« sel et ces tons à la Mortemart qu'après une dépu-
« ration de telle sorte, il ne restait plus la moindre
« petite espérance aux apoplexies, que celle des
« indigestions était ruinée sans ressources depuis la
« peur que monseigneur en avait prise, et l'empire
« qu'il avait donné sur sa santé aux médecins; et
« nous conclûmes plus que langoureusement que ce
« prince vivrait et régnerait longtemps. De là des
« raisonnements sans fin sur les funestes accompa-
« gnements de son règne, sur la vanité des appa-
« rences les mieux fondées d'une vie qui promettait
« si peu et qui trouvait son salut et sa durée au
« sein du péril et de la mort. En un mot, nous
« nous lâchâmes, non sans quelque scrupule qui
« interrompait de fois à autre cette rare conversa-
« tion, mais qu'avec un tour languissamment plai-
« sant elle ramenait toujours à son point. Madame
« de Saint-Simon dévotement enrayait tant qu'elle
« pouvait ces propos étranges, mais l'enrayure cas-
« sait et entretenait ainsi un combat très-singulier
« entre la liberté des sentiments humainement pour
« nous très-raisonnables, mais qui ne laissait pas

« de nous faire sentir qu'ils n'étaient pas selon la
« religion. »

N'est-ce pas là une scène de comédie délicieuse et
suivie d'une étonnante péripétie? Pendant que cette
conversation a lieu, monseigneur, que l'on croit
sauvé, se meurt à Meudon. La nouvelle s'en répand
à Versailles. Le roi est parti. Saint-Simon accourt
chez la duchesse de Bourgogne. La mort de monseigneur, c'est presque son règne qui commence. Tout
ce qui n'a pas suivi le roi à Meudon, où le spectacle
est aussi curieux qu'à Saint-Cloud, est chez la princesse. Saint-Simon est là un des premiers : « Ma
délivrance particulière me semblait si grande, si
inespérée, qu'il me paraissait avec une évidence
encore plus parfaite que la vérité que l'État gagnait
en une telle perte. Parmi ces pensées, je sentais
malgré moi nn reste de crainte que le malade en
réchappât, et j'en avais une extrême honte.

« Enfoncé de la sorte en moi-même, je ne laissai
pas de mander à madame de Saint-Simon qu'il était
à propos qu'elle vînt, et de percer de mes regards
clandestins chaque visage, chaque maintien, chaque
mouvement, d'y délecter ma curiosité...» Tout Saint-
Simon est dans ce passage, son style et son caractère. Il faut lire attentivement tout ce chapitre pour
le bien connaître et pour connaître la cour. Ce qui
rend Saint-Simon sympathique malgré tout, c'est la
franchise de ses sentiments; s'il dévoile les autres
sans pitié, il ne craint pas de se montrer lui-même
tout entier; la haine comme la tendresse, le sarcasme et l'éloge sortent de son cœur sans effort; il

n'est pas jusqu'à son égoïsme qui ne ressemble parfois à de la poésie. «Madame de Saint-Simon et moi,
« au sortir de chez M. et madame la duchesse de
« Berri, nous fûmes encore deux heures ensemble.
« La raison plutôt que le besoin nous fit coucher,
« mais avec si peu de sommeil, qu'à sept heures du
« matin j'étais debout; *mais, il faut l'avouer, de telles*
« *insomnies sont douces et de tels réveils savoureux.* »

Heureusement pour la gloire de Saint-Simon, cet homme, si foncièrement ambitieux, savait comprendre aussi le dévouement et le sacrifice. Il le prouva en restant fidèle au duc d'Orléans, en le couvrant de son honnêteté à l'époque où l'absurde accusation d'avoir fait empoisonner les membres de la famille royale planait sur sa tête. Il ne recula ni devant la crainte d'être chassé par le roi, ni devant l'opinion publique déchaînée, passant ainsi dans les périls d'un grand devoir courageusement accompli les trois longues années qui le séparent du moment où, par l'avénement du duc d'Orléans à la régence, il va pointer tout à fait, pour nous servir de ses expressions, et sortir de dessous cloche.

LES MINISTRES.

Pour faire comprendre l'époque dans laquelle nous allons entrer, il faut avoir une idée de la situation dans laquelle la régence trouva les finances, et des procédés économiques de cet ancien régime dont on nous vante parfois encore l'ordre et la régularilé. Les rigueurs de l'hiver de 1709 ont laissé un souvenir dans l'histoire. « Une gelée qui dura près « de deux mois de la même force avait, dès les pre- « miers jours, rendu les rivières solides jusqu'à leur « embouchure, et les bords de la mer capables de « porter des charrettes qui y voituraient les plus « grands fardeaux. Un faux dégel fondit les neiges « qui avaient couvert la terre pendant ce temps-là; « il fut suivi d'un subit renouvellement de gelée « aussi forte que la précédente trois autres semai- « nes durant. La violence de tous les deux fut telle « que l'eau de la reine de Hongrie, les élixirs les « plus forts et les liqueurs les plus spiritueuses cas- « sèrent leurs bouteilles dans les armoires de cham- « bres à feu et environnées de tuyaux de cheminée « dans les appartements de Versailles. »

Tout périt, arbres fruitiers, vignes, semences, Chacun resserra son vieux blé. Quelques cultivateurs eurent l'idée de semer de l'orge à la place du blé détruit. La police, on se demande pourquoi, s'avisa de le défendre. Cette orge devint cependant plus tard d'une précieuse ressource. Des commissaires furent nommés pour aller dans les provinces empêcher les accaparements de grains, mais ils ne partirent que trois mois après leur désignation. Le prix du pain montait de jour en jour ; on touchait presque à la famine dans Paris, et pourtant on savait que la France avait un approvisionnement de blé pour deux an- nées.

« Beaucoup de gens crurent donc que messieurs « des finances avaient saisi cette occasion de s'em-

« parer des blés par des émissaires répandus dans
« tous les marchés du royaume, pour le vendre en-
« suite aux prix qu'ils y voudraient mettre, *au profit*
« *du roi*, sans oublier le leur. Une quantité fort con-
« sidérable de bateaux de blé se gâtèrent sur la Loire,
« qu'on fut obligé de jeter à l'eau et que le roi avait
« achetés, ne diminua pas cette opinion, parce qu'on
« ne put pas cacher l'accident. Il est certain que le
« prix du blé était égal dans tous les marchés du
« royaume; qu'à Paris des commissaires y mettaient
« le prix à main forte, et *obligeaient souvent les ven-*
« *deurs à le hausser malgré eux;* que sur les cris du
« peuple : Combien cette cherté durerait, il échappa
« à quelques-uns des commissaires, et dans un mar-
« ché à deux pas de chez moi, près Saint-Germain
« des Prés, cette réponse assez claire : *Tant qu'il*
« *vous plaira,* comme faisant entendre, poussés de
« compassion et d'indignation tout ensemble, tant
« que le peuple souffrirait qu'il n'entrât du blé dans
« Paris que sur les billets d'Argenson, et il n'y en-
« trait point autrement. D'Argenson, que la régence
« a vu tenir les sceaux, était alors lieutenant de po-
« lice et fut fait en ce même temps conseiller d'État
« sans quitter la police. La rigueur de la contrainte
« fut poussée à bout sur les boulangers, et ce que je
« raconte fut uniforme pour toute la France.

« Les intendants faisaient dans leurs généralités
« ce que d'Argenson faisait à Paris, et par tous les
« marchés le blé qui ne se trouvait pas vendu au
« prix fixé à l'heure marquée pour finir le marché
« se remportait forcément, et ceux à qui la pitié le

« faisait donner à un moindre prix *étaient punis avec*
« *cruauté.* »

Le *maximum* tant reproché à la révolution avait sa
raison d'être dans les nécessités d'une situation désespérée ; il ne servait pas, du moins, comme le *mini-*
mum de la monarchie, à remplir les coffres d'un roi
associé à des traitants ; c'était un moyen de salut illu-
soire peut-être, mais non une spéculation ignomi-
neuse et impie sur la faim du pauvre.

« Maréchal, premier chirurgien dn roi, de qui
« j'ai parlé plus d'une fois, eut le courage et la pro-
« bité de dire tout cela au roi, et d'y ajouter l'opi-
« nion sinistre qu'en concevaient le public, les gens
« hors du commun, et même les meilleures têtes.
« Le roi parut touché, *n'en sut pas mauvais gré* à Ma-
« réchal, mais il n'en fut pas autre chose. »

Le courage de ce brave chirurgien fut d'autant
plus grand que le contrôleur des finances lui-même
encourageait ces désordres jusqu'à la complicité.
« Il se fit en plusieurs endroits des amas prodigieux
« et avec le plus grand secret qu'il fut possible. Rien
« n'était plus sévèrement défendu par les édits aux
« particuliers, et les délations étaient également
« prescrites. *Un pauvre homme, s'étant avisé d'en faire*
« *une à Desmarets, fut rudement châtié.* »

Le parlement se réunit pour traiter la question des
subsistances, et proposa d'envoyer des conseillers
dans les provinces chargés de veiller à la stricte exécution des lois, édits, ordonnances sur les blés. « Le
« roi, informé de la chose par le premier président,
« s'irrita d'une manière étrange, voulut envoyer unc

« dure réprimande au parlement, et lui commander
« de ne se mêler que de juger des procès. Le chan-
« celier n'osa représenter au roi combien ce que
« voulait faire le parlement était convenable, et com-
« bien cette matière était de son district; mais il
« appuya sur l'affection et le respect avec lesquels le
« parlement s'y présentait, et il lui fit voir combien
« il était le maître d'accepter ou de refuser ses of-
« fres. Ce ne fut pas sans débat qu'il parvint à cal-
« mer le roi, assez pour sauver la réprimande; mais
« il voulut absolument que le parlement fût au
« moins averti de sa part qu'il lui défendait de se
« mêler des blés. La scène se passa en plein con-
« seil, où le chancelier parla seul, tous les autres
« ministres gardant un profond silence; ils savaient
« apparemment bien qu'en penser, et se gardèrent
« bien de rien dire sur une affaire qui regardait le
« ministère particulier du chancelier. Quelque ac-
« coutumé que fût le parlement, ainsi que tous les
« autres corps, aux humiliations, celle-ci lui fut très-
« sensible. Il y obéit en gémissant.

« Le public n'en fut pas moins touché, et il n'y
« eut personne qui ne sentît que si les finances
« avaient été nettes de tous ces cruels manéges, la
« démarche du parlement ne pouvait qu'être agréa-
« ble au roi et utile en mettant cette compagnie
« entre lui et son peuple, et montrant ainsi qu'on
« n'y entendait point finesse, et cela sans qu'il en
« eût rien coûté de solide ni même d'apparent à
« cette autorité absolue et sans bornes dont il était si
« jaloux. »

Comme cela se voit toujours dans les gouvernements despotiques, surtout dans ceux qui durent longtemps, le roi, maître de tout en apparence, était en réalité dominé par ses ministres. L'ordre qu'ils reçurent de travailler avec le duc de Bourgogne fut la première atteinte portée à leur longue omnipotence. « Ce fut en effet un ordre bien amer pour
« des hommes qui, tirés de la poussière, et tout à
« coup portés à la plus sûre et à la plus suprême
« puissance, étaient si accoutumés à régner en plein
« sous le nom du roi, auquel ils osaient même quel-
« quefois substituer le leur, en usage tranquille et
« sans contredit de faire et de défaire des fortunes,
« d'attaquer avec succès les plus hautes, et d'être
« les maîtres des plus patrimoniales de tout le
« monde, de disposer avec toute autorité du dedans
« et du dehors de l'État, de dispenser à leur gré
« toute considération, tout châtiment, toute récom-
« pense, de décider de tout hardiment par un : *le roi*
« *le veut*, de sécurité entière même à l'égard de leurs
« confrères. dont qui que ce fût n'osait ouvrir la
« bouche au roi de rien qui pût regarder leur per-
« sonne, leur famille ni leur administration, sous
« peine d'en devenir la victime exemplaire pour
« quiconque l'eût hasardé, par conséquent en toute
« liberté de taire, de dire, de tourner toute chose
« au roi comme il leur convenait, en un mot, rois
« d'effet et presque de représentation. »

Faut-il s'étonner après cela de voir mourir dans la disgrâce et dans le découragement des hommes comme Vauban et Catinat? Celui-ci, dans sa petite

maison de Saint-Gratien, « déplorait les fautes si-
« gnalées qu'il voyait se succéder sans cesse, l'ex-
« tinction suivie de toute émulation, le luxe, le vide,
« l'ignorance, la confusion des états, l'inquisition
« mise à la place de la police; il voyait tous les
« signes de destruction, et il disait qu'il n'y avait
« qu'un comble très-dangereux de désordre qui
« pût enfin rappeler l'ordre dans le royaume. »

Pendant que les intelligences les plus élevées pré-
voyaient presque une révolution, la Providence mit
tout à coup sur les marches du trône le prince qui
par ses vertus pouvait le mieux la conjurer. Le duc
de Bourgogne, héritier direct du roi septuagénaire,
se montra un moment à la France pour la consoler,
et lui faire prendre patience. Avec des défauts, des
goûts et des passions terribles, irascible, orgueilleux,
aimant la table, les femmes, la chasse, tout cela avec
emportement, il semblait né tout exprès pour amener ce comble de désordre d'où devait sortir l'épuration de l'Etat. Il se jeta brusquement dans la dévotion, et par sa piété sèche et farouche il n'inspira
pas moins de crainte pour l'avenir que par ses désordres passés. Il était doué d'une grande intelligence ; Fénelon avait pris soin de l'orner; des hommes comme Beauvillier et Chevreuse s'étaient effor-
cés de la redresser et de la diriger. Leurs efforts
persévérants ne furent pas perdus. Sur la fin de la
vie du roi, une grande et soudaine révolution s'o-
péra dans le caractère du duc de Bourgogne. Laborieux, attentif, cherchant à plaire, pieux sans austé-
rité, il devint peu à peu cet homme dont Saint-Simon

a pu dire : « La France tombe enfin sous ce dernier
« châtiment; Dieu lui montra un prince qu'elle ne
« méritait pas. La terre n'en était pas digne; il était
« mûr déjà pour la bienheureuse éternité. »

Saint-Simon était *initié* depuis longtemps par
Beauvillier auprès du duc de Bourgogne; il passe
tout d'un coup des *affres* du règne de monseigneur
aux *solides douceurs* du règne anticipé de son fils; il
a des *particuliers* assez fréquents avec lui, dans lesquels il a la joie suprême de voir le monarque futur
s'échauffer sur le *monseigneur* que les ministres re-
fusent aux ducs. Il n'en faut pas davantage à Saint-
Simon pour s'échauffer à son tour. « Je connus, dit-
« il avec certitude, un changement de gouvernement
« par principes. J'aperçus sans chimères la chute
« des marteaux de l'Etat et des tout-puissants enne-
« mis des seigneurs et de la noblesse qu'ils avaient
« mise en poudre à leurs pieds, et qui, ranimée d'un
« souffle de la bouche de ce prince devenu roi, re-
« prendrait son ordre, son état, son rang, et ferait
« rentrer les autres dans leur situation naturelle. Ce
« désir en général, sur le rétablissement de l'ordre
« et du rang, avait été toute ma vie le principal des
« miens, et fort supérieur à celui de toute fortune
« personnelle. Je sentis donc toute la douceur de
« cette perspective, et de la délivrance d'une servi-
« tude qui m'était secrètement insupportable et dont
« l'impatience perçait souvent malgré moi. »

Ici se montre tout à fait à nu l'incurable faiblesse de
cette intelligence, et en même temps celle de son époque. Il ne s'agit ni pour Saint-Simon ni pour le corps

qu'il représente de priviléges politiques, il n'en a pas
même la pensée, et personne ne l'avait de son temps,
mais d'*ordre* et de *rang;* tout se résume dans une
question d'étiquette. Parce que le cérémonial change,
il croit que le principe du gouvernement change en
même temps. Étrange illusion, qui prouve combien
le despotisme avait aveuglé les esprits!

Sans vouloir affaiblir l'éclat de l'auréole que l'espérance de la France malheureuse et abattue et l'ardente admiration de Saint-Simon ont mise au front
du duc de Bourgogne, on peut se demander si la politique qu'il comptait suivre était bien de nature à
restaurer les finances et l'administration de l'État.
Peut-être Saint-Simon voyait-il cette politique à travers le prisme de ses propres illusions; mais l'idée
qu'il nous en fournit, si elle est vraie, n'en donne
pas une idée bien favorable au point de vue des nécessités de l'époque et du moment; Saint-Simon dit
en parlant des projets du duc de Bourgogne : « L'a-
« néantissement de la noblesse lui était odieux, et
« son égalité entre elle insupportable. Cette der-
« nière nouveauté, qui ne cédait qu'aux dignités, et
« qui confondait le *noble* avec le *gentilhomme*, et
« ceux-ci avec les *seigneurs*, lui paraissait de la der-
« nière injustice et le défaut de gradation, une
« cause prochaine et destructive d'un royaume tout
« militaire. Il se souvenait que le monarque n'avait
« dû son salut dans les plus grands périls, sous Phi-
« lippe de Valois, sous Charles V, sous Charles VII,
« sous Louis XII, sous François Iᵉʳ, sous ses petits-
« fils, sous Henri IV, qu'à cette noblesse qui se con-

« naissait et se tenait dans les bornes de ses diffé-
« rences réciproques, qui avait la volonté et le moyen
« de marcher au secours de l'État, par bandes et
« par provinces, sans embarras ni confusion, parce
« qu'aucun n'était sorti de son état, et ne faisait
« difficulté d'obéir à un plus grand que soi. On voyait
« au contraire ce secours éteint par les contraires;
« pas un qui n'en soit venu à prétendre l'égalité à
« tout autre; par conséquent plus rien d'organisé,
« plus de commandement et plus d'obéissance.

« Quant aux moyens, il était touché jusqu'au plus
« profond du cœur de la ruine de la noblesse, des
« voies prises et toujours continuées pour l'y réduire
« et l'y tenir, de l'abâtardissement que la misère et
« le mélange du sang, par les continuelles mésal-
« liances nécessaires pour avoir du pain, avaient
« établi dans les courages, et pour valeur, et pour
« vertu, et pour sentimens. Il était indigné de voir
« cette noblesse française, si ancienne, si illustre,
« devenue un peuple presque de la même sorte que
« le peuple même. »

Si ce sont là les vrais sentiments du duc de Bourgogne, et nous n'avons aucune raison sérieuse d'en
douter, il faut convenir qu'ils s'éloignaient complétement de ceux de son aïeul. La France, comme
puissance militaire, ne s'était jamais élevée si haut
que sous Louis XIV; l'*Ordre du tableau* établi par
Louvois existe encore aujourd'hui, et n'a pas peu
contribué à maintenir et à resserrer les cadres de
nos armées. Louis XIV redoutait la noblesse; il avait
vu sa jeune royauté menacée par les rivalités de l'a-

ristocratie, et des princes de son sang appeler l'é-
tranger au sein du royaume ; en lui ôtant ses priviléges réels et en les remplaçant par des dignités, en
élevant la bourgeoisie aux plus hautes fonctions de
l'État, Louis XIV suivait l'intérêt de sa politique et
remplissait sans s'en douter une mission sociale : il
ouvrait plus largement la voie à cette révolution en
faveur de l'égalité qui s'est enfin accomplie de nos
jours. Le duc de Bourgogne rêvait donc une espèce
de restauration de la féodalité. Pour la réaliser, il
fallait non-seulement détruire l'œuvre de Louis XIV,
mais encore celle de Richelieu et d'Henri IV. L'entreprise était difficile ; elle ne pouvait être conçue
que par d'honnêtes gens, pleins de vertu, de générosité, mais par des esprits parfaitement chiméri-
ques. On conçoit que des hommes comme Beauvillier,
Chevreuse, Saint-Simon, aient caressé de tels plans
et cru un moment à leur réussite ; mais de la part de
Fénelon, cela étonne, de Fénelon du moins tel que
nous le montre Saint-Simon, plein d'habileté, de ressources, d'esprit, de connaissance des hommes et
des choses.

Louis XIV avait fort sagement enlevé aux *seigneurs*
le gouvernement des provinces pour le confier à des
gens de robe. Le duc de Bourgogne ne l'approuvait
pas. « Ce dernier ne pouvait s'accoutumer qu'on ne
« pût parvenir à gouverner l'Etat en tout ou en par-
« tie si on n'avait été maître des requêtes, et que ce
« fût entre les mains de la jeunesse de cette magis-
« trature que toutes les provinces fussent remises
« pour les gouverner en tout genre, et seuls, chacun

« la sienne, à sa pleine et entière discrétion. » Remettre l'armée et l'administration du pays aux mains de la noblesse par la création des *conseils* inventés par Saint-Simon, et que nous verrons fonctionner pendant quelques jours sous la régence, telle était donc la pensée du nouveau règne. Le duc de Bourgogne avait eu cependant une idée plus féconde en apparence. « La comparaison qu'il faisait des pays « d'états avec les autres lui avait donné la pensée de « partager le royaume en parties, autant qu'il se « pourrait, égales pour la richesse, de faire admi- « nistrer chacune par ses états, de les simplifier « tous extrêmement pour en bannir le désordre et « la cohue, et d'un extrait aussi fort simplifié de « tous ces états de provinces en former quelquefois « des états généraux du royaume. » On a voulu voir là une espèce de tentative, de commencement de gouvernement représentatif. Si le duc de Bourgogne songe à convoquer des états généraux en 1712, « *ce* « *n'était pas qu'il leur crût aucune sorte de pouvoir ;* il « était trop instruit pour ignorer que ce corps, tout « auguste que sa représentation le rende, n'est qu'un « corps de plaignants, de remontrants, et quand il « plaît au roi de le lui permettre, un corps de pro- « posants. » Nous sommes encore loin des états généraux de 1789.

C'eût été une chose intéressante à voir qu'un homme comme le duc de Bourgogne sur le trône, entouré de ministres comme Fénelon, Beauvillier, Chevreuse et Saint-Simon, l'auteur de *Télémaque,* des *Maximes des saints*, et celui des Mémoires sans cesse en présence. L'épreuve n'eût probablement pas réussi, mais on peut regretter qu'elle n'ait pas été faite. Les nations ne reviennent jamais en arrière. Il est évident que la tentative de ramener la France du commencement du dix-huitième siècle à l'état où elle se trouvait à la fin du seizième, ou au début du dix-septième, était un rêve ; mais l'homme qui avait tiré de son cœur cette maxime : « Qu'un roi est fait pour les sujets, et non les sujets pour lui, » aurait pu faire un bon roi, à défaut d'un grand roi. C'est ce que le peuple regretta en lui, c'est ce que l'histoire doit regretter également, car les premiers sont plus rares que les seconds. La Providence lui épargna le poids du sceptre et de la couronne, difficiles à porter dans tous les temps, et surtout le lendemain de la mort d'un roi qui léguait à son successeur la banqueroute et une révolution que ni lui ni ses successeurs ne comprenaient. Cette révolution, c'était l'élévation de plus en plus marquée du tiers état, et le progrès du principe d'égalité, à qui le droit de remontrance rendu au parlement par le régent, et les changemens survenus dans la fortune publique et dans les fortunes particulières, par suite du système de Law, allaient faire accomplir un pas décisif.

LE COURTISAN.

Un des premiers actes du duc d'Orléans, devenu régent, fut de transférer le gouvernement à Paris. Cette réforme était presque une révolution. Saint-

Simon s'y opposa de toutes ses forces, faisant valoir contre elle les raisons politiques qui avaient motivé son adoption par Louis XIV, les corroborant d'arguments puisés dans la commodité, dans la concentration, dans la facilité de rencontrer sans longues courses, indispensables à Paris, les gens à qui l'on avait affaire. Ainsi cette séparation absolue du roi et de la nation, cette claustration du pouvoir, qui lui paraissaient engendrer tant d'effets désastreux, il les approuve et il les conseille maintenant qu'il est question d'y renoncer. Dans presque toutes les affaires importantes, nous verrons éclater cette contradiction entre l'homme d'État et l'écrivain qui surprend si fort dans les *Mémoires* de Saint-Simon, et qui est la conséquence de son éducation, du milieu dans lequel il a vécu et de la lutte perpétuelle qui existe entre son esprit et son caractère.

Lorsqu'on essaye de toucher à l'œuvre de Louis XIV, Saint-Simon accourt pour la défendre. Nous venons de le voir soutenir avec cette ardeur qu'il met dans toutes choses la nécessité du maintien de la machine gouvernementale à Versailles ; c'est avec une ardeur encore plus grande qu'il s'élève contre la vente que le régent veut faire de l'ameublement de Marly, afin de réaliser, en cessant d'entretenir une résidence aussi coûteuse, des économies que la situation rend nécessaires. Dans les grandes comme dans les petites choses, les conclusions de Saint-Simon arrivent presque toujours, sans qu'il s'en doute, à restaurer la politique du feu roi.

Personne n'a parlé avec plus d'éloquence et de

tristesse patriotique que Saint-Simon de la révocation de l'édit de Nantes et de ses désastreuses conséquences. Un jour le régent a l'idée de rappeler
dans le royaume ces milliers de bras industrieux dont
l'absence appauvrit encore la France. Au premier
mot de ce projet, ne s'attend-on pas à voir Saint-
Simon, transporté de joie, féliciter son royal ami de
sa généreuse inspiration? C'est précisément le contraire qui arrive. Le fidèle conseiller se déclare ouvertement contre le retour des protestans, et se met
à développer à l'appui de son opinion, comme au
sujet de Versailles, tous les motifs qu'on avait fait
valoir auprès de Louis XIV pour le pousser à prononcer cet arrêt de proscription d'une partie de la
nation sur lequel l'auteur des *Mémoires* a tant gémi.

Saint-Simon se montre en outre l'adversaire passionné de l'alliance anglaise, que le régent est en
train d'inaugurer et qui est devenue une espèce de
tradition dans sa famille. Il ne néglige aucune occasion de la combattre soit publiquement, soit lorsque
le régent lui en parle dans sa petite loge de l'Opéra;
c'était surtout là qu'avaient lieu les entretiens im-
portans, car ce fut une des singularités de la destinée
de Saint-Simon d'être toujours une espèce d'homme
d'État *in partibus*, de n'entrer que dans les conci-
liabules, de ne faire guère de la politique qu'*en
catimini*, et cela avec le caractère le moins propre
en apparence, par sa hauteur et sa fierté, à accepter
un pareil rôle. Saint-Simon, sous le règne précédent,
avait vu et signalé les dangers de l'alliance espagnole.
On se souvient avec quelle énergie il déplore la rup-

ture imprudente et déloyale du traité de Ryswick, une des fautes nombreuses de la politique de Louis XIV ; c'est cette politique qu'il conseille maintenant. Saint-Simon est une de ces grandes intelligences qui ne peuvent malheureusement regarder qu'en arrière, qui réunissent toutes les qualités, hormis une seule, la plus importante de toutes en politique : celle d'être de leur temps. Sous Louis XIV, Saint-Simon reculait jusqu'à Louis XIII et au delà ; sous le régent, il revient à Louis XIV.

Ses persévérants refus de prendre une position active, de se mêler directement aux affaires, d'accepter une responsabilité, semblent prouver qu'il avait la conscience instinctive de son impuissance. Au début de la régence, il peut choisir le poste le plus important ; le régent le presse d'accepter la présidence du conseil des finances, que sa réputation d'intégrité lui fait décerner d'avance par tout le monde ; il refuse obstinément, sous prétexte d'insuffisance. Il faut convenir qu'un plus intrépide que Saint-Simon aurait pu s'effrayer du fardeau des finances. Pourtant il avait imaginé un moyen bien simple de les rétablir : la banqueroute.

Il est curieux et intéressant de se rendre compte par quelles séries de raisonnements, ou plutôt de sophismes, un des seigneurs les plus droits, les plus honnêtes, les plus vertueux, on peut le dire, de son temps, en était venu à ne voir d'autre remède au mal que le vol des particuliers par l'Etat, et à croire à la possibilité de ce remède.

Selon Saint-Simon, le trône est une propriété qui

se transmet par fidéicommis. La puissance des rois est absolue, mais essentiellement viagère. Les transactions financières sont soumises aux mêmes règles que les transactions politiques ; elles n'engagent point le successeur. « Tout engagement pris par le « roi prédécesseur périt avec lui, et n'a aucune « force pour le successeur, et nos rois payent le « comble du pouvoir qu'ils exercent durant leur vie « par l'impuissance entière qui les suit au tombeau. « .... Ces raisons prouvent avec évidence que le « successeur à la couronne n'est tenu à rien de tout « ce dont son prédécesseur l'était, et que, par le fidéi- « commis et la substitution, la couronne lui a été ré- « servée pure, nette, franche, libre et quitte de tout « engagement précédent. » Ce qui peut se résumer de la manière suivante : Le régime de la France est un gouvernement absolu, tempéré par la banqueroute.

Nous avons donné la théorie de Saint-Simon sur les états généraux. Ils n'ont, selon lui, que voix consultative sur toutes les questions soumises à leur appréciation. Cependant, comme la responsabilité pourrait en paraître lourde à un particulier et à un gouvernement, Saint-Simon veut bien leur laisser le soin de déclarer la banqueroute ; il ne doute pas un seul instant qu'ils n'y consentent, pourvu que le régent tienne ferme et méprise toutes les clameurs, « car les états généraux sont presque tous compo- « sés de gens de province de trois ordres, surtout « du premier et du dernier ; presque tous ceux sur « qui porte cet immense fardeau des dettes du roi « sont de Paris ; la noblesse de province n'en a point

« ou presque point fait hors de son pays, et ne tient
« point aux créanciers du roi, qui sont tous finan-
« ciers établis à Paris et roturiers richards de la
« même ville, gens à n'être point députés pour le
« tiers état. Par conséquent, la grande pluralité des
« trois ordres aura un intérêt personnel et pour
« leurs commettans à préférer la banqueroute à la
« durée et à toute augmentation possible des impo-
« sitions, et comptera pour peu les ruines et les cris
« que causera la banqueroute, en comparaison de la
« délivrance de toute sorte d'impôts qui ruinent les
« familles avec les particuliers. »

Ce système naïf de spoliation des *richards* de Paris
par les hobereaux de province n'est point sans quelque analogie avec cet impôt sur les riches, proposé,
dit-on, par quelques personnes à l'époque de la révolution de Février. On voit que ce prétendu socialisme qui consiste à dépouiller les uns pour enrichir
les autres ne date pas d'aujourd'hui. Ce qu'il y a de
bizarre, c'est que de pareilles illusions pussent entrer dans l'esprit des gens les plus connus par leur
honnêteté et leur désintéressement personnel. Cependant cela n'est pas très-rare, Saint-Simon en est
la preuve, et nous en trouverions aisément d'autres
à toutes les époques de notre histoire. Comparons le
raisonnement précédent de Saint-Simon à ceux qu'il
tint au régent dans une circonstance où celui-ci le
pressait de faire comme tout le monde, et brodait
de toutes les fleurs de sa rhétorique le thème répété
depuis : Enrichissez-vous ! Le régent était venu plusieurs fois à la charge : « Enfin, un jour qu'il m'a-

« vait donné rendez-vous à Saint-Cloud où il était
« allé travailler pour s'y promener après, étant tous
« deux assis sur la balustrade de l'orangerie qui
« couvre la descente dans le bois des Goulottes, il
« me parla encore du Mississipi, et me pressa infini-
« ment d'en recevoir de Law. Plus je résistai, plus il
« me pressa, plus il s'étendit en raisonnements; à
« la fin, il se fâcha et me dit que c'était être trop
« glorieux aussi, parmi tant de gens de ma qualité
« et de ma dignité qui couraient après, de refuser
« obstinément ce que le roi me voulait donner, *au*
« *nom duquel tout se faisait.* Je lui répondis que cette
« conduite serait d'un sot et d'un impertinent encore
« plus que d'un glorieux; que ce n'était pas aussi la
« mienne; que puisqu'il me pressait tant, je lui
« dirais donc mes raisons : qu'elles étaient que, de-
« puis la fable du roi Midas, je n'avais lu nulle part
« et encore moins vu que personne eût la faculté de
« convertir en or tout ce qu'il touchait; que je ne
« croyais pas aussi que cette vertu fût donnée à Law;
« mais que je pensais que tout son savoir était un
« jeu, un habile et un nouveau tour de passe-passe,
« qui mettait le bien de Pierre dans la poche de
« Jean, et qui n'enrichissait les uns que des dépouil-
« les des autres; que tôt ou tard cela tarirait, le jeu
« se verrait à découvert, qu'une infinité de gens de-
« meureraient ruinés, que je sentais toute la diffi-
« culté, souvent l'impossibilité des restitutions, et,
« de plus, à qui restituer cette sorte de gain; que
« j'abhorrais le bien d'autrui, et que je ne m'en vou-
« lais charger, même d'équivoque. »

Et le même homme conseillait la banqueroute !

Le régent recula devant cette mesure extrême ; il ne lui paraissait pas aussi facile qu'à son conseiller de la faire décider par les états généraux ; son grand sens politique lui faisait envisager le rôle de ces grandes assemblées sous un point de vue plus vrai et plus pratique ; il prévit les conséquences possibles de leur convocation, et il y renonça. Ce fut Law qu'il chargea de faire la banqueroute. Celle-là du moins convenait à ses vues et à sa politique. Quand on voit l'appui que le gouvernement du régent donna tant qu'il put à ce qu'on appelait alors le *système*, il n'est guère permis de douter qu'il ne vît dans l'agiotage un dérivatif puissant et nécessaire. On a vu plus d'un gouvernement être plus tard de cet avis. Le régent avait à redouter l'opposition des princes du sang, les menées incessantes du parti de la vieille cour mené par le duc du Maine. Law ouvrit une nouvelle carrière aux esprits et les détourna de la politique. On se jeta avec fureur dans l'agiotage ; la famille royale donna l'exemple à la noblesse, et elles se déshonorèrent de compagnie. *Bombardé* malgré lui du comité spécial formé pour aviser aux moyens d'opérer la liquidation du système, Saint-Simon raconte la triste séance où le duc de Bourbon vient rendre ses quinze cents actions et demander qu'on les brûle : « M. le prince de Conti prit alors « la parole, et dit que tout le monde savait bien que « depuis longtemps il n'avait point d'actions ; que ce « qu'il en avait eu, il l'avait rendu à Law, et qu'il « offrait de remettre le duché de Mercœur qui en

« était le bénéfice. M. le duc répondit assez bas que
« des offres vagues ne suffisaient pas, qu'il en fallait
« la réalité et l'exécution. » Imagine-t-on quelque
chose de plus honteux que ce doute exprimé par un
prince qui, du reste, ne courait pas grand risque de
faire preuve de désintéressement? Lui et sa maîtresse,
madame de Prie, gardaient par devers eux de quoi se
dédommager.

« Les paroles du duc d'Orléans ne furent jamais
que des paroles, c'est-à-dire des sons qui frappent
l'air. » Saint-Simon a cependant beaucoup de peine
à prendre son parti des nombreux manques de parole du régent. Le gouvernement de ce dernier, qu'il
entrevoyait autrefois comme l'ère des grandes réparations, n'a rien changé à la situation, du moins
dans les choses qui sont pour Saint-Simon les plus
essentielles. Le parlement est plus puissant que jamais, les bâtards le précèdent toujours, et n'ont
point été remis à leur rang de pairie ; ces fameux
conseils, chef-d'œuvre de ses combinaisons politiques, de son art pour remettre le pouvoir aux mains
de la noblesse, n'ont produit que l'anarchie. Il en
accuse « l'ambition, l'astuce, les persévérantes
« adresses de Noailles, qui n'épargna rien pour
« mettre le plus grand désordre dans l'économie
« des districts. » Mais les conseils avortèrent d'eux-
mêmes, et non par la faute du duc de Noailles, devenu la *bête noire* de Saint-Simon, le bouc émissaire
de toutes les fautes de la régence.

Si Saint-Simon avait été un esprit politique, il aurait compris la difficulté de restreindre le pouvoir du

parlement au moment même où, par la cassation du testament de Louis XIV, il donnait pour ainsi dire la régence au duc d'Orléans. D'ailleurs celui-ci, penchant déjà vers l'alliance anglaise, envisageant en gros les principes du gouvernement anglais et les interprétant à sa manière, devait chercher à s'appuyer sur le parlement de Paris, dans lequel il voyait une sorte d'imitation du parlement de Londres. Une opinion publique se formait, symptôme évident de l'influence de jour en jour plus sensible que prenait la classe moyenne dans la société, et le parlement qui la représentait y puisait une force plus grande. Quant aux bâtards, non-seulement le prestige du feu roi les couvrait, mais encore ils possédaient des établissements administratifs et militaires dont il était impossible de les priver sans prétexte, et qui leur donnaient une puissance avec laquelle il fallait compter, surtout au début d'un gouvernement. Saint-Simon d'ailleurs savait mieux que personne quel puissant et ardent auxiliaire les bâtards avaient dans la famille même du régent. La duchesse d'Orléans préférait les intérêts de ses frères à ceux de ses propres enfants; elle avait l'orgueil, on pourrait même dire le fanatisme de la bâtardise. Saint-Simon en eut la preuve une dernière fois, lorsque, chargé par le duc d'Orléans, qui ne fit pas preuve d'un grand tact en choisissant un pareil messager dans une telle circonstance, d'aller rendre compte à sa femme de ce fameux lit de justice dont il nous a fait savourer avec lui les ineffables délices, il fut témoin des larmes, du désespoir de la fille de madame de Montespan. L'altière duchesse ne pardonna pas au porteur de la fatale nouvelle. Elle en resta à jamais brouillée avec lui.

Une préoccupation constante obscurcit et rétrécit l'intelligence de Saint-Simon : celle des rangs, des préséances, des minuties de l'étiquette. Il n'attache guère d'importance qu'à ces puérilités. L'idée seule d'une alliance avec la robe le met en fureur : « Tra« vaillant une après-dînée seul avec M. le duc d'Or« léans, il m'apprit que le premier président lui avait « demandé son agrément pour le mariage de sa fille « avec mon beau-frère le duc de Lorges. La surprise « et la colère me firent lever brusquement et jeter « mon tabouret à l'autre bout du petit cabinet d'hi« ver où nous étions. » Comment s'étonner que cet homme, qui reçoit d'un cœur *pantelant* et *incisé* tous les coups portés à sa dignité, songe à se retirer dès les commencements de la régence, parce que les conseillers d'État appelés au conseil de régence y précèdent les gens de qualité, et que le grand maître des cérémonies Dreux refuse de saluer les ducs avant le parlement?

Toujours irrité, toujours en lutte contre quelqu'un ou contre quelque chose, détesté du parlement, *aboyé* de la noblesse, qui l'accuse de vouloir se mettre au-dessus d'elle et de faire de la pairie une caste dans une caste, Saint-Simon devait être pour ses amis un embarras plutôt qu'un appui. Son insuffisance comme homme d'État dut tout de suite sauter aux yeux du régent. Aussi Saint-Simon fut-il peu consulté sur les questions de politique extérieure ; ce qu'il nous en fait connaître n'est qu'un extrait assez languissant des Mémoires de Torcy, qui ne sont pas eux-mêmes d'une bien grande exactitude. Tout se traitait entre le régent et Dubois, et par Dubois seul. Le régent ne songe à Saint-Simon que lorsqu'il s'agit de remplir un de ces postes pour lesquels il faut surtout un honnête homme, comme la place de garde des sceaux ou de gouverneur du roi. Saint-Simon refuse ces fonctions, selon son habitude invariable; les liens créés entre eux par une intimité de jeunesse, par un dévouement éprouvé, se relâchent quelquefois, mais ne se brisent jamais. En cessant d'être le conseiller du prince, Saint-Simon reste celui de l'homme, et il remplit cette fonction avec une franchise et un attachement qui l'honorent. Le régent écouta les conseils de son ami et les dédaigna presque toujours; il aurait pourtant gagné beaucoup à les suivre.

Il ne paraît pas que le déclin de plus en plus marqué de son influence politique ait beaucoup touché Saint-Simon. Les atteintes redoublées portées à la pairie, l'incurie du régent pour tout ce qui a rapport au cérémonial, au rang, à l'ordre des préséances, voilà les choses qui ont le pouvoir de l'émouvoir jusqu'au fond des entrailles; avec l'âge, son culte pour son titre et pour sa dignité a redoublé de ferveur; il brûle pour la pairie de tout le feu de la jeunesse. Il a deux fils, et son ardente préoccupation, son grand but sont de *brancher*. Une occasion se présente de réaliser ce désir par le double mariage d'une fille du régent avec le prince des Asturies et du roi avec l'Infante. En apprenant de la bouche même du duc d'Orléans ce coup surprenant de la politique et de l'habileté de Dubois, et songeant qu'il faut un seigneur de titre et de marque pour faire la demande solennelle de l'Infante et signer le contrat de mariage, Saint-Simon *supplie* le régent de lui donner cette ambassade, avec sa protection et sa recommandation auprès du roi d'Espagne pour faire grand d'Espagne le marquis de Ruffec, son second fils. Cette ambassade, purement honorifique, est en définitive le seul emploi un peu important qu'ait pu remplir cet homme d'une valeur si réelle, qui vit si bien les petitesses et les défauts de ses contemporains en restant aveugle sur les siens. Une instruction solide, un caractère élevé, une grande pénétration, beaucoup d'esprit, une ardente ambition secondée par une activité merveilleuse, tout cela aboutissant à *brancher*, quel résultat final d'une telle existence, quel prix de tant d'efforts, de patience, d'épreuves, d'émotions de tous les genres !

Avec l'ambassade d'Espagne se termine la carrière active de Saint-Simon. Un court espace de temps sépare son retour de la mort du duc d'Orléans. Nous voici à la fin de ces longs *Mémoires* et de cette comédie du dix-septième siècle dont nous avons essayé de résumer les principaux tableaux. Le nom de drame leur conviendrait mieux peut-être, si l'on considère les événements plutôt que les hommes. On commence à s'apercevoir que l'histoire a singulièrement surfait, au point de vue moral, ce siècle qui porte le nom de Louis XIV, et les *Mémoires* de Saint-Simon ont particulièrement contribué à ce résultat. Dans plusieurs années, lorsque cet ouvrage aura complétement porté ses fruits, lorsqu'une instruction plus indépendante et plus vraie aura dégagé les générations des préjugés qui nous asservissent encore, si le ciel envoie à la France un Shakespeare (il n'est pas défendu de l'espérer), il trouvera dans ces *Mémoires* un des plus beaux canevas historiques que puisse broder un poëte. Ce que, par un accord tacite, les historiens ont caché jusqu'ici, les vices de la cour la plus polie et la plus dévote que le monde ait jamais vue, l'adultère, la sodomie, l'hypocrisie, l'avidité, l'égoïsme, la lâcheté des maris, la bassesse des fils vivant de la honte de leur mère, toutes les faiblesses et tous les travers de l'époque paraîtront au grand jour. Saint-Simon a fait déjà la moitié de la besogne du poëte; les caractères du drame sont tracés, ses personnages vivent; on pourra tout lui prendre, excepté ce style qui n'est pas un style, mais l'homme lui-même pensant, agissant, transporté pour ainsi dire sur le papier.

Mais laissons en finissant l'époque et le drame qu'elle peut fournir; bornons-nous au caractère de Saint-Simon et au rôle qu'il a joué. Nous l'avons montré au prologue arrivant à la cour, cherchant à s'y faire des appuis ; nous l'avons suivi dans les vicissitudes de sa carrière difficile et laborieuse, passant du découragement le plus profond aux plus hautes espérances, toujours la main tendue vers le pouvoir et le voyant disparaître au moment où il croit le saisir, las un moment, et recommençant bientôt après sa vaine poursuite. L'heure de la retraite a enfin sonné pour lui. La compagne de toute sa vie, celle qui fut sa joie, son bonheur, son appui, sa femme est descendue dans la tombe, où ses deux fils la suivent. Cet homme qui a voulu *brancher* ne laissera pas de postérité directe ; cette pairie qui fut l'orgueil de sa vie entière, qu'il aima, on peut le dire, et dont il fut jaloux comme d'une maîtresse, s'éteindra après sa mort. Tout change chaque jour autour de lui : la France de Louis XIV devient peu à peu la France de Voltaire ; lui seul ne change pas : ses idées, ses passions restent les mêmes ; il leur accorde la seule satisfaction qu'il puisse leur donner désormais, l'immortalité d'une vengeance littéraire. On a dit que Saint-Simon n'a écrit que pour lui, qu'il n'a jamais compté sur le succès de ses *Mémoires*. Un tel désintéressement ne se conçoit guère d'une nature telle que la sienne. De son temps, on n'ignore pas, dans le monde, quel travail occupe ses derniers loisirs. Dans sa solitude de la Ferté, il écrit sa vie, et pendant qu'il la voit se dérouler devant ses yeux, rien ne lui en fait voir le vide ; il se peint sans se connaître ; on sent que s'il avait à recommencer son existence, passée tout entière à la poursuite de chimères stériles, il la consacrerait encore aux mêmes efforts. Après la perte de ses affections, la chute de ses espérances, il retrouve assez d'amertume dans son âme pour gémir sur la suppression de ses grandes entrées ; ne pouvant renoncer complétement ni à la cour ni aux affaires, il se contente du semblant de la politique et court après les vains entretiens du cardinal de Fleury, où la politesse remplace la confiance, et dont il comprend lui-même le néant. Cette retraite sans calme, ce repos agité, tel est l'épilogue de cette comédie dont Saint-Simon est le héros, et qu'on pourrait intituler le *Courtisan*, en élevant ce mot à la hauteur de l'homme, car, cela est triste à dire, Saint-Simon, malgré ses instincts généreux, son talent, son honnêteté, ne put pas être autre chose au dix-septième siècle.

BEAUMARCHAIS

Les biographies de Beaumarchais ne sont pas rares, mais elles portent toutes le cachet de la passion, de la haine, du dénigrement ou de la spéculation qui cherche à satisfaire la curiosité du public, excitée en mille sens divers sur un homme fameux à tant de titres ; les plus innocentes sont des *ana* contenant des bons mots, des reparties, des anecdotes de salon, des cancans, si on veut nous passer le mot, de rues et de coulisses. Rien de sérieux, de lié, de suivi, n'avait été essayé sur un personnage qui, tour à tour négociant, homme de lettres, banquier, pamphlétaire, musicien, diplomate, a rempli son temps du bruit de son nom, de son esprit, de sa fortune, de ses malheurs, et a obtenu la célébrité sans pouvoir atteindre à la gloire. Beaumarchais a beaucoup lutté et beaucoup souffert ; il a rendu de grands services à ce que nous appelons aujourd'hui la cause du progrès ; il a été emprisonné, forcé de s'expatrier, ruiné, sans faire naître autre chose qu'une curiosité sans bienveillance, une surprise sans sympathie, un éton-

nement sans admiration. Aujourd'hui encore ces sentiments subsistent. Qu'une citation, par exemple,
amène soit dans un livre, soit dans un article, soit
dans une chaire publique, la liste des écrivains illustres nés à Paris, Molière, Boileau, Voltaire, etc., le
nom de Beaumarchais vient rarement à la plume de
l'auteur ou à la bouche du professeur. Beaumarchais
est le plus oublié des hommes dont on parle, le plus
négligé des hommes dont on s'occupe; il n'a pu parvenir à prendre possession de la gloire courante et
familière dont jouissent tant d'autres qui ne le valent
pas. Il lutte après sa mort comme pendant sa vie,
quoiqu'on ne l'attaque plus, et que même de temps
en temps on le *réhabilite*.

Il y a un peu de ce sentiment de réhabilitation dans
l'ouvrage de M. Louis de Loménie sur Beaumarchais,
et nous ne nous en plaignons pas. Un véritable bio-
graphe doit aimer son héros. Comment sans cela
s'enfermer des années avec un homme, vivre de sa
vie, fouiller ses manuscrits, lire ses correspondan-
ces, parcourir et noter ses moindres billets? La
haine aussi, dira-t-on, inspire cette patience. Mais la
haine ne donne pas le talent; au contraire, elle le
supprime; la haine s'égare en mille détails ridicules; elle fait le bilan d'un grand homme et non pas
sa vie; elle vérifie son livre de recettes et dépenses,
l'emploi de son argent, les comptes de cuisinière et de
blanchisseuse. Elle perd son temps, par exemple, à
prouver que Voltaire était riche et savait en général
placer convenablement ses fonds. Presque toujours la
naine se trompe et augmente la gloire qu'elle croit

diminuer. L'amitié aveugle peut produire l'effet contraire; cela s'est vu quelquefois; c'est qu'alors elle est esprit de parti, fanatisme de religion et d'école, amour-propre de famille. L'amitié vraie sait voir les défauts et accuser les fautes; elle peut plaider quelquefois les circonstances atténuantes, mais jamais elle ne va au delà.

Raconter l'histoire d'un homme mêlé à tous les événements et à toutes les affaires de son temps n'est point chose facile, surtout lorsque cet homme s'appelle Beaumarchais, et que ce temps est la fin du dix-huitième siècle. Beaumarchais a touché à tout avec turbulence : à la politique, à la littérature, à l'industrie. Condamné à la dégradation civique par le parlement Maupeou, il sort du tribunal pour faire jouer le *Barbier de Séville*, en attendant d'emporter d'assaut, malgré le roi lui-même, la représentation du *Mariage de Figaro;* il envoie des vaisseaux au secours de l'Amérique, et on le met en prison dans une maison de correction; il imprime les œuvres de Voltaire, et son crédit à l'archevêché de Paris est assez puissant pour que des princes le sollicitent; il a cent cinquante mille francs de rente, il fait bâtir une maison qui ressemble à un palais, et on le voit, à Hambourg, trop pauvre pour acheter des allumettes. Les contrastes dont cette vie est pleine ont fourni matière à plus d'un tableau et excité la verve de plus d'un écrivain.

Trois hommes, à des titres bien divers, ont surtout occupé l'attention publique dans la seconde moitié du dix-huitième siècle : Voltaire, Rousseau et Beaumarchais. Nul n'admire plus que nous le beau génie et la grande âme de Voltaire. Ce qu'il y avait de générosité, d'enthousiasme dans son cœur nous frappe encore plus peut-être que la force, l'éclat, la finesse, la pénétration, l'éternelle jeunesse de son intelligence; mais il nous semble que Voltaire n'est pas aussi rapproché de nous que les deux hommes dont nous avons mis les noms à côté du sien. Voltaire et Rousseau, qu'on cite toujours ensemble comme s'ils ne faisaient qu'un seul et unique personnage, sont en réalité deux types bien différents. Ils ont pu gravir en même temps la même montagne, mais comme deux voyageurs qui s'arrêtent au sommet pour redescendre ensuite du côté opposé. Voltaire reste dans le passé; Rousseau descend la pente de l'avenir. La vue de Voltaire ne s'étendait pas au delà de l'ancienne société améliorée; les yeux de Rousseau apercevaient dans le lointain un monde nouveau. Rousseau est bien plus moderne que Voltaire, quoique son contemporain; il appartient en quelque sorte aux générations du dix-neuvième siècle. Il est impossible de ne pas convenir que nous vivons plus des idées et des sentiments de Rousseau que des idées et des sentiments de Voltaire. Beaumarchais, comme Rousseau, a été, lui aussi, un précurseur à sa façon. Son influence sur le dix-neuvième siècle est visible. C'est cette influence que nous allons étudier.

Beaumarchais a laissé dans ses papiers une note qui nous frappe; elle est intitulée : *État des différents projets soumis aux lumières de M. de Beaumarchais.* Ces projets embrassent la plupart des questions de finance, d'industrie, de commerce, d'agriculture et même de politique soulevées à cette époque. Les voici : « Projet d'emprunt par M. le duc de Chartres, 1784. — Copie des lettres patentes qui autorisent M. le duc de Choiseul à emprunter 400,000 fr., 1783.— Projet d'un cours universel de législation criminelle. — Observations sur les moyens d'acquérir des terrains au Sedato. — Mémoire pour les propriétaires associés de l'enclos des Quinze-Vingts. — Note sur l'existence civile des protestants en France. — Projet d'un emprunt également utile au roi et au public. — Prospectus d'un moulin à établir à Harfleur. — Projet de commerce dans l'Inde par l'isthme de Suez. — Mémoire sur la conversion de la tourbe en charbon, et avantages de cette découverte. — Mémoire tendant à donner au roi vingt vaisseaux de ligne et douze frégates pour servir à convoyer le commerce avec les colonies. — Mémoire sur la plantation de la rhubarbe. — Prospectus d'une opération de finance ou emprunt couvert en forme de loterie d'État. — Projet d'un bureau d'échange et d'une caisse d'accumulation. —Projet d'un pont à l'rAsenal. » Cette liste ne comprend que le contenu d'un seul carton; il y en a plusieurs autres non moins bien remplis. En lisant attentivement ces divers projets, on y trouverait peut-être le germe d'une foule d'idées et d'entreprises exécutées de notre temps. Ce bureau d'échange et cette caisse d'accumulation ne seraient-ils point par hasard une sorte de crédit mobilier anticipé? Il serait curieux de retrouver la fameuse conception financière moderne dans un carton de l'auteur de la *Folle journée.*

Qu'on se représente maintenant Beaumarchais assis devant sa table, ayant d'un côté le manuscrit de sa comédie, de l'autre le projet de commerce dans l'Inde par l'isthme de Suez, corrigeant la tirade de Figaro après avoir calculé le chiffre du transit commercial d'Europe en Asie, et vous aurez, dans le poëte doublé d'un homme d'affaires, un personnage entièrement nouveau, un type inconnu à l'ancienne société française. Les gens de lettres vivaient autrefois dans une sphère parfaitement isolée ; les plus hardis et les plus heureux s'élevaient jusqu'à la cour ; mais la cour elle-même était un monde à part, sans liens directs avec la société ordinaire. Le poëte y cherchait à la vérité et y trouvait quelquefois la fortune, mais une fortune bornée à quelques pensions dont la somme et le nombre étaient fixés d'avance. Molière, le plus entreprenant des poëtes de son temps, puisqu'il était directeur de théatre, n'avait pas, nous en sommes sûr, conscience qu'il exerçait une industrie ; investi d'un privilége royal, il croyait être une sorte de fonctionnaire ou plutôt de courtisan honoré de la faveur du prince et ayant sa part assignée sur les plaisirs du public, comme d'autres l'avaient sur les gabelles. L'idée de s'enrichir autrement que par la faveur n'était pas encore entrée dans la tête des écrivains ; le commerce, l'agriculture, la finance n'étaient point choses qui dussent les regarder. On ne se figure guère Racine rédigeant le projet d'un emprunt couvert en forme de loterie d'État, ni Boileau s'occupant de la plantation de la rhubarbe. Corneille, par la trempe particulière de son esprit, aurait peut-être aimé à se mêler de politique , mais il se serait borné à opiner dans le conseil, et la pensée ne lui serait jamais venue d'organiser un bureau d'échange et une caisse d'accumulation. Cette activité matérielle, cette ardeur à se jeter dans le mouvement des affaires, dans la vie générale, cette foi en la puissance de l'or, cette croyance qu'on arrive plus facilement à la gloire par la fortune, croyance qui de nos jours, a fait tant de progrès, ce besoin de bruit, datent de Beaumarchais. Il a créé une classe nouvelle d'hommes de lettres, demi-écrivains, demi-industriels, dont il est resté le plus éclatant modèle. Nous parlions tout à l'heure de l'influence de Rousseau ; sur les sentiments et sur les idées, dans la sphère idéale, elle est la plus puissante ; mais dans le monde ordinaire, dans la vie pratique, c'est l'influence de Beaumarchais qui domine. Les fils de Beaumarchais sont de nos jours peut-être plus nombreux que les fils de Rousseau et de Voltaire.

Pour comprendre les changements opérés dans la société du temps du Beaumarchais, il suffit de comparer Gil Blas à Figaro. Tous les deux cherchent à faire fortune; ils ne pèchent ni l'un ni l'autre par excès de scrupule; mais quelle différence dans la façon d'interpréter ces mots : Faire fortune! Gil Blas se contenterait d'une bonne sinécure : il est prêt à entrer dans les ordres si on lui donne une bonne prébende; chanoine ou receveur, intendant ou secrétaire, laquais au besoin, tout lui est égal, pourvu qu'il touche de gros appointements sans rien faire, qu'il ait bonne table, bon lit, bons vêtements et une bourse bien garnie de ducats. Un moment Gil Blas a touché au pouvoir; il a occupé ce qu'on appelle de nos jours une position politique : il n'y a vu que l'occasion de grapiller et de se garnir les poches. Il ne nous est nullement prouvé qu'au service du comte Almaviva, Gil Blas eût déployé tant de courage, tant d'esprit, tant de patience, tant d'habileté que Figaro pour lui arracher Suzanne; il n'est point d'un tempérament à faire de grandes folies d'amour. Avec lui, Almaviva aurait facilement trouvé son homme, et une bonne transaction en beaux écus sonnants aurait probablement mis fin à la *Folle journée*. Gil Blas voit le monde tel qu'il est, et ne songe pas à le changer; c'est le philosophe pratique par excellence, pour parler poliment.

En faisant de Figaro un domestique, Beaumarchais a obéi à une vieille mode de son temps : le dix-huitième siècle n'avait pas de répugnance pour les domestiques; il les admettait volontiers dans sa familiarité et même dans son intimité. Marton et Frontin sont les confidents de la comédie. Dans une époque d'inégalité sociale, la position de valet semblait plus naturelle et moins choquante. La liberté s'était réfugiée sous la casaque; le valet pouvait tout dire, on ne s'en fâchait pas. Figaro d'ailleurs ne porte pas la livrée; sous la veste andalouse il a plus de grâce, plus de naturel, plus de fierté; on sent qu'on a vraiment affaire à un homme. Comme son compatriote Gil Blas, après avoir tout tenté sans réussir, il a trouvé un château de Leiria où il peut vivre tranquille à condition de se résigner; mais la résignation n'est point la vertu de cette nature ardente et mobile; il a beau adorer Suzanne, parler du bonheur qu'il va goûter auprès d'elle, on sent bien que la vie calme au fond d'un château, à cent lieues de la capitale, n'est point faite pour lui. Il lui faut le bruit, l'agitation, la lutte, railler les sots, braver les méchants, se venger un peu de cette société où il n'a pu se faire une place. Voyez l'immense différence! Gil Blas n'en veut qu'à l'argent, et Figaro désire le pouvoir; l'un est l'égoïste, l'autre l'ambitieux. Il est vrai qu'entre ces deux types il y a eu la régence, le système de Law et l'*Encyclopédie*.

Entre Beaumarchais et ses continuateurs, il y a eu la révolution française, ce qui les rend beaucoup moins intéressants que lui. Car, enfin, Beaumarchais a vécu dans un temps où on mettait encore les écrivains au For-l'Évêque et à la Bastille, dans un pays d'où Voltaire fut exilé, où Diderot fut enfermé à Vincennes, et où Rousseau fut décrété de prise de corps; il eut les périls et les honneurs de la persécution, ce qui n'arrive guère à ses disciples. La vie de Beaumarchais nous permettra de faire l'histoire de son école; nous examinerons chemin faisant ses progrès et ses transformations. Suivons donc Beaumarchais dans le monde, où nous allons le voir entrer une guitare à la main.

Pierre-Augustin Caron naquit le 24 janvier 1732 dans une boutique d'horloger, rue Saint-Denis, en face de la rue de la Ferronnerie, dans le même quartier que Molière. Si nous pénétrons dans le modeste

intérieur de notre héros au temps de sa jeunesse,
nous y trouvons son père, André - Charles Caron,
protestant converti un peu par intérêt, s'il faut s'en
rapporter à une requête dans laquelle il fait valoir son abjuration pour obtenir la maîtrise en hor-
logerie; sa mère, Marie-Louise Pichon, dont le père
est qualifié de *bourgeois de Paris* dans son acte de
mariage avec André-Charles Caron, bonne femme,
d'un excellent cœur, mais d'une intelligence ordinaire; son père, au contraire, versé dans les lettres
et dans les sciences, s'élevait fort au-dessus de la
moyenne des gens de sa condition et de son état. Six
enfants étaient nés de cette union : cinq filles et un
garçon venu le quatrième. Des trois sœurs aînées de
Beaumarchais, deux se fixèrent à Madrid et y établi-
rent un magasin de modes. La plus jeune de ces modistes fut la fiancée de Clavijo et l'héroïne du drame de
Gœthe; la troisième sœur de Beaumarchais épousa le
célèbre horloger Lépine. Les deux autres, Marie-Julie
et Jeanne-Marguerite, furent plus intimement mêlées
à la vie de leur frère. Elles étaient jolies, spirituelles,
lettrées et même un peu bas-bleus, car Julie mourut
en faisant des vers. Singulière famille pour le temps
et pour la classe auxquels elle appartient ! tous les
contrastes s'y trouvent : l'esprit bourgeois et le sentiment aristocratique, l'instinct du commerce et le
goût des arts; l'horloger Caron a des filles modistes,
d'autres jouent de la harpe, apprennent les langues
étrangères et font du bel esprit; son fils, la loupe à
l'œil devant son établi chargé des grosses montres
des marchands de la rue Saint-Denis, rime des

couplets en inventant un nouveau système d'*échappement*.

On peut apprécier, nous dit-on, dans la famille obscure, mais intéressante, d'où sortit l'auteur du *Mariage de Figaro*, les traits saillants de cette petite bourgeoisie cultivée, raffinée, aimant les arts, la littérature, les belles manières, le bel esprit, recherchant le contact de l'aristocratie, tendant à s'élever de plus en plus, et déjà toute préparée au régime de l'égalité. Ce n'est point précisément sous cet aspect que nous apparaît la famille Beaumarchais. Il y avait à la fin du dix-huitième siècle une classe flottante composée d'hommes et de femmes d'esprit ayant tous les goûts et tous les instincts d'une aristocratie avide de distractions, et les acceptant presque de toutes mains. L'esprit, la bonne grâce, la bonne mine, relevés encore par des manières hardies, étaient de grandes qualités pour réussir dans ce monde qui avait ses bohêmes et ses parvenus. A la fin du dix-huitième siècle, la séparation entre le monde véritable et ce qu'on nomme aujourd'hui le demi-monde en style de coulisse existait peut-être encore moins que de notre temps. Étiez-vous un homme d'esprit, on vous recevait partout ; étiez-vous simplement un homme riche, tout le monde allait chez vous : partisans enrichis, faiseurs de petits vers, diseurs de bons mots, ducs et pairs, ministres, abbés, vivaient en compagnie. On se poussait, on se coudoyait dans cette cohue ; sans doute beaucoup de gens y avaient tout juste assez d'espace pour dégager leurs coudes et piquer librement l'assiette, mais d'autres y faisaient

aussi des fortunes solides et brillantes. La noblesse,
qui avait toléré d'abord ces parvenus, finissait par les
accepter, à la condition cependant de changer de nom,
de s'appeler, par exemple, M. de Beaumarchais et mademoiselle de Boisgarnier au lieu d'Augustin et de
Julie Caron ; de se décrasser au moyen de la savonnette
à vilain ; d'acheter une charge de cour, n'importe laquelle, capitaine des levrettes de la chambre ou lieutenant général des chasses aux bailliage et capitainerie
de la varenne du Louvre. La lignée de l'horloger Caron,
jeune, brillante, pleine d'ardeur, tournée tout entière
à la fortune, au bel esprit, au plaisir, songeait bien
plutôt à s'élancer dans le tourbillon de l'ancienne
société qu'à se préparer au régime de la société nouvelle. Cette petite bourgeoisie dont on nous parle,
amoureuse de l'égalité, tendant à s'élever de plus en
plus, songeait peu pourtant à faire des petits vers, à
chanter des romances et à se pourvoir de charges
de cour ; elle apprenait, sous le plus sévère et le
plus tendre des maîtres, à pratiquer les sentiments
et les vertus de l'égalité avant d'en recueillir les
avantages ; elle s'initiait, par la lecture des livres de
Jean-Jacques Rousseau, aux idées et aux mœurs de
la révolution, dont l'heure ne devait pas tarder à
sonner.

Personne, à coup sûr, ne se douta moins de cette
révolution que le jeune Augustin Caron, devenu à
l'âge de vingt-cinq ans M. de Beaumarchais. Il ne
s'en doutera même jamais. Avec sa haute stature, sa
taille svelte et bien prise, la régularité de ses traits,
son teint vif et animé, son regard assuré, cet air

dominant qui semblait l'élever au-dessus de tout ce qui l'entourait, enfin avec cette ardeur involontaire qui s'allumait en lui à l'aspect des femmes, dit un de ses amis les plus dévoués dans un portrait qu'il trace de lui, Beaumarchais ne songeait qu'à profiter de ces avantages et à se pousser dans le monde. Ce n'était alors qu'un simple horloger, qui n'avait paru à la cour que comme ouvrier pour présenter à Louis XV un modèle de sa montre à nouvel échappement. Déjà des débats soutenus contre le mécanicien Lepaute, qui lui disputait la priorité de son invention, l'avaient fait connaître de la ville. Étrange fatalité ! Beaumarchais débutait dans la vie par une polémique et par un procès qu'il gagna ! Il est impossible de lui refuser l'honneur d'avoir porté de notables améliorations dans le système des montres plates. Beaumarchais se sentait fait pour mériter à d'autres titres les éloges de la postérité. La cour était le but secret et permanent de son ambition. Comment y pénétrer ? Comme la plupart des gens à cette époque, en achetant une charge ou office de cour. Où prendre l'argent nécessaire pour cela ? Il se trouve précisément que Beaumarchais connaît la femme d'un vieux contrôleur, clerc d'office, laquelle persuade à son mari qu'il est trop infirme pour remplir sa charge, et que le plus sûr est de la vendre au jeune Caron, qui n'a rien, moyennant une rente viagère garantie par le vieux Caron, qui n'a pas grand'chose. Le traité est conclu et signé ; sur ces entrefaites le bonhomme meurt, et Pierre-Augustin épouse sa charge, c'est-à-dire sa veuve, de cinq ou six ans plus âgée que lui. Voilà

donc Figaro à la cour, servant le roi l'épée au côté,
et mettant lui-même les plats sur la table, comme
ses fonctions lui en donnent le glorieux privilége.

Le mariage d'un jeune homme beau, pauvre et ambitieux avec une veuve de six ans plus âgée que lui,
et propriétaire d'une charge donnant bouche en cour
et droit d'épée, a du louche. Sans croire, comme ses
ennemis le répandirent plus tard, qu'il avait empoisonné sa première femme, on peut présumer qu'il
supporta assez patiemment sa perte, d'autant plus que
dès cette époque de plus vastes horizons semblaient
s'ouvrir devant lui. A peine inventée, la harpe venait
de recevoir un notable perfectionnement des mains
de Beaumarchais, déjà fort habile sur cet instrument.
Les quatre filles de Louis XV, mesdames Victoire,
Adélaïde, Sophie, Louise, que leur père appelait
avec tant de bon goût *Coche*, *Loque*, *Graille* et *Chiffe*,
s'occupaient beaucoup de musique ; elles désirèrent
entendre le jeune contrôleur, clerc de la maison du
roi. Il réussit si bien auprès de Mesdames Royales,
qu'elles voulurent prendre des leçons de lui. Voilà
donc Beaumarchais professeur des filles de France,
organisant des concerts auxquels assistent le roi, la
reine, le dauphin, quelques grands seigneurs intimes
et privilégiés, et où on lui permet de tenir sa place.
Ce grand spéculateur qui devait créer les eaux de
Paris, la caisse d'escompte, l'association des auteurs
dramatiques, et tant d'autres entreprises plus ou
moins fameuses ; cet industriel, ce pamphlétaire, ce
poëte comique, commence sa fortune comme musicien. Il escompte au fameux traitant Pâris-Duverney

le crédit de sa harpe. Ce dernier souhaiterait vivement que Mesdames vinssent visiter l'École militaire, fondée sur ses plans, protégée par madame de Pompadour, et un peu abandonnée après la mort de la marquise. Pâris-Duverney tient d'autant plus à cette visite qu'elle doit faire planche et amener celle du roi, dont on a besoin pour stimuler le zèle du ministre, avare de fonds au profit de cet établissement depuis qu'une favorite n'en demande plus pour lui. Pâris-Duverney a entendu parler de la faveur dont jouit le maître de harpe auprès des princesses et s'adresse à lui pour les décider. L'entremetteur réussit à *arranger l'affaire* et reçoit pour ses honoraires une somme de soixante mille francs, dont Pâris-Duverney lui sert la rente à dix pour cent l'an.

Voilà, on peut le dire, Beaumarchais lancé. Il entre dans les affaires pour n'en plus sortir; il mêlera désormais les affaires à tout, même aux devoirs les plus saints de l'honneur domestique. Lorsque, pour venger l'honneur de sa sœur et forcer un fiancé rebelle à tenir ses engagements, il se rend en Espagne, qui alors, de même qu'aujourd'hui, s'offrait comme un terrain vierge à la spéculation, pendant qu'il exige une réparation de Clavijo, il sollicite du ministère l'autorisation de fonder une compagnie pour la colonisation de la Sierra-Morena. Entre une entrevue avec Clavijo et une audience du ministre, il compose des séguédilles :

> Les serments
> Des amants
> Sont légers comme le vent.

Il fait si bien, que le dévouement du frère disparaît sous la cupidité du spéculateur et sous la légèreté du poëte. Chose étonnante ! la considération de Clavijo n'a pour ainsi dire point souffert de l'épisode qui le concerne dans les Mémoires. Il est mort tranquille et respecté dans un emploi littéraire important, à Madrid, en 1806. Il n'est resté de son histoire avec la sœur de l'auteur du *Barbier de Séville* qu'un drame assez médiocre de Gœthe et un épisode des Mémoires de Beaumarchais raconté avec talent. C'est ce récit qui a donné l'exemple, depuis lors si souvent suivi, de mettre le public dans la confidence de ses affaires particulières et de se faire des réclames avec ses malheurs de famille.

Ces fameux Mémoires eux-mêmes ne nous touchent presque plus aujourd'hui ; à la distance où nous sommes du parlement véritable et du parlement postiche, que nous importent les querelles entre cette double phalange de magistrats qui allait disparaître devant la révolution ? Beaumarchais ne défendait pas un principe ; il se serait parfaitement accommodé de la justice de l'ancien régime s'il l'avait trouvée moins ameutée contre lui ; la preuve en est dans l'empressement qu'il mit à se pourvoir à beaux deniers comptants d'un office de judicature dans la partie de l'ancienne juridiction la plus criante d'abus, celle qui embrassait les délits de chasse. M. le lieutenant général des chasses aux bailliage et capitainerie de la varenne du Louvre n'avait nullement envie de combattre et de détruire une organisation judiciaire sur laquelle reposait sa propriété. Le procès Goëzman n'est qu'une affaire personnelle à laquelle le hasard des circonstances communique une importance générale. Quelle idée donne-t-il de lui au pouvoir après ce drame mêlé de comédie dont il a été le héros? l'idée d'un homme audacieux, habile, fécond en ressources, qui se tirerait admirablement d'une intrigue de police. On lui propose en effet une mission de ce genre : il l'accepte sans hésiter; il dépouille la noble couronne de popularité qu'il vient de conquérir, il descend résolûment du piédestal sur lequel l'ont placé l'admiration et la reconnaissance publiques pour surprendre, à l'aide d'un déguisement et d'un faux nom, un libelliste réfugié à Londres, le célèbre Morande. On sait quelle importance prennent les libelles là où la liberté de la presse n'existe pas. La royauté qui ne voulait pas des journaux s'humiliait devant des libelles ; de vils pamphlétaires forçaient le roi de France à compter avec eux. Au nombre de ces marchands d'insultes et de calomnies était ce Morande, auquel il s'agissait cette fois d'acheter on ne sait quel écrit contre la Du Barry. Après cette négociation, le gouvernement en confie une seconde à Beaumarchais, qui l'accepte avec le même empressement, et on peut le croire pour jamais attaché à la diplomatie secrète, tant on le voit entrer avec ardeur dans un des plus dégoûtants et des plus mystérieux tripotages de l'ancien régime, l'affaire du chevalier d'Éon.

La liquidation de la succession de Pâris-Duverney engendra le procès de Beaumarchais avec le comte de La Blache, légataire universel du financier, qui engendra à son tour le procès Goëzman, d'où sortit la grande réputation qui aboutit à faire de lui un agent de police. Avant cette époque triste et glorieuse à la fois, Beaumarchais s'était essayé au théâtre. Rien ne rattacherait directement l'auteur du *Mariage de Figaro* à la tradition dramatique du dix-huitième siècle s'il n'avait fait représenter *Eugénie* et les *Deux Amis*. Beaumarchais n'avait aucun goût pour les idées philosophiques, il vécut peu avec les gens de lettres ses contemporains, et ne parut pas éprouver pour eux une bien vive sympathie. Si, pour publier la première édition complète des œuvres de Voltaire, qui lui coûta un million, il fit acheter en Angleterre les poinçons et les matrices des caractères de Baskerville, regardés alors comme les plus beaux de l'Europe; s'il éleva dans les Vosges des papeteries d'après les procédés de la Hollande; s'il acheta, pour y établir son imprimerie, un vaste emplacement au fort de Kehl alors abandonné; s'il paya fort cher le fonds de Panckoucke et les manuscrits de madame Denis, qui ne contenaient qu'un morceau curieux, les *Mémoires sur le roi de Prusse*, ce fut plutôt, on peut le croire, par entraînement de ton et de gloriole que par admiration véritable. Diderot seul, par un certain côté d'agitation fiévreuse et de boursouflure bruyante qui est dans son talent, semble l'avoir un peu séduit. *Eugénie* et les *Deux Amis* appartiennent évidemment à l'école du *Père de Famille*. Le drame bourgeois était alors une innovation; à ce titre il devait tenter Beaumarchais, qui essaya de le perfectionner, d'y ajouter un échappement et une pédale, comme il avait fait pour la montre et pour la harpe. Il essaya donc de l'invention nouvelle de Diderot. *Eugénie*, chutée à la première représentation, se releva à la seconde, grâce aux coupures. Les *Deux Amis* tombèrent à plat, et l'on trouve dans Grimm, qui n'aimait pas Beaumarchais, le quatrain suivant, qui résume ce drame :

> J'ai vu de Beaumarchais le drame ridicule,
> Et je vais, en un mot, vous dire ce que c'est :
> C'est un change où l'argent circule
> Sans produire aucun intérêt.

« Il s'agit ici d'une banqueroute, s'était écrié un plaisant du parterre ; j'y suis pour mes vingt sous ! » Ce plaisant du parterre, dont l'origine remonte aux comédies de Molière, et qui mettait tant de vie dans le théâtre, a complétement disparu : on est devenu plus tendre aux auteurs dramatiques, et peut-être aussi plus indifférent. Personne ne plaignit Beaumarchais. Le moyen aussi de s'apitoyer sur un homme qui venait de se remarier et d'épouser encore une riche veuve, qui était intéressé dans les affaires du grand traitant Pâris-Duverney et qui roulait carrosse ? Beaumarchais, commandité par Duverney, se mit à exploiter la forêt de Chinon. Pour se consoler de sa chute, l'auteur d'*Eugénie* et des *Deux Amis* s'était fait marchand de bois.

Nous vivons dans une époque où on voit peu les choses en grand, et où les affaires dégénèrent facilement en tripotages, nous ne disons même plus en intrigues. Beaumarchais, pour son malheur, avait au plus haut degré le génie et le besoin du tripotage.

La spéculation industrielle, la littérature n'étaient pour lui que des occupations et des distractions passagères ; l'intrigue, voilà sa sphère. Après ses luttes contre le parlement, nous le voyons s'arracher pour ainsi dire à l'éclat de sa popularité pour s'enfuir dans les ténèbres d'une négociation honteuse avec un libelliste. Le succès du *Barbier de Séville* n'a pas la puissance de fixer son esprit au théâtre. Figaro vient à peine de se montrer au public qu'il court à Londres remplir une mission d'observateur politique.

L'Angleterre est en proie à la grande crise de 1775 ; ses colonies du Nord révoltées tiennent la métropole en échec. L'occasion s'offre à la France de prendre sa revanche du funeste traité de 1763 ; elle a besoin d'être au courant de la situation des affaires à Londres pour agir selon les circonstances. Beaumarchais se souvient que, pendant son séjour à Madrid, il a chanté des séguédilles avec l'ambassadeur britannique, lord Rochford, présentement à la tête du foreing-office ; c'est un homme d'un caractère léger, qu'il est facile de faire parler. Beaumarchais a en outre entretenu des relations assez intimes avec le démagogue Wilkes, ennemi direct du gouvernement, et porté par l'opposition au poste de lord-maire. Encore des rapports qu'il pourra utiliser. Il se fait donc envoyer à Londres avec une mission de M. de Vergennes. Ce rôle, qui consiste à *faire parler* les gens, n'effarouche pas en général la délicatesse de Beaumarchais ; il le remplit, du reste, dans cette occasion, avec beaucoup de finesse et d'habileté. Il faut lui savoir gré de tout ce qu'il fit pour décider la France à prendre parti, même indirectement, en faveur des colonies américaines ; mais au milieu de ses plus grands efforts, on ne sent rien de cet enthousiasme d'adepte, de cette foi en un principe qui allait pousser le jeune La Fayette et ses compagnons au secours de la liberté naissante. On chercherait en vain quelque chose de chevaleresque dans l'ardeur de Beaumarchais. Il ne voit, dans l'intervention américaine, qu'une affaire bonne pour le gouvernement français et pour lui. Elle lui fournira l'occasion d'organiser une vaste opération commerciale comme il les aime, de rassembler des approvisionnemens, d'acheter des armes, d'équiper des vaisseaux, d'attacher son nom à une grande entreprise, de remuer des capitaux, comme on dit aujourd'hui. C'est peut-être sur un des navires de Beaumarchais que s'embarqua un homme ou plutôt un enfant alors inconnu, et dont les disciples devaient plus tard mêler, comme l'auteur du *Mariage de Figaro*, la littérature, la poésie, l'éloquence à l'esprit industriel. Cet enfant, qu'un instinct de curiosité poussait à l'âge de dix-sept ans vers l'Amérique, se nommait Saint-Simon.

L'enfantement d'une république n'avait rien qui pût frapper l'esprit en qui germait la doctrine dont nous voyons le triomphe et les résultats. Saint-Simon revint bientôt en France ; le nom de Beaumarchais, fameux, riche, entreprenant, devait attirer un jeune homme rêvant déjà les grandes affaires et travaillé du génie mobile de l'innovation. A l'époque de la révolution, Saint-Simon, inventeur d'un nouveau jeu de cartes au moyen duquel on apprenait l'histoire de

France en jouant au reversi, soumissionna pour l'entreprise de la démolition de l'église de Notre-Dame. Comment, toujours en quête de capitaux, n'eut-il jamais l'idée de s'adresser au grand capitaliste de l'époque? Comment ces deux hommes d'initiative, pour nous servir d'un mot qui n'était point encore usité, ne se rencontrèrent-ils pas? Beaumarchais et Saint-Simon, dont l'influence devait se manifester au même moment sur la société actuelle, ont vécu à côté l'un de l'autre sans se connaître. Peut-être s'ils s'étaient connus ne se seraient-ils pas compris; ils marchaient au même but, mais par des voies différentes. L'utopiste dans Saint-Simon eût effrayé Beaumarchais; le praticien vulgaire dans Beaumarchais eût fait reculer Saint-Simon. La différence des intelligences se reconnaît aujourd'hui à la différence des résultats : l'un a métamorphosé les hommes de lettres en industriels; l'autre, les industriels en philosophes.

L'affaire d'Amérique, comme la plupart des affaires de Beaumarchais, a été pour lui et pour ses héritiers la source de contestations qui duraient encore quarante-cinq ans après sa mort. Beaumarchais se prétendait créancier des Etats-Unis pour une somme de plusieurs millions; le gouvernement américain contestait la validité de ses titres. Nous n'entrerons point dans les détails de ce procès instruit avec beaucoup de soin, de clarté, et pièces en main, par M. de Loménie. Lors même que nou- n'aurions pas lu attentivement ce passage de la vie de Beaumarchais, nous serions porté à croire ses réclamations fondées; les gouvernemens ont si beau jeu dans de tels refus, qu'on peut les supposer tentés d'en abuser quelquefois. Ce qui prouve en définitive le droit de Beaumarchais dans cette affaire, c'est qu'elle s'est terminée, sous le règne de Louis-Philippe, par une transaction en vertu de laquelle les héritiers du réclamant ont touché près d'un million d'indemnité.

On a vu quel mobile avait jeté Beaumarchais dans la lutte entre l'Angleterre et les colonies. Le manque d'idéal en tout fut le grand défaut de l'homme fameux dont nous nous occupons. Il défendait les insurgents sans savoir jusqu'où allait l'insurgence, et sans être lui-même un insurgent. On a dit que Figaro était un révolutionnaire. C'est une erreur. Quand on y réfléchit bien, Figaro n'est pas même l'ambitieux, comme nous l'avons dit au début de cette étude, mais le mécontent. Il a étudié tous les vices et toutes les faiblesses de la société au sein de laquelle il vit, mais pour en profiter plutôt que pour les combattre. Les révolutionnaires sont des hommes de lutte; Figaro n'est qu'un homme d'intrigue. La censure a arrêté le petit commerce de pamphlets dont il espérait vivre, et il attaque la censure; Basile fait obstacle à ses projets et lui dispute la moitié de ses bénéfices, il s'arme du bois vert contre Basile; mais que la censure s'humanise, Figare chantera ses louanges; qu'un bon coup soit à faire sur lequel l'homme à la guitare et au long chapeau n'élève pas de trop grandes prétentions à la curée, soudain Figaro et Basile s'entendront comme larrons en foire. Mais Brid'oison et Almaviva, le juge et le grand seigneur, dira-t-on,

Figaro n'en a-t-il pas fait bonne et courageuse justice? Eh! mon Dieu, le juge était à terre lorsque le
barbier andalous l'a frappé; Frontin et Marton s'en-
tendaient pour berner les grands seigneurs bien avant
que Figaro et Suzanne vinssent au monde. Le beau
révolutionnaire que ce Figaro que la révolution retrouve blanchi sous la livrée et se consumant la larme
à l'œil à arranger les péchés de jeunesse du vieil
Almaviva et de la vieille Rosine!

Mais le Figaro de la *Mère coupable* n'est pas le héros
de la *Folle journée*, le véritable Figaro; celui-là,
ajoute-t-on, est encore plein de vie; on le voit, on
l'entend tous les jours, il existe à côté de nous. En
effet, Figaro s'est perpétué sur la scène, et c'est la
meilleure preuve, selon nous, qu'il n'a rien au fond
de bien révolutionnaire; il a produit cet éternel in-
trigant de la comédie moderne, ce grand remueur
de riens, cet homme qui agite le vide et qui tient
les fils du néant, ce type de convention dont M. Scribe
et son école ont tant abusé, et qu'on s'obstine à vouloir ressuciter quoiqu'il soit mort et enterré depuis
longtemps dans les guenilles de Robert Macaire.

Du reste, la révolution ne s'y trompa point. Quand
elle choisit ses auxiliaires et qu'elle appela pour la
représenter ceux qui l'avaient préparée et ceux qui
pouvaient la défendre, elle oublia l'auteur du *Mariage
de Figaro*. Chargé de surveiller la démolition de la
Bastille, président de nous ne savons plus quel comité
de quartier, Beaumarchais dut borner là sa carrière
politique et se contenter de servir la république en
qualité de fournisseur. La révolution pourtant ac-

cepta d'abord des hommes dont la réputation ne valait peut-être pas celle de Beaumarchais, Mirabeau entre autres. Question de talent, va-t-on prétendre ; affaire d'instinct plutôt, car Beaumarchais, sous le point de vue du talent, n'était certes pas un homme à dédaigner. La révolution devinait dans Mirabeau la haine des choses et non pas seulement la haine des hommes du passé ; elle se sentait servie par son talent, par ses passions et même par ses vices. Elle ne lui marchanda pas d'abord la popularité, parce qu'il ne marchanda pas ses services. Les hommes comme Mirabeau n'effrayent pas les révolutions ; tout en eux les sert, même leurs trahisons : elles sont trop éclatantes pour être dangereuses. Des hommes comme Beaumarchais, les révolutions craignent les ténébreuses menées, les petits mensonges, les conspirations de couloir. Il n'est rien que les révolutions à leur début redoutent plus que l'esprit d'affaires, la préoccupation des intérêts matériels ; quand elles s'y laissent aller, c'est qu'elles sont usées. Ceci explique pourquoi Beaumarchais ne fut rien et ne pouvait rien être dans la révolution ; il représentait les idées et les besoins les plus hostiles à la révolution elle-même. Cet ostracisme dut bien étonner Beaumarchais. Nous avons vu la révolution en 1848 l'appliquer obstinément à des hommes qui n'étaient pas sans offrir quelques traits de ressemblance avec lui. Plus heureux cependant que leur célèbre devancier, ils finirent par triompher de cette répugnance, grâce à un instrument dont Beaumarchais ne pouvait pas encore comprendre la puissance : le journal.

En 1787, Beaumarchais eut l'idée d'appeler la musique au secours des idées nouvelles, et de mettre la révolution en opéra. *Tarare*, tiré d'un conte d'Hamilton, fut le fruit de cette inspiration, qui indique plus d'imagination que de bon sens. Il y a dans ce poëme bouffon et philosophique à la fois trois vers dont l'auteur aurait pu faire l'application à lui-même :

> Homme, ta grandeur sur la terre
> N'appartient point à ton état :
> Elle est toute à ton caractère.

C'est aux défauts de son caractère que Beaumarchais a dû de rester inférieur à son talent et plus mauvais que sa nature. Il était bon pour sa famille, pour ses amis, pour tout le monde; et cependant il n'inspire nulle part de sympathie véritable ; ses mésaventures excitent même la gaieté. Monsieur, frère du roi, envoyait des articles de sa façon au *Mercure;* le succès de la *Folle journée* tenta sa verve épigrammatique. Le *Mercure* inséra contre Figaro quelques sarcasmes écrits par une main quasi royale, auxquels Beaumarchais répondit sans trop se soucier du rang de son agresseur.

Lorsque Monsieur, pour se venger, fit à Beaumarchais l'ignoble outrage de faire enfermer un homme de son âge, un écrivain de son talent, dans une maison de correction pour les jeunes bandits de la capitale, le public, au lieu de s'indigner, commença par rire et par trouver la chose plaisante. « Cet homme est trop drôle, disait Voltaire en lisant les Mémoires de Beaumarchais, pour être criminel, » et Voltaire avait raison, et pourtant Bergasse put paraître éloquent en criant à Beaumarchais, dans un élan de burlesque enflure dont nous nous moquons aujourd'hui : *Malheureux, tu sues le crime !* L'étonnement du public au silence de Beaumarchais en face des invectives de Mirabeau à l'époque de l'affaire des eaux de Paris, fut mêlé d'une maligne joie de voir ce terrible champion mettre bas les armes sans combattre devant un autre jouteur. Cette singulière attitude de l'opinion se comprend, du reste, et s'explique par le côté personnel et mesquin qui est dans toutes les querelles de Beaumarchais. Quand il attaque, il n'a jamais en vue une idée ou un principe, mais tout simplement un intérêt ; souvent aussi il semble se jeter dans la lice par amour du bruit et de l'agitation, comme dans le procès Kornman, par exemple. Nous qui avons vu et qui voyons encore tant de gens spéculer sur le tumulte qui se fait autour d'un nom, le provoquer, l'utiliser, s'en faire une réclame, nous devinons fort bien les défiances de l'opinion publique à l'égard de Beaumarchais.

Le besoin perpétuel de se mettre en avant devient aisément suspect aux gens sensés et réfléchis ; la foule s'intéresse aux gens qui se donnent en spectacle, mais leurs revers l'amusent autant, sinon davantage, que leurs succès ; à chaque accident qui leur arrive, le public est tenté de s'écrier : *Qu'allait-il faire dans cette galère ?* Dans sa querelle avec le parlement, il est certain que si Goëzman est corrompu, Beaumarchais est corrupteur. Dans son long litige avec les États-Unis, il subit en définitive les

chances inhérentes à toutes les entreprises commer-
ciales. Dans le débat à propos des eaux de Paris, il
est difficile de prendre parti pour un homme qui s'a-
bandonne lui-même. Que dire des pompeuses injures
de Bergasse, sinon que Beaumarchais se les est atti-
rées en se mêlant d'une affaire qui ne le regardait
pas, en prenant la défense d'une femme qui ne méritait guère d'être défendue. Ce mobile de l'intérêt
privé, que nous signalions tout à l'heure dans presque
toutes les affaires de Beaumarchais, lui nuit même
aux yeux de ceux auxquels il a rendu les plus grands
services. Que le Théâtre-Français, qui a ses saints,
comme chacun sait, qu'il fête avec solennité, n'ad-
mette pas même Beaumarchais au nombre de ses
patriarches et ne lui décerne les honneurs d'aucun
anniversaire, cela se conçoit par un restant d'aigreur
à la suite d'un règlement de comptes assez épineux
entre les comédiens ordinaires du roi et l'auteur du
Mariage de Figaro. La tradition est rancunière au
Théâtre-Français comme partout, et c'est là son
moindre défaut. Mais les auteurs dramatiques ne de-
vraient-ils pas porter aux nues l'homme qui, en
défendant ses petits intérêts, il est vrai, n'en a pas
moins assuré leur fortune? Si Molière a créé la comédie, Beaumarchais a créé les droits d'auteur, et
c'est bien quelque chose. En ses discours et en ses
solennités, la société des auteurs dramatiques ne se
montre sans doute si sobre d'éloges qu'afin de ne
point paraître trop priser un service d'argent.

Vivant de notre temps, Beaumarchais eût-il été
meilleur ou pire qu'au dix-huitième siècle? Nous

voulons laisser au lecteur la tâche de prononcer. Il nous semble qu'il aurait eu moins de talent littéraire. La société actuelle n'admet pas le pamphlet; les jésuites seuls s'obstinent à en faire, et prennent l'invective pour le sarcasme, la grossièreté pour l'esprit. Le théâtre touche à la décadence, et nous doutons fort que la liberté elle-même parvînt à le relever. Toutes les questions qui se débattaient autrefois dans le pamphlet et sur la scène se traitent aujourd'hui dans le journal. Est-ce un bien? est-ce un mal ? Ce n'est pas à nous à le dire ; nous n'en sommes point fâchés pour plusieurs raisons. Il est certain néanmoins, au point de vue littéraire, qu'en remplaçant tous les genres, le journalisme doit fournir de moins en moins au talent l'occasion de s'exercer et par conséquent de grandir. Beaumarchais, au dix-neuvième siècle, n'écrirait donc ni pamphlet ni comédie : il fonderait un journal. Écrivain habile et brillant sans doute, doué d'un talent qui manque à plus d'un Beaumarchais de ce temps-ci, le vrai Beaumarchais, faute de conviction sincère, ne serait jamais qu'un médiocre journaliste, car c'est surtout par le caractère qu'on vaut quelque chose dans le journalisme. Il est vrai qu'à défaut d'influence morale, il pourrait se contenter de l'influence matérielle, et faire servir son journal de levier à ses entreprises industrielles, car Beaumarchais serait avant tout un grand industriel ; bien vite revenu des illusions de la gloire littéraire, qui était encore quelque chose au dix-nuitième siècle et qui n'est plus rien aujourd'hui, il se serait jeté dans les affaires avec cette ardeur exclusive et fiévreuse que chacun y apporte en ce moment.

De quoi ne serait pas capable, en 1855, un homme qui déjà, en 1750, fondait des banques d'amortissement, et proposait à l'Espagne de fournir de nègres toutes ses colonies? Le nom de Beaumarchais retentirait sur toutes les bourses de l'Europe; il organiserait le crédit des révolutions et des monarchies absolues; il présiderait à la direction de vingt chemins de fer : tout cela un peu en casse-cou peut-être, car une époque influe plus sur le talent que sur l'humeur et sur le tempérament d'un homme, et les orages qui ont agité sa vie auraient pris une autre direction sans se calmer. Ainsi que bien d'autres qui vivent autour de nous, riches, influents, célèbres, Beaumarchais aurait obtenu, comme de son temps, tout ce que donne le succès : la puissance, la renommée, tout, excepté peut-être l'estime. Mieux vaut en somme, pour lui, avoir vécu dans un siècle littéraire; il a pu laisser, sinon une mémoire honorée, du moins des œuvres spirituelles qui lui survivront.

M. LOUIS VEUILLOT

I

Je suivais le quai Voltaire, m'arrêtant un peu machinalement aux étalages des bouquinistes, car je n'ai jamais été grand dénicheur de vieux livres , lorsque ma vue s'arrêta sur deux ouvrages du rédacteur en chef de l'*Univers*. Ils étaient confondus pêle-mêle avec des bouquins beaucoup moins orthodoxes, dans la caisse à soixante-quinze centimes. Je dis cela sans intention épigrammatique, car pareille destinée est échue à bien d'autres livres qu'à ceux de M. Louis Veuillot. Le premier portait pour titre : *Rome et Lorette*, et ces mots inscrits en tête de la première page:

DÉDICACE.

—

A LA BASILIQUE DE SAINTE-MARIE MAJEURE,
A ROME.

L'introduction portait la date de : Paris, 1841, fête de la conversion de saint Paul.

Cette introduction me parut intéressante. C'était une espèce de confession générale. En feuilletant le volume, je vis qu'il contenait le récit de la conversion de l'auteur. Cela valait la peine d'être lu.

L'autre ouvrage avait pour titre :

LE LENDEMAIN DE LA VICTOIRE,

VISION,

PAR

LOUIS VEUILLOT.

> Ascendit leo de cubili suo, et prædo gentium se levavit.
>
> JEREM., IV, 7.
>
> Scimus quoniam diligentibus Deum omnia cooperantur in bonum.
>
> ROM., VIII, 28.

Il portait également une dédicace :

A EUGÈNE VEUILLOT,

Auteur de l'*Histoire des guerres de la Vendée*, l'un des rédacteurs de l'*Univers*.

Mon frère, je te dédie ce livre en témoignage de mon estime et de ma reconnaissance. Par tendresse fraternelle, tu m'as accompagné dans une carrière où s'épuiseront obscurément la fécondité de ton esprit et l'énergie de ta volonté. Tu te fatigueras sans gloire, tu resteras pauvre, tu n'éviteras pas l'amertume des jugements que le monde porte contre quiconque refuse de le corrompre et de l'exploiter, mais tu serviras l'Église, et mon cœur même ne te saurait souhaiter plus de bonheur ni plus de gloire.

LOUIS VEUILLOT.

1849. Fête de saint Eugène.

15.

La dédicace, comme on le voit, était solennelle. La préface me parut une réponse adressée à un journal qui s'exprimait ainsi sur le *Lendemain de la Victoire :* « Si préparés que nous fussions à rencontrer « dans la *Revue des Deux Mondes* des articles peu di-« gnes de leurs aînés, nous avouerons que notre sur-« prise a été extrême en lisant l'espèce de drame « intitulé le *Lendemain de la victoire*, par M. Louis « Veuillot. Il nous est vraiment impossible d'expri-« mer le mécontentement, la pitié, le dégoût que « nous ont inspirés ces pages ignobles, où l'on ne sait « ce qui l'emporte du sens moral dépravé ou du goût « littéraire abâtardi. »

C'est le *Semeur* qui parle de cette façon, journal protestant, il est vrai, mais conservateur, et ordinairement très-modéré de forme et de fond dans sa critique. Ce jugement sévère était bien fait, on en conviendra, pour inspirer une certaine envie de lire l'ouvrage qui l'avait motivé. Un paragraphe venait de me frapper en parcourant la préface : « Je persiste « à croire que les sectes socialistes ont pour source « commune la philosophie sceptique intronisée en « France il y a un siècle, et si prodigieusement dé-« veloppée sous le dernier règne. Les socialistes sont « la lignée directe des *libres penseurs*, qui descendent « eux-mêmes de Luther, lequel était fils de Maho-« met, fils d'Arius ; et tout remonte à celui qui fut « rebelle, envieux et homicide dès le commence-« ment. » C'est-à-dire à Caïn, si je ne me trompe, peut-être même à Lucifer.

Ces pauvres éclectiques traités de fils de Mahomet,

d'Arius, de Caïn, et finalement d'enfants du diable dès la préface, cela promettait. Outre *Rome et Lorette*, j'enrichis donc ma bibliothèque du *Lendemain de la victoire*; j'eus ainsi sous la main le Veuillot du commencement, le Veuillot du milieu et le Veuillot de la fin. Il faut avouer que le hasard m'avait bien servi. L'idée me vint d'utiliser ce hasard, de me procurer les autres ouvrages de M. Veuillot, de les lire, et de noter au courant de la plume mes impressions littéraires sur cette lecture.

Il y a quelque temps, ce sujet eût paru d'un intérêt assez mince. Les gens qui s'occupaient de M. Louis Veuillot étaient assez généralement d'accord sur ce point : que c'était un talent fourvoyé, manquant des qualités nécessaires au rôle qu'il prétendait jouer. Le rédacteur en chef de l'*Univers* fait des articles qui n'en finissent pas; il ne sait pas dire les choses en quelques mots ; il est long, ce qui est un défaut, même quand on défend les jésuites ; il est sottisier, ce qui est un vice, surtout lorsqu'on traite de matières et de personnages qui exigent du respect et de la gravité. Il ne discute pas avec ses adversaires, ajoutait-on, il les turlupine, il les éreinte (qu'on nous passe l'expression). C'est une espèce de de Maistre poissard, toujours prêt à tomber d'une fausse ironie dans l'injure. Or, l'ironie et l'injure ne conviennent guère à un défenseur de la religion. Si vous n'êtes point humbles et doux, ne travaillez pas à la vigne du Seigneur ; le cep de la foi demande des travailleurs modestes et dévoués qui fassent leur besogne sans bruit.

Malheureusement, M. Veuillot ne saurait vivre huit

jours sans avoir maille à partir avec quelqu'un et sans qu'il oblige les gens à faire venir la garde. Avec qui se colletait-il donc la semaine dernière? Aujourd'hui c'est avec ses anciens amis les catholiques du *Correspondant*, avec MM. de Montalembert et de Falloux ; demain d'autres auront leur tour. Quand on le reprend sur son humeur batailleuse, il est prêt à se soumettre, dit-il, à s'incliner, à se faire plus petit que l'herbe. Qu'on ne songe pas pourtant à le prendre au mot, car cet homme si modeste, si pacifique, se ferait plutôt tuer que de n'avoir pas le dernier mot dans toute discussion, si l'on peut appeler discussion les rixes dans lesquelles M. Veuillot appelle ses adversaires turlupins, pieds-plats, indignes routiers, malandrins, intéressés, avides, indécents, etc., etc. S'il a de la verve, il est bien fâcheux qu'il en fasse un tel emploi.

C'était là, je crois, l'opinion des hommes sensés de tous les partis sur la polémique de M. Veuillot. Quant à ses romans, à ses impressions de voyage, à ses pamphlets, on ne s'en occupait guère, et on aurait médiocrement excité l'attention publique en essayant d'en parler dans les journaux ; mais les démonstrations d'un certain nombre d'évêques, d'archevêques, de cardinaux en faveur de l'*Univers* changent la situation et nous forcent, pour ainsi dire, à voir de plus près quelle est cette plume à laquelle l'ultramontanisme en détresse remet le soin suprême de le défendre, et au besoin de le venger.

Les *Pèlerinages de Suisse* sont le premier ouvrage de M. Louis Veuillot ; il ressemble à tout ce qu'on a publié sur cette contrée si favorable à la description. *Rome et Lorette* est venu après. C'est sans contredit le livre le plus important de l'auteur; c'est à la fois un livre et un *ex-voto*; il est dédié à la basilique Sainte-Marie Majeure, et il contient la confession de l'écrivain. M. Veuillot raconte dans le premier volume comment d'incrédule, d'impie, de condottiere politique qu'il était, il est devenu croyant et dévoué aux opinions qui résultent de ses croyances. Il avait commencé par professer les sentimens de la pure démagogie, allant jusqu'à applaudir au sac de l'archevêché, puis il entra dans le journalisme ministériel. « J'avais eu la foi de mes besoins ; j'eus aisé-« ment, dit-il, celle de mes intérêts : je me trouvai « de la résistance ; j'aurais été tout aussi volontiers « du mouvement, et même plus volontiers. C'est un « aveu dont je ne refuse pas l'ignominie. » Il ne convient pas d'insister sur ce point; il y aurait de la cruauté à aller plus loin que le coupable. D'ailleurs, il ne s'agit ici que de littérature, et ce n'est pas le lieu d'examiner quelle influence cette facilité à se créer une foi conforme à ses intérêts a pu exercer sur la conduite de M. Veuillot. Les conversions agressives comme la sienne soulèvent des doutes nombreux et acharnés. Ces doutes ont-ils tort ou raison? Je ne prétends en juger qu'au simple point de vue de l'émotion littéraire, comme on juge d'un tableau de sainteté sans s'inquiéter si le peintre est catholique ou protestant, croyant ou impie.

Quel triste état que le doute ! Quel sombre voile il jette sur la vie ! N'avoir pas de croyance, n'obéir qu'à des besoins et à des intérêts, ne tenir à rien, n'aimer rien, ne remplir aucun devoir envers soi-même ni envers les autres, ne connaître ni le dévonement ni la fraternité, ce n'est pas la vie, mais le supplice de la vie. Les plus durs, les plus corrompus, les plus indifférents en apparence, en souffrent ; une noire lassitude les accable ; une secrète envie, d'amers regrets, les dévorent. Qu'un jour pourtant l'âme parvienne à briser ses chaînes, à échapper à ses vices et à ses faiblesses, quel subit soulagement ! quel passage délicieux de l'hiver au printemps ! comme ils sont doux ces premiers souffles de dignité et de liberté sous lesquels l'âme s'épanouit ! Ce n'est pas un affranchissement seulement, mais une espèce d'extase. On conçoit que les plus illettrés, pour le raconter, deviennent poëtes et que les poëtes ne trouvent que le silence ; que les uns aillent partout dans le monde chantant le Dieu retrouvé, les nobles sentiments reconquis ; que les autres courent au désert pour savourer plus à leur aise cette joie et n'en avoir pas d'autre désormais. Nous ne sommes plus au temps des thébaïdes. M. Veuillot est donc resté dans le siècle, s'imposant seulement le devoir d'édifier ses contemporains par sa conversion, de les attirer à Dieu par son exemple. Le premier volume de *Rome et Lorette* a été consacré à cette pieuse tâche.

Un volume ! cela semble peut-être un peu long. C'est en matière de conversion surtout qu'il faut aller droit au but, et ne pas s'amuser à faire l'école buissonnière. Au lieu de la poésie, on s'expose bien souvent à rencontrer la rhétorique en chemin, surtout à

Rome, car c'est dans cette ville qu'a eu lieu la conversion de l'auteur ; c'est là que, sous l'inspiration d'amis pieux et fidèles, il se plut à redire « ces « vieilles prières de l'Église enchâssées commé des « pierres précieuses dans l'or pur de tant de suppli-« cations aimantes. » En arrivant dans la ville éternelle, le néophyte parcourt les églises : « L'Écriture « s'y déroule en mille tableaux tracés par des pin-« ceaux sublimes ; partout sont les grandes scènes « des Évangiles, quelquefois si douces ét si touchan-« tes, quelquefois si douloureuses, toujours remplies « de si hauts enseignements. Les saints resplendis-« sants de la paix et d'espérance, les martyrs aussi « calmes dans les tourments que dans la prière, les « prophètes inspirés, les apôtres glorieux, l'enfant « Jésus et sa céleste mère, y sanctifient en quelque « sorte la curiosité, et font du plaisir des yeux une « admirable leçon pour le cœur. »

Le catholicisme compte beaucoup sur l'influence des objets extérieurs ; on voit que l'écrivain n'y est pas insensible. D'autres pourtant, qui ne se sont point convertis, ont parlé des prières et des pompes du culte catholique avec plus d'éloquence et de sensibilité. Ces pierres précieuses enchâssées dans l'or des supplications, ce plaisir des yeux qui devient une leçon pour le cœur, tout cela n'a rien de bien profondément senti ni de très-poétiquement exprimé. Le drame de la conversion se traîne assez péniblement au milieu de descriptions, de dissertations politiques, de récits de miracles. Tantôt c'est un brochet que saint François avait rejeté à l'eau, et qui nagea auprès de sa barque jusqu'à ce qu'il lui eût donné une bénédiction ; tantôt c'est un levreau qui gîte au giron du saint, et refuse obstinément de le quitter. Viennent ensuite des éclats de style où le catéchumène s'emporte contre la royauté qui a laissé s'écrouler l'édifice théocratique du moyen âge : « Certes, « Louis XIV lui-même a été l'indigne acteur du grand « rôle que Dieu lui avait destiné, et ce n'eût pas été « trop de saint Louis sur ce trône où l'amant des la « Vallière et des Montespan allait faire place à l'a- « mant des Pompadour et des Dubarry! où des révo- « lutions vengeresses, sauvages, inouïes, allaient « faire passer sitôt et si vite, comme des ombres « funestes, les *Robespierre*, les *Barras*, les *Napoléon !* »

Enfin le moment est venu où le vieil homme est terrassé, où le converti n'a plus qu'à se jeter inondé de larmes aux pieds d'un confesseur jésuite, moment solennel et terrible ! « En face de la cellule du père, « dans le vaste et sombre corridor, qu'une pauvre « lampe éclairait faiblement, il y avait au-dessus « d'un prie-Dieu une statuette de la sainte Vierge de- « vant laquelle la piété des religieux entretenait une « veilleuse et un bouquet d'humbles fleurs. Ce fut là « que je retrouvai Adolphe à genoux. Je lui serrai « silencieusement la main, et comme il avait à par- « ler au père, je pris sa place en l'attendant devant « l'image de Marie. » Puis enfin, quand la confession est finie, que le coupable a reçu l'absolution, quel cri s'échappe de son âme émue et repentante? « J'é- « tais dans le port, et je regardais d'un œil tranquille « cette mer infinie des anciennes tentations, où il ne

« me semblait pas que de nouvelles tempêtes dussent
« jamais m'éprouver. »

Ce premier volume m'a laissé froid, et cependant
les mêmes scènes à l'état de fictions, racontées par
de simples romanciers, m'ont plus d'une fois touché
profondément. Passons maintenant au second volume;
nous allons nous trouver en compagnie d'un homme
régénéré, dont l'esprit et le cœur, fortifiés et agran-
dis, nous promettent une série d'impressions de
voyage originales et fortes. Après sa conversion,
M. Veuillot parcourt l'Italie ; au moment de quitter
Rome, il a brûlé une certaine quantité de notes qui
pourtant ne seront pas perdues pour le lecteur ;
avant de les livrer aux flammes, il a eu soin de les
faire imprimer : « Je m'étais mis en voyage avec la
« pensée de recueillir des sujets d'articles, des des-
« criptions, des figures, tout ce que l'on fourre dans
« les romans. J'avais même commencé, à Rome, de
« prendre des notes que je retrouve dans mes papiers,
« et j'ai honte de moi-même en voyant de quels tra-
« vaux j'étais disposé à gratifier le public. Pour que
« quelques lecteurs au moins puissent se féliciter du
« changement survenu dans mes pensées, je veux
« bien leur montrer ce que je menaçais d'être comme
« voyageur en littérature d'agrément. Je copie sans
« pitié quelques-unes de ces notes. »

Suit une dizaine de pages de notes qui ne sont pas
fortes en effet. Voici les plus remarquables :

« 19 mars. — Rome est pleine de charmants contrastes. A chaque instant, la campagne et la solitude
font invasion dans la ville ; on sort d'une rue popu-

leuse, on se trouve dans les ruines au milieu des champs ; fûts de colonnes brisées, restes de statues, pierres chargées d'inscriptions éparses çà et là. Mais maudits ces Français qui ont gâté Rome en s'amusant à tout déblayer, relever, mettre en ordre, retirant autant qu'ils pouvaient les ruines de la rue où elles faisaient si bien, pour les étiqueter dans des musées où elles s'ennuient à nous ennuyer. »

« — La villa du prince de la Paix, Godoï. De la misère et des roses. »

Courier a écrit, lui aussi, dans ses lettres, quelques fragments sur Rome antique. Empressons-nous de les relire, quoique Courier fût un peu païen.

Nous voilà donc en route avec un homme plein de repentir, de foi, d'espérance, de charité, méprisant fort le petit esprit, la petite littérature de feuilleton, fuyant comme peste les lieux communs des vulgaires voyageurs, et n'aspirant désormais qu'à voir les choses en grand et à un point de vue tout à fait nouveau. Dès les premières pages, pourtant, nous tombons sur une histoire de brigands qui dépouillent un malheureux chargé d'affaires, de tout, excepté d'un gant et d'une botte : « Dans ce costume léger, même pour « le climat de l'Italie, le personnage diplomatique « alla demander l'hospitalité au premier aubergiste « du chemin. Les marmitons purent faire là d'excel- « lentes réflexions sur le néant des grandeurs. » Cela est médiocrement comique, on en conviendra ; mais voici une description où l'auteur nous montre « de « grasses prairies où ruminent majestueusement de « magnifiques bœufs couleur de café au lait ; plus

« loin, des buffles sauvages, un horizon de monta-
« gnes rocheuses qui *écorchent* au passage les *flancs*
« *de pourpre et d'or* des nuées. » Tirade obligatoire
sur les passe-ports : « Institution paternelle des gouvernements italiens, qui nourrissent ainsi sur les
grandes routes une partie de leurs sujets. »

On aime à croire que M. Veuillot regrette fort aujourd'hui cette sortie, et qu'il ne s'aviserait pas non
plus de tourner en ridicule les braves de l'armée na-
politaine, comme il ne craint pas de le faire, en parlant d'un officier qu'il rencontre en Terre de Labour
ou de Pouille, « chargé d'un quintal d'épaulettes,
« ficelé à son sabre, presque aussi long, aussi mai-
« gre que lui, et la lèvre empennée d'une énorme
« moustache, qui se promène de poste en poste,
« à cheval sur un âne. Les sentinelles lui présen-
« tent les armes. On dirait que l'âne salue. »

Le voyageur arrive à Naples. Il est certainement
difficile de se montrer nouveau et original sur un
sujet si usé; il faut l'essayer cependant : « Naples est
« un pays froid et brumeux; pour se souvenir du
« soleil, il faut s'enfermer dans sa chambre et y al-
« lumer du feu; la Strada Toledo ne vaut pas la rue
« de la Grande-Truanderie; les éruptions du Vésuve,
« pure gasconnade ! Le Vésuve grogne et rouffle quel-
« quefois, mais c'est qu'il dort. » On ne saurait quitter Naples sans parler un peu de Masaniello, que
l'auteur compare à Nourrit, victime aussi d'une sorte
d'ingratitude populaire, et mort fou comme celui
qu'il représentait : « Terrible problème des destinées
« humaines devant lequel nous sommes plus petits

« encore et plus peu de chose que sur les *flots irri-*
« *tés* ou près du *bord fumant des cratères.* »

Salut à Venise ! « Descendons sur la Piazzetta. Les
« pauvres gens font en passant une prière à la ma-
« done du môle ; une femme y porte son enfant ; une
« jeune fille y laisse un bouquet de fleurs nouvelles.
« Çà et là, un *Asiatique* gravement assis sur la porte
« de quelque café fume sa pipe à long tuyau. A Ve-
« nise, je ne puis oublier Byron. *Je conviens donc qu'il*
« *fut bon nageur ; comme poëte, il a eu Lacenaire pour*
« *disciple.* »

Nous ne voyons pas que les lecteurs puissent se
féliciter beaucoup du changement survenu dans les
pensées de l'auteur, car il est impossible, on le voit,
d'être plus fidèle à la tradition du feuilleton. Le
voyage est complet : le style, les brigands, les Turcs
de Venise, le paradoxe de rigueur sur le climat de
Naples, Masaniello, rien n'y manque, pas même
l'apostrophe obligée contre les Anglais : « Qui
« prendrai-je pour compagnon de voyage? un Prus-
« sien stupide, lourd et voltairien, ou un Anglais?
« Non, pas d'Anglais! Que la terre serait belle s'il
« n'y avait pas d'Anglais ! »

M. Veuillot a été trop sévère pour ses notes de
Rome ; il les a brûlées trop vite sous le coup de sa
conversion. On voit qu'il aurait pu en tirer parti.

II

On a dit des *Confessions de saint Augustin* qu'elles
l'emportaient sur tous ses autres ouvrages, parce que

son cœur y parlait d'un bout à l'autre. En effet, tandis que l'on sort de la lecture de la plupart des livres de piété aussi froid qu'on y est entré, on ne saurait lire celui-ci sans être touché. Tel est l'effet des livres où le cœur prend la parole, et c'est à quoi l'esprit ne saurait suppléer, car le langage de l'esprit et celui du cœur sont deux sortes de langages : le cœur n'entend que celui du cœur.

Les livres religieux où le cœur parle sont peu nombreux ; déjà, en 1684, l'éditeur d'une nouvelle traduction de saint Augustin se plaint de leur rareté. « Aussi, voyons-nous qu'au lieu que les discours des
» apôtres étaient si efficaces, et ceux même de ces
» grands saints des premiers siècles qui leur avaient
» succédé, et qui brûlaient du même feu dont les
» apôtres avaient été embrasés le jour de la Pente-
» côte, tout ce qu'on dit et ce qu'on écrit présente-
» ment sur cette matière ne fait plus d'effet, parce
» qu'il est rare que le cœur y ait quelque part, et
» que ce n'est presque plus que l'esprit qui parle. »
Aujourd'hui moins que jamais l'esprit se montre disposé à se taire devant le cœur, s'il faut en juger par les livres de piété de M. Louis Veuillot ; nous ne voulons point comparer à saint Augustin l'auteur de *Rome et Lorette,* son humilité s'offenserait de cette comparaison ; mais enfin on aimerait à ressentir en le lisant quelque étincelle du feu divin qui brûlait l'auteur des *Confessions.* C'est toujours l'esprit de M. Veuillot qui parle au lieu de son cœur, et cet esprit lui-même n'est pas, comme on a pu le voir, pur de tout alliage. Dans les ouvrages pieux de cet

16.

écrivain, et il en a publié beaucoup : les *Pèlerinages de Suisse, Pierre Saintive,* les *Nattes,* le *Saint Rosaire médité,* etc., etc., une rhétorique souvent lourde et emphatique étouffe l'accent du cœur. Ce défaut devient encore plus saillant lorsqu'il croit devoir prendre la lyre et chanter au lieu d'écrire, comme dans le *Saint Rosaire médité :*

> Je vais donc contempler, ô mon Sauveur Jésus !
> De votre passion le lent et dur supplice,
> *Supplice et passion,* hélas ! qui m'étaient dus,
> Car de *mes noirs* forfaits j'ai *comblé le calice...*
> Pardonnez-moi, seigneur Jésus !

Il y a plus de naturel, et par conséquent plus de talent dans les œuvres profanes de M. Louis Veuillot. Sans s'élever au-dessus de la classe des romans ordinaires, comme on en a tant publié depuis 1830, *Une honnête femme* est une peinture assez exacte de certaines physionomies, de quelques types de la province ; le grand défaut de M. Veuillot est de tomber dans l'exagération, et de courir après le burlesque sans l'atteindre. Est-il bien enviable d'être en littérature Pigault-Lebrun ou Paul de Kock ? nous n'avons point à nous prononcer là-dessus ; toujours est-il que cela n'est point facile. L'auteur d'*Une honnête femme* eut le bon sens de comprendre après cet essai que, lors même qu'il réussirait à égaler ces deux modèles, un pareil succès ne le mènerait pas très-loin : il quitta le roman et chercha à se frayer un autre chemin vers la gloire et vers la fortune.

On s'est beaucoup moqué des idées bourgeoises

de Louis-Philippe, et on a eu souvent raison ; mais cela n'empêche pas que ce prince n'eût au fond, comme tous les voltairiens, un certain goût pour les gens de lettres. Il croyait à sa manière aux journaux, aux discours, à la littérature, à l'éloquence, toutes choses dont on a compris depuis la parfaite inutilité et le danger extrême. Son règne fut celui des hommes de style. On en farcit les consulats, les ambassades, les administrations. Il y eut une manufacture de journalistes au ministère de l'intérieur ; on en fournissait pour la consommation des départements. L'homme de style qui ne pouvait arriver jusqu'à un consulat, ou même jusqu'à une simple chancellerie, trouvait toujours comme dédommagement un journal à rédiger en province et trois cents francs par mois ; mais l'émargement de l'exil était amer, et l'existence du journaliste de préfecture insupportable : Tantale de la gratification, poursuivre sans cesse un mandat absent, rouler éternellement le rocher des élections, écrire sous la dictée d'un préfet chauve et obèse, vieillir en province, épouser la fille de son imprimeur, devenir homme de clientèle et de monopole, gratter perpétuellement le dos à la préfecture, à la mairie, à l'évêché, à la gendarmerie, aux contributions indirectes pour avoir la fourniture de leurs impressions, faire souche d'Auvergnats, de Périgourdins, d'Angoumois, devenir conseiller municipal peut-être, quel avenir !

M. Veuillot parvint à s'y soustraire ; au bout de quelques années seulement consacrées à pulvériser les factions dans les départements, on le vit s'élancer

au fauteuil de chef de bureau de l'*esprit public*.
Belle fortune en apparence, mais assez triste en
réalité pour quelqu'un qui ne songeait pas à prendre
ses invalides. A moins d'être noble, j'entends de la
vraie noblesse du jour, de faire partie du patriciat
parlementaire, nulle chance de s'élever au grade de
chef de division ; il fallait se contenter de vieillir
dans les honneurs obscurs d'un simple bureau. Il est
dur de s'ossifier ainsi quand on est encore jeune et
plein de vie, qu'on sent craquer ses articulations.
Que devenir, pourtant ? que faire ? Se jeter dans l'opposition ! **mais** opposition républicaine, opposition
dynastique, gauche radicale, gauche simple, centre
gauche, toutes les places sont prises dans la presse !

Il en restait une cependant, obscure à la vérité,
mais pouvant devenir plus brillante, le **temps aidant**
et les circonstances, non pas la place de Fréron,
comme on l'a dit, quoique ce digne Fréron fût un
assez triste sire qu'on a eu grand tort de vouloir
réhabiliter. Son rôle ne laissait pas d'être assez difficile à remplir ; il avait en face de rudes adversaires qui ne lui passaient ni ses injures ni ses mensonges, mais la place d'un Granier de Cassagnac catholique. Le public, depuis quelque temps, est habitué
à voir reviser les jugements de la postérité ; Granier
de Cassagnac vient de se faire une réputation en
défendant l'esclavage. Je serai bien malheureux, se
dit M. Veuillot, si je n'arrive pas au même résultat
en bénissant l'inquisition et en portant aux nues la
révocation de l'édit de Nantes. Pour réussir et faire
parler de soi, rien de bon comme de rompre en

visière aux idées reçues. On s'est beaucoup moqué dans l'origine des mots : *Racine est un polisson*; maintenant il y a beaucoup de gens qui le croient ; il ne s'agit que d'appliquer la formule à Voltaire, à Molière, à Descartes et à tous les autres. Torquemada et Basville, les auto-da-fé et les dragonnades n'ont pas trouvé jusqu'ici de défenseur suffisamment énergique. C'est moi qui me chargerai de leur cause désormais, et je serai bien malheureux si, avec mes cliens, je ne fais pas autant de bruit que Granier de Cassagnac avec ses nègres.

Beaucoup de gens qui l'ont connu affirment que tel a été le raisonnement de M. Veuillot. C'est fort possible. Il nous dit dans *Rome et Lorette* qu'il n'était pas sans quelques prétentions littéraires, et on s'en aperçoit vite, car, à peine sorti du sanctuaire, il n'a rien de plus pressé que de se lancer dans l'esprit. *Que la terre serait belle s'il n'y avait pas d'Anglais!* Je reviens à cette phrase; un homme qui trouve le moyen d'être si spirituel le lendemain de sa conversion peut donner à penser aux sceptiques. Il faut convenir pourtant que si M. Veuillot, en entrant à l'*Univers*, avait cherché le bruit et la renommée, il fut longtemps à les trouver. Ses articles d'alors valaient probablement ceux d'aujourd'hui; cependant ni le public ni l'Eglise n'avaient pas trop l'air d'y prendre garde. Les *Libres penseurs* rompirent la glace, et vraiment il y avait de quoi.

Ce pamphlet, ce libelle, cette homélie, comme on voudra l'appeler, car cet ouvrage participe des trois genres à la fois, est divisé en sept livres, plus un livre supplémentaire, et contient cinq cent quarante pages petit-texte très-compactes ni plus ni moins. L'auteur y développe deux théories principales : la première, que sur cinquante hommes faisant profession d'écrire, il y en a quinze de fous (ceux-là sont les philosophes) et trente-quatre qui sont plus ou moins timbrés. Un seul par conséquent est sain d'esprit. Il faut bien faire une petite place aux écrivains catholiques. Cette règle ne souffre aucune exception ni de lieu ni de temps ; elle est vraie pour la France comme pour les autres pays, pour le dix-septième siècle aussi bien que pour le dix-neuvième. La seconde théorie tend à démontrer l'incontestable supériorité du navet de Freneuse, « petit, jaune, sec, dur, de peu de mine, mais d'une chair saine et d'un goût exquis, » sur le navet de Paris, « blanchâtre et fade, gâtant les potages et déshonorant le vrai navet. » Ainsi, pour appliquer cette théorie à la littérature, tous les rédacteurs de l'*Univers*, petits, jaunes, secs, durs, de peu de mine, mais d'un goût exquis, sont des navets de Freneuse, de vrais navets, tandis que les rédacteurs de la *Presse*, des *Débats*, du *Siècle*, représentent le navet de Paris, le faux navet qui gâte les potages. Faux navet ! ce serait une terrible injure ; mais l'auteur y revient trop souvent, et voilà comment les plus beaux effets s'affaiblissent et se perdent.

Je viens de lire ce long factum jusqu'au bout, et j'avoue qu'il m'a fait rire, non point, il est vrai, par le comique que l'auteur y a mis volontairement, ce comique-là y est fort rare, mais par celui qu'il y a semé à chaque page sans s'en douter ; par la rage solennelle avec laquelle il s'attaque à M. Viennet, et non-seulement à M. Viennet, mais encore à M. Empis et à feu Jouy. C'est par cette vigoureuse sortie contre ces trois immortels que commencent les *Libres penseurs*. Vient ensuite une interminable critique du drame d'Alfred de Vigny, *Chatterton*, qu'on ne peut lire, dit M. Veuillot, sans que le *cœur se soulève*. A l'alinéa suivant, il est question d'un *jeune gars*, professeur de philosophie au collége de France : « Il « est professeur titulaire, chevalier de la Légion « d'honneur, familier du *Journal des Débats* ; on va « le marier dans les centres; on achètera ses livres « pour les bibliothèques publiques ; il sera député , « conseiller royal, ministre. On l'appelle l'espoir de « la philosophie , on l'en appellera l'honneur : *moi* « *je l'appelle un navet* » (pas de Freneuse sans doute). Tournez la page : vous trouverez le portrait d'Héloïse, une commère *assez maflue, haute en couleurs ,* que M. Veuillot appelle familièrement *pendarde*. Eh quoi! rien encore sur Molière ?

Voici enfin son nom. De quoi l'accuse-t-on? Parbleu ! commè toujours, d'avoir fait, non pas *Tartuffe,* de celui-là on n'aime guère à parler, mais *Amphitryon*, l'apothéose des adultères royaux , la cynique et burlesque immolation des George Dandin de la noblesse. Il ne s'agit point de défendre Molière; mais, le croirait-on? les jésuites lui reprochent d'avoir flatté les vices d'un despote, eux les successeurs du père Lachaise et du père Letellier; eux les serviles du confessionnal monarchique, les flatteurs de la conscience royale ! On sait comment on est libre sous le pouvoir absolu. La liberté, c'est le caprice du despote; il permet qu'on attaque tout autour de lui, le clergé, la noblesse, la bourgeoisie, le despotisme quelquefois, pourvu qu'on respecte le despote. Si Molière dut subir cette liberté flétrissante, Molière n'était point revêtu d'un caractère sacré, Molière n'était pas prêtre; et, faiblesse pour faiblesse, j'aimerais encore mieux, comme Molière, excuser les fautes d'un Louis XIV que sacrer, comme Massillon, les vices d'un Dubois.

Tout ceci, il faut bien le dire, manque un peu d'actualité; M. Empis, Héloïse, M. Viennet, Chatterton, Molière, n'ont pas précisément pour nous l'attrait du moment. C'est assez, dira-t-on, l'inconvénient du genre. Inspiré par l'heure présente, un pamphlet a rarement la chance d'y survivre. Cela est vrai seulement des mauvais pamphlets; les bons gagnent à vieillir, ils deviennent des modèles; les pamphlets de Camille Desmoulins et ceux de Paul-Louis Courier sont là pour le prouver. Dans les *Libres penseurs* on voit souvent l'imitation et même le pastiche de Courier délayé dans un déluge de mots. Les hommes dont parle Courier ont depuis longtemps disparu de la scène politique, les idées ont changé avec les faits; mais il y a dans ses ouvrages une passion naturelle, une connaissance du cœur humain, une éloquence, un style enfin qui les font vivre. Le passage sur la confession et une foule d'autres que nous pourrions citer resteront dans la littérature contemporaine. Qu'on ne les lise plus comme des pamphlets, il reste encore le plaisir de les lire comme des comédies. Ses personnages sont devenus des types que l'on cite.

Qui connaît les héros des *Libres penseurs?* Qu'est-ce que c'est qu'un *Tourtoirac,* un *Barbouillon,* un *Clopantin,* un *Poussard,* dit *Bouche en Cœur,* un *Carcanaygue,* un *Greluche,* un *Galupet,* et surtout un certain *Babouin,* qui revient presque à chaque page? Quel est donc ce Babouin, et quel mal a-t-il donc fait au catholicisme?

 Ces gens-là sont de très-grands hommes, je n'en doute pas; ils iront certainement jusqu'à la postérité la plus reculée avec la marque au front que leur a faite le fer brûlant du pamphlétaire; il est fâcheux seulement que les contemporains ne puissent déjà plus les reconnaître. Quand M. Veuillot appelle Jean-Jacques Rousseau un *coquin plein d'enflure,* je sais du moins à qui il s'adresse, et j'applaudis ou je siffle; mais que Greluche soit un drôle, et Poussard, dit *Bouche en Cœur* un affreux crétin, j'avoue que cela me laisse fort indifférent.

Je me souviens qu'on a fort crié dans le temps contre les deux premiers livres des *Libres penseurs,* spécialement consacrés aux écrivains et aux journalistes. Franchement, on avait tort; les épithètes de drôles, de crétins, de canailles, de misérables, de polissons, y sont peut-être un peu trop prodiguées; mais outre que c'est là le fond même de la langue de M. Veuillot, si nous connaissions Greluche, Galupet et surtout Babouin, peut-être verrions-nous qu'ils ne sont pas au-dessus de pareilles épithètes. La forme, chez l'auteur des *Libres penseurs,* est en général plus violente que le fond. Voici, pour ne pas abuser des citations, à peu près ce qu'on lit de plus fort dans ces deux premiers livres contre la littérature et contre le journalisme :

XXIX

M. DE MONTALEMBERT, à la tribune. — Ainsi faisait Pilate, ainsi font les hommes d'État ses successeurs.

UN RÉDACTEUR EN CHEF, dans la loge des journalistes, à ses confrères. — Comment a-t-il dit? Pilate?

— Oui, Pilate.

— Qu'est-ce que c'était que ce ministre-là, Pilate?

XXX

Viperin n'a point peur de pardonner jamais à ses ennemis; mais il a peur, vu leur multitude, de les oublier. Il tient un registre où il écrit sa dette ; il attend l'occasion de s'acquitter, et dix ans après, pour un coup de sifflet, il rend un coup de poignard.

Passons, si vous le voulez bien, les deux livres suivants : *Femmes auteurs* et les *Honorables préopinants.* Ces écrivains catholiques ont une manière de parler des femmes fort embarrassante. Héloïse ne vit plus que dans le cœur des âmes sensibles, et on peut à la rigueur l'appeler, en citant ses auteurs, *Péndarde* et *Grosse maflue ;* mais quand il s'agit de femmes aujourd'hui pleines de vie , honorées et respectées, la citation ne suffirait pas à couvrir ma responsabilité. Quant aux *Honorables préopinants*, nous les laisserons tranquilles ; le régime parlementaire avait tous les défauts, comme chacun sait, le plus grand de tous est d'être mort. S'il ressuscite jamais, ce sera le moment de lui dire son fait. En attendant, oublions *Mouflot, Pansard, Loupiat, Pancrace, Rufin, Trouillet* et autres notabilités parlementaires rudement fustigées par M. Veuillot.

Le lecteur ne trouverait pas grand charme à voir ces *honorables préopinants* flétris des mêmes épithètes que les illustrations littéraires Greluche, Galupet, Tourtoirac, Barbouillon, Carcanaygue et Babouin; car on a beau avoir de l'imagination, le vocabulaire de l'injure reste toujours à peu près le même, et cette monotonie est un des grands défauts des œuvres de M. Veuillot, déjà un peu monotones par leur longueur même. Il est vrai qu'on peut sans inconvénient sauter un livre de temps en temps, le cinquième, par exemple, intitulé les *Tartufes*, où M. Veuillot a essayé avec plus de courage que de succès de refaire le personnage de Molière; le sixième, qui traite des *Persécuteurs*, rentre aussi dans cette catégorie. On y voit avec peine feu M. Lerminier rangé parmi les persécuteurs de l'Église. C'était le cas de supprimer une douzaine de pages au moins, sur la quantité cela n'eût point paru, et la charité chrétienne eût été satisfaite. Tout le monde sait bien aujourd'hui que M. Lerminier s'était converti, et qu'il défendait avec ardeur dans l'*Assemblée nationale* les grands principes politiques, littéraires et philosophiques de l'école de Freneuse.

Ce livre des *Persécuteurs*, quoiqu'il s'occupe parfois de MM. Quinet et Michelet, nous paraît spécialement destiné à flageller les maires, adjoints, conseillers municipaux et notables qui n'encouragent pas la propagation des couvents et qui semblent nourrir une hostilité sourde contre les capucins. «Quand le beau « Clinias parle, un souffle de mort s'échappe de sa « bouche livide ; il marche chancelant et courbé, sa « main tremble. On ne remarque d'encore jeune en « lui que des yeux larmoyants *bordés de rouge*, mais « allumés d'un feu cynique dont il épouvante toute « honnête femme qu'il rencontre. Il est criblé d'ul- « cères inguérissables ; il ne digère, ni ne dort, ni « n'est éveillé ; il sommeille dans les épines de cent « diverses douleurs. L'art de Ricord est impuissant, « la maladie est sans espoir. *C'est Vénus tout entière* « *à sa proie attachée.* » Ce beau Clinias s'est permis de faire une opposition assez vive à l'établissement de je ne sais plus quelle congrégation de nonnes ; il mérite dès lors d'être livré aux ulcères les plus abominables, et il n'est pas dans les cliniques de l'hôpital du Midi de terme assèz dégoûtant pour le dépeindre. Nous demandons pardon toutefois à nos lecteurs d'avoir reproduit ce portrait ; il n'est pas de morceau dans tout l'ouvrage qui puisse donner une idée plus juste et plus complète du goût et de la mesure de l'écrivain catholique.

Le goût et la mesure, voilà ce qui manque précisément à l'auteur des *Libres penseurs*. Un jour le général Changarnier avait prononcé à la tribune de l'assemblée législative une de ces harangues d'une simplicité un peu emphatique qu'on soupçonnait fort M. de Rémusat de rédiger pour lui ; le lendemain, M. Veuillot, au comble de l'admiration, s'écriait dans

le compte rendu de la séance : « Après avoir pro-
« noncé ce discours, dont le vieux Corneille aurait
« pu s'inspirer, dans lequel même il eût pu trouver
« quelques beaux vers tout faits, le général Chan-
« garnier retourne à sa place sans que les applau-
« dissements dont il est salué amènent le moindre
« changement sur son impassible visage. » Je me
suis toujours méfié depuis du jugement littéraire
d'un homme capable de comparer le général Changarnier à Corneille; qui aime à ce point la rhétorique ne fera jamais un bon railleur. Railler, c'est en
effet le don des esprits justes; aussi M. Veuillot ne
raille-t-il point, il injurie. Qu'on me cite un bon trait
de lui. Une grosse méchanceté, à la bonne heure !
Voici bientôt trente ans que M. Veuillot est dans les
journaux; il a écrit des centaines et des centaines de
pages; dans tout cela où est le mot qui court, la
plaisanterie qu'on répète, le ridicule atteint, le type
créé ?

En croyant faire de l'esprit, de l'indignation, de la
sensibilité, de l'éloquence, M. Veuillot n'a réalisé
qu'un pathos puisé à la fois aux sources de la rhétorique religieuse et aux égouts des halles, un mélange
nauséabond de sermon et de grivoiserie; il a accou-
plé Bossuet à Vadé. Il y a, en effet, dans les *Libres
penseurs* des homélies, des vers, des lettres de femmes, des articles de petit journal, des obscénités,
des plaisanteries qui veulent être salées, du haut
lyrisme, de tout, en un mot, excepté pourtant du
bon goût, de la retenue et du naturel. Dans ce volume
énorme, où il a vidé son portefeuille et sa hotte,

l'auteur, à côté des pages sur Galupet, sur Greluche, sur le beau Clinias, sur Carcanaygue, place les souvenirs de son enfance et de sa jeunesse. C'est dans ces choses du cœur, si difficiles, si délicates à exprimer, où le moindre faux pas jette dans le ridicule, qu'il faut du naturel et toujours du naturel.

« Un jour, nous arrivâmes au rendez-vous dans le
« même moment, de bonne heure, par le plus beau
« temps du monde. J'étais plein de mystère et de
« joie, et Eugène cherchait à contenir une plénitude
« de contentement qui débordait dans ses regards,
« dans ses sourires, dans toute sa personne. — Re-
« garde, dit-il enfin en me montrant sa poche. Je
« regarde, je vois, je retire, je contemple avec une
« admiration muette un magnifique saucisson. — A
« l'ail ! dit Eugène. — A l'ail ! répétai-je. Mais, re-
« prenant ma gravité, je tire à mon tour de ma poche
« et je produis solennellement deux petits pains de
« couleur bise. — Seigle ? demande Eugène fasciné.
« — Pur seigle, répondis-je, en homme sûr de ses
« richesses. — O mon frère !... » Il faut, disions-nous, beaucoup de naturel pour faire passer ces choses du cœur ; on voit aussi maintenant qu'un peu d'esprit n'y nuirait pas.

Mais laissons là l'ail et le seigle de la jeunesse ; revenons aux œuvres de l'âge mûr. Nous ne nous sommes occupés jusqu'ici que du pamphlet libre, intime, familier ; nous allons passer maintenant au pamphlet dramatique et shakespearien dont nous trouvons un pur échantillon dans le *Lendemain de la victoire*, écrit le lendemain de la révolution de Février.

III

Le *Lendemain de la victoire* est, avons-nous dit, un drame-pamphlet shakespearien par la forme. L'auteur y donne un libre essor à son imagination et à sa fantaisie; il met en jeu cinquante-huit personnages individuels, sans compter une foule de personnages génériques, bourgeois, hommes du peuple, soldats, émeutiers, paysans, agents de la force publique; il ne s'astreint ni à l'unité de lieu, ni à l'unité de temps : la scène se passe tantôt dans une rue, sur une place publique, dans un salon, tantôt dans l'Est, dans l'Ouest, et finalement dans l'*empire des ombres* où nous n'aurions jamais cru qu'un écrivain catholique voulût nous conduire.

Par le fond cependant, malgré ce déploiement d'acteurs et ces changements de décoration, le *Lendemain de la victoire* n'est qu'un bon gros mélodrame, tel que feu Pixérécourt ou MM. Dennery et Anicet Bourgeois auraient pu le signer. Le père noble, le jeune premier, la victime innocente et persécutée, le traître, rien n'y manque, pas même le niais. Voici l'histoire; ce n'est pas notre faute si vous croyez assister à une représentation de l'Ambigu.

Nous sommes en pleine révolution; le comte Alexis de Lavaur (représentant du peuple, plus tard président de la république séparée de l'Ouest) cause politique avec le père Alexis (jésuite). Le comte trouve la situation fort mauvaise, et déclare « qu'il n'y a plus

qu'un asile assuré sur la terre : *c'est la tombe.* » Le
père Alexis le console, le raffermit, et le renvoie aux
barricades après lui avoir donné sa bénédiction. Or,
pendant que Valentin se bat, des insurgés, conduits
par un certain Rhéto (démagogue, rédacteur en chef
de la *Lanterne,* plus tard secrétaire de Galuchet),
pénètrent dans son hôtel et massacrent son père et
sa mère. Rhéto (il a deux pistolets à sa ceinture, un
fusil de chasse en bandoulière, un *sabre turc* à la
main) tente bien quelques efforts pour sauver le
vieillard ; il l'engage à fuir. « Moi, comte de Lavaur,
« fuir devant vous ou même avec vous, monsieur
« Rhéto ? Je vous ai toujours dit que vous ne pou-
« viez comprendre ce que c'est qu'*un gentilhomme.*
« Vous m'assassinerez, s'il vous plaît. » On voit que
M. de Lavaur père n'est pas commode, et qu'en définitive, Rhéto, tout démagogue qu'il est, se trouve
bien forcé de l'abandonner à son sort.

Pendant que cette scène s'est passée à l'hôtel de
Lavaur, l'insurrection a triomphé, le peuple est
maître de Paris ; nous entendons prononcer pour la
première fois sur une barricade ce nom sinistre :
LE VENGEUR (président des sociétés secrètes, plus tard
général de la force révolutionnaire, et enfin dictateur de la république sociale. Quarante ans, haute
taille. Son visage exprime une résolution indomp-
table. Il parle avec lenteur comme *oppressé par l'enthousiasme de la destruction.* Il est habillé en ouvrier).
« On ignore d'où il vient et ce qu'il veut ; mais je te
le donne pour un particulier résolu, et joliment servi
par les siens. Ce sont des gens prêts à tout, et dont

on ne connaît pas le nombre. Ils lui obéissent sans broncher, et lui font une popularité effrayante comme son courage. Je l'ai vu ce matin rue Antoine... Sacristi ! quel lapin ! » Ainsi s'exprime le jeune Galuchet (enfant trouvé, vendeur de contre-marques et de journaux, plus tard lieutenant du *Vengeur*. Vingt ans ; grêle, chétif et cynique. Au premier acte, en guenilles ; au second acte, vêtu avec recherche).

Ce terrible Vengeur se présente cependant d'abord à nous sous des traits assez bénins ; Valentin de Lavaur l'a sauvé en 1848, et il vient pour le sauver à son tour, non point par un sentiment de reconnaissance, comme on est disposé à le croire, mais dans un but politique. « Vos bourgeois, dit le Vengeur à Lavaur, ne demanderont qu'à se soumettre, nos chefs révolutionnaires et socialistes qu'à s'arranger avec eux. Les voilà pourvus, et ils vont devenir conservateurs. Je ne l'entends point ainsi, et je veux donner à la bourgeoisie des chefs qui l'obligent à résister. L'énergie de vos convictions vous rend propre à ce rôle. Voulez-vous le remplir ? » Quel profond politique que ce Vengeur ! On voit que Machiavel n'eût été qu'un petit sire à côté de lui.

La révolution est donc maîtresse de la société ; la France est gouvernée par un consul. Carcanaygue est probablement quelque chose comme ministre de l'intérieur, Greluche a les sceaux, Poussard, dit *Bouche en Cœur*, dirige l'administration de la guerre ; on a donné l'instruction publique et les cultes à Babouin ; Galupet est aux affaires étrangères ; Tourtoirac, Barbouillon et Clopantin occupent de hautes

positions administratives et judiciaires; le jeune
vendeur de contre-marques Galuchet commande en
second la force ouvrière; tous les pouvoirs sont aux
mains des démagogues. Cependant les affaires ne
marchent pas. Le comte de Lavaur a levé l'étendard
de la révolte et fondé dans l'Ouest un État indépendant; l'Est et le Nord sont également en pleine insurrection. A Paris, la réaction lève la tête, la garde
nationale conspire, les boutiquiers sont mécontents;
tout est perdu si le Vengeur ne devient dictateur.

Le consul (ancien avocat, bel homme et beau par-
leur lorsqu'il ne craint rien, *gros*, quarante ans)
donne sa démission, et le Vengeur prend la dictature.
« Ah ! s'écrie-t-il quelque part, je n'ai pas choisi
« d'être homme. Si je le pouvais, je ne serais pas un
« homme : je serais un lion dans ces déserts où *d'im-*
« *mondes reptiles* habitent seuls les *ruines des cités.* »
On devine quelle peut être la politique de ce Jean
Sbogar en bourgeron et où elle peut conduire. Les
Cosaques s'avancent à marches forcées pour châtier
la révolution; les deux armées sont en présence. La
fédération de l'Ouest, présidée par le comte de Lavaur, garde la neutralité. « Entre les athées qui ont
« répudié notre Dieu et leurs ennemis étrangers,
« dont le schisme répudie notre Église, nous laissons
« Dieu porter ses justes arrêts. » Il faut rendre cette
justice à la seconde Vendée, qu'elle vaut un peu
mieux que la première : Charette n'aurait pas hésité entre les Cosaques et la République, et les amis
du comte de Lavaur se montrèrent en 1814 plus ac-
commodants avec le schisme. Cependant, la famine

est dans Paris et toutes les horreurs qu'elle entraîne avec elle ; l'ennemi campe sous les murs de la ville ; le Vengeur conseille une résistance désespérée, et Galuchet l'assassine. La toile tombe et se relève pour l'épilogue, qui se joue, comme nous l'avons dit, dans l'*empire des ombres*, entre Mandrin et un personnage que l'auteur désigne ainsi : *un autre*. Cet autre pourrait bien être le gros consul. Quoiqu'il se passe dans l'empire des ombres, cet épilogue a tout l'air d'une superfluité, à moins qu'il n'ait été fait pour prouver que tous les démocrates sont des scélérats bien plus coupables que Mandrin, ou pour fournir à celui-ci l'occasion de dire son mot sur les journaux. « Connais-tu ce que sont les journaux?—Vaguement. « Il y en avait peu de mon temps, et je ne les lisais « guère à cause de la bassesse du style. J'y voyais « des polissons insulter aux plus beaux génies. Cette « insolence me choquait. » Honnête Mandrin !

Tel est l'ensemble de ce mélodrame ; il est farci d'épisodes, entre autres celui du père Gervais, dont les paysans dévastent la ferme. De quoi se plaint donc le bonhomme ? Cette ferme n'appartient-elle pas aux moines, ne l'a-t-il pas acquise au temps des biens nationaux ? A la scène suivante, un volontaire vendéen, sur le point de quitter sa femme et son fils, s'écrie en l'embrassant : « Grand Dieu ! ils s'empa- « reraient de cet enfant, ils le jetteraient dans leurs « écoles, ils l'instruiraient à blasphémer ton nom « adorable, à mépriser tes lois saintes, à se jouer de « la vie de ses frères, à rire du sang versé !... Non, « Dieu juste, tu ne le souffriras point ! Garde mon

« fils, ravis-leur cette proie ; et si ce n'est pas assez
« de mon sang pour sauver son âme, prends encore
« le sien. Livre-le, si tu veux, à leurs satellites, mais
« préserve-le de leurs docteurs ; que les impies ne
« l'enseignent point ; que plutôt ils l'écrasent aux
« pieds de leurs chevaux... » N'est-ce pas pousser un
peu trop loin la crainte de l'école normale et la haine
des classiques latins ?

Mais l'auteur est sujet à perdre la mesure dans le
pathétique comme dans le gai :

> L'aimable Galuchet
> Fait l'aimable projet
> De s' régaler tantôt
> De têtes d'aristos.
>> Larifla !
>
> Galuchet et l'Vengeur
> Vous f'ront, ô exploiteurs !
> Passer, pour notre bonheur,
> Un très-mauvais quart d'heure.
>> Larifla !

Voilà la gaieté du *Lendemain de la victoire,* elle me
fait regretter celle de la *Foire aux idées.* L'esprit de
M. Veuillot me force à estimer l'esprit de M. Clairville.
Toute pudeur littéraire mise de côté, le vaudevilliste
arrive à un certain succès, et l'on conçoit que son
couplet trivial fasse rire le gros public auquel il s'a-
dresse. M. Veuillot, au contraire, écrit toujours pour
les gens de lettres : il vise sans cesse à l'effet littéraire;
s'il entre dans une église, c'est toujours une *humble
église;* s'il parle d'une lampe, il ne manque jamais
d'ajouter l'épithète de *fumeuse;* ses héros brandis-

sent des *sabres turcs;* il nous conduit dans l'*empire
des ombres.* Quand le Vengeur a pris la dictature,
quand Paris, au pouvoir de Galuchet, est à feu et
à sang, savez-vous ce qu'il laisse debout sur les ruines de la société ? L'Académie française.

M. Veuillot vise, on le voit, au titre de pamphlétaire ; ce n'est pas après avoir lu le *Lendemain de la
victoire* qu'on peut consciencieusement le lui décerner ; il n'a nullement les qualités du pamphlétaire. Il
commence quelquefois sur un ton vif et dégagé,
comme dans l'*Esclave Vindex*, puis peu à peu son
style s'empâte et s'alourdit, sa phrase tombe et
nasille, le pamphlet devient sermon, toujours le
même ; le comte de Lavaur l'adresse au Vengeur,
l'esclave Vindex en régale Spartacus. M. Veuillot
pense que depuis qu'on a aboli l'inquisition, sup-
primé la dîme, et cessé de mettre au pilori les gens
qui travaillent le dimanche, l'homme n'est plus qu'une
bête fauve livrée à tous ses instincts. C'est cette thèse
qu'il développe dans tout ce qu'il écrit, romans, articles, pamphlets, de ce ton solennel et lourd dont il
ne peut se défaire, quoiqu'on sente fréquemment
chez lui le pastiche laborieux de Voltaire, de Saint-
Simon et de Rabelais amalgamés, agglutinés, en une
sorte de mixture filandreuse d'où la dent ne peut
plus se tirer après avoir essayé d'y mordre.

Si M. Veuillot n'a pas le talent du pamphlétaire,
il possède encore moins son caractère. On se trom-
perait fort de croire que l'indignation, même vraie
et profonde, suffise au pamphlétaire. *Facit indignatio
versum.* L'indignation peut en effet prêter quelques

accents émus au poëte, lui souffler quelques strophes chaleureuses ; mais le pamphlétaire a besoin d'un appui plus fort que sa propre indignation : il faut qu'il représente un sentiment général, qu'il soutienne une grande cause. Le vrai pamphlétaire, c'est Voltaire défendant les Calas, c'est Camille Desmoulins demandant le comité de clémence ; à un échelon inférieur, si l'on veut, c'est Beaumarchais flagellant sur le dos de Goësman la magistrature vénale de Maupeou. Dans le sérieux de sa conviction gît la force du pamphlétaire ; c'est la sincérité de la croyance et de l'opinion qui donne à l'esprit la souplesse, l'habileté nécessaires pour découvrir les faiblesses, les ridicules, les vices d'un adversaire. Les convictions fortes ne sont jamais exagérées ; elles n'ont pas besoin de se battre les flancs, s'il est permis de s'exprimer ainsi, pour se persuader à elles-mêmes leur vérité. Aussi les pamphlétaires sont-ils rares, excessivement rares dans toutes les littératures. Rien de plus commun au contraire que les libellistes, parce que les libellistes peuvent se passer de talent ; on en trouve à toutes les époques, dans tous les partis, dans toutes les religions.

Mais qu'est-ce qu'un libelliste ? On peut appeler ainsi, par exemple, l'homme qui a la foi de ses besoins et de ses intérêts, qui vise à la renommée par le scandale. En général, le libelliste a le flair ; il devine le parti qui a besoin de lui, il sait choisir le moment où il peut se montrer et faire son métier sans danger. Mauvais moment pour les sociétés ! Quand le libelliste paraît, c'est que les idées chevaleresques sont affaiblies, que l'insulte va remplacer le combat. Habile, audacieux, son rôle consiste à injurier, à réveiller par les gros mots l'attention publique endormie. Il y a des palais blasés qui ne peuvent plus se ranimer qu'au contact de l'alcool et du vin bleu. Le libelliste leur verse sa littérature au litre. Que la canaille l'écoute, à la bonne heure; mais que des gens bien élevés, des prêtres, des évêques, des cardinaux, viennent aussi boire sur le comptoir, voilà ce qui étonne.

Le rôle prépondérant que M. Veuillot joue aujourd'hui dans l'Église est un fait très-significatif qui montre quel chemin l'ultramontanisme a fait dans la décadence depuis une trentaine d'années seulement. Insister sur ce fait, en montrer les causes et les conséquences, ce serait sortir du cadre d'une simple étude littéraire, et cela nous mènerait peut-être trop loin.

M. Veuillot a un mérite qu'il faut bien reconnaître : il est infatigable à la besogne ; rien ne le rebute, rien ne le lasse ; il tient pied à tout. S'agit-il de traiter les questions les plus compliquées du droit féodal, en un tour de main il bâcle un gros volume sur le *Droit du seigneur*, où il prouve, comme de raison, que ce prétendu droit n'est qu'une invention des philosophes. Si la foi à ses intérêts lui conseille de faire patte de velours à l'armée, vite un autre volume, la *Guerre et l'homme de guerre*, où il s'amuse pendant des centaines de pages à faire rimer à sa façon *guerrier* avec *laurier*. Malheureusement M. Veuillot n'a pas toujours été aussi tendre pour le guerrier, et ce qu'il pensait autrefois du guerrier français me gâte un peu

ce qu'il en dit aujourd'hui. « C'est l'armée, écrivait-il
« un jour, qui a fait pénétrer partout les doctrines
« anarchiques et qui ruine chaque jour davantage
« les espérances de stabilité et de paix. Les soldats
« qui rentrent dans leur pays, après avoir passé sept
« années dans l'oubli de toute pratique et de tout
« conseil de religion, sont initiés aux vices, aux pas-
« sions, aux désordres des villes; leurs exemples et
« leurs discours exercent une pernicieuse influence
« sur les campagnes. C'est par eux surtout que les
« doctrines immorales et irréligieuses y pénètrent
« et s'y propagent; le recrutement vient en aide à la
« révolution. »

Sans recrutement pourtant, point d'homme de
guerre, et si l'homme de guerre corrompt l'homme
des champs, pourquoi le chanter avec tant d'enthousiasme dans un long dithyrambe? Peut-être depuis
que le morceau que nous venons de citer a paru,
a-t-on mis des aumôniers dans les régiments. Nous
ne l'avons point cependant entendu dire.

Il y a, convenons-en, d'heureuses vocations. Peu
de gens seraient capables de mener de front, comme
l'écrivain dont nous parlons, les travaux de la polémique et ceux de la religion; de s'inspirer à la fois
du catéchisme poissard et de l'Évangile ; d'éreinter,
comme on dit vulgairement, les uns et de guider les
autres dans les voies de la sagesse divine; d'être à la
fois Tabarin et Bossuet. Nous avons dit un mot en
passant du *Saint rosaire médité*, livre pieux où
toutes les méditations sont entremêlées de petits vers
comme les *Lettres à Émilie sur la mythologie*. Après

Marot, Malherbe, Jean-Baptiste Rousseau, Lefranc
de Pompignan, Lamartine, M. Veuillot a voulu, lui
aussi, faire vibrer la harpe de David :

> Formez nos résolutions,
> Et que, dociles à vos grâces,
> Nos volontés, nos actions,
> Des saints suivent toujours les traces.

Ceci est une strophe d'un cantique au Saint-Esprit ;
dans un autre endroit d'un lyrisme moins élevé,
l'auteur s'adresse aux petits enfants :

> Dieu vous aime comme une mère,
> Petit enfant qui m'écoutez,
> Voudriez-vous jamais lui déplaire?
> Et faudra-t-il, ô *peine amère !*
> Qu'il vous *retire ses bontés?*
> Aurez-vous jamais le courage
> De faire ce que Dieu défend?
> Voudrez-vous, dans votre jeune âge,
> Lui *prodiguer un tel outrage?*
> Oh ! dites que non, cher enfant !

Ces vers rappellent un peu la prose de M. Bouilly,
et ne laissent guère espérer que M. Veuillot de-
vienne jamais un grand poëte religieux ; nous ne lui
conseillerions même pas de disputer le lis d'argent
de l'*Hymne à Marie* au concours des jeux Floraux.

Dans une époque où toutes les témérités réussis-
sent, M. Veuillot a eu l'idée de changer le crucifix
en marotte, et de transformer l'autel en tréteau. Cela
explique le bruit qui s'est fait autour de lui; il a
trouvé d'abord un public tout prêt dans ces gamins
du romantisme qui s'amusaient entre eux à reviser.

les jugements de la postérité, qui trouvaient que **M.** de Balzac était un bien plus grand observateur que **La** Bruyère, que Moliéré ne savait pas faire une pièce de théâtre, et que Voltaire manquait de style. Cela s'appelait *manier le paradoxe.* M. Veuillot a continué ce système de critique à rebrousse-poil ; il a fait des articles *à l'envers* qui auraient passé inaperçus comme tant d'autres qui valaient bien les siens s'il n'avait eu l'ingénieuse idée de les faire bénir par l'Église. Il a inventé le paradoxe de sacristie. L'ultramontanisme ne se tient plus aujourd'hui que sur la pointe d'un paradoxe de journal. Les spectateurs font cercle autour de l'équilibriste et le regardent avec curiosité ; ils deviennent cependant de jour en jour plus rares, car les tours sont toujours les mêmes, et il n'est pas de jonglerie qui ne finisse par s'user.

La brochure intitulée l'*Univers jugé par lui-même,* de quelle plume qu'elle soit sortie, a porté un coup assez sensible à ces exercices. Le dernier livre de M. Veuillot, *Mélanges religieux, historiques et politiques,* s'en ressent lui-même. L'emphase tranchante de l'auteur ne parvient pas à faire prendre le change sur la versatilité de ses opinions. Tous les chapitres qui composent ce volume ont déjà paru dans l'*Univers;* ils roulent en grande partie sur les divisions du parti catholique ; il y est beaucoup question de MM. de Montalembert et de Falloux, du *Correspondant,* de M. Foisset, de la bulle *Nil mirari,* toutes choses auxquelles il est assez difficile d'accorder une autre attention que celle du moment où on les lit imprimées dans un journal.

Dans la préface, M. Veuillot déclare qu'il est bien décidé désormais à prendre sa règle et sa loi dans ces seuls mots : *Tu aimeras !* Il aura tort, s'il veut continuer à écrire ; la note tendre n'est pas précisément la sienne ; il la donne toujours si à faux que ses élans font sourire. *Ma reine !* s'écrie-t-il en parlant de l'Église, et ce mot d'opéra-comique est pour lui un cri du cœur. Heureusement l'auteur des *Libres penseurs* n'est pas homme à s'absorber dans la tendresse si elle ne lui réussit pas ; il a l'amour-propre littéraire trop développé pour cela ; cet amour-propre le domine même au pied de la croix. « Il y a seize « ans, nous dit-il, lorsque, encore plein des ardeurs « de la jeunesse, l'esprit chargé de projets de livres « *comme l'arbre est chargé de fleurs au printemps,* « j'entrai dans ce travail sans repos du journalisme, « je crus bien offrir à Dieu un sacrifice méritoire en « abandonnant tous ces beaux projets et cette joie « de m'essayer à donner une réalité aux rêves de « mon imagination. »

S'il faut juger des ouvrages qu'il aurait pu faire par ceux qu'il a faits, il nous semble qu'ici l'écrivain égare le chrétien, et que le sacrifice n'est peut-être pas aussi grand que M. Veuillot veut bien le croire.

MADAME ÉMILE DE GIRARDIN

(*OEuvres complètes.*)

I

Nous sommes loin de la ferveur politique des dernières années de la restauration, et, à voir la France d'aujourd'hui, on se douterait peu qu'il y eût un temps encore assez rapproché de nous où un mot de Manuel, un couplet de Béranger faisaient autant de bruit qu'aujourd'hui la fondation d'un crédit mobilier ou l'émission des actions d'une grande compagnie de chemin de fer. Si la jeunesse actuelle n'a pas d'opinion, ce n'est pas tout à fait sa faute, les parents ne lui en donnent guère. Il n'en était pas de même en 1825. Les pères soufflaient à leurs enfants l'ardeur politiques dont ils étaient animés. A peine à l'âge de dix ans, on se plaisait à m'entendre réciter d'une voix enfantine les stances sur la mort du général Foy, dont je me souviens encore; je les ai relues dernièrement, gravées sur le tombeau du grand orateur de la restauration. Les bas-reliefs de ce tombeau sont de David. Il y a reproduit les traits de celle qu'on appelait sous la restauration la Muse de la patrie.

Son bras libérateur dans la tombe est esclave ;
Son front pur s'est glacé sous le laurier vainqueur,
Et ce signe sacré, cette étoile du brave,
  Ne sent plus palpiter son cœur.

Hier, quand de ses jours la source fut tarie,
La France, en le voyant sur sa couche étendu,
Implorait un accent de cette voix chérie....
Hélas ! au cri plaintif jeté par la patrie
C'est la première fois qu'il n'a pas répondu !

J'entendais dire autour de moi pendant mon enfance que l'auteur de ces vers était une belle jeune fille de dix-neuf ans, qui avait déjà chanté le dévouement des médecins français à Barcelone et l'héroïsme des Grecs. La tête noble et charmante de la jeune muse aux cheveux bouclés avait pris place au salon de famille entre les portraits de Manuel, de Béranger, de Casimir Delavigne, de Benjamin Constant, de La Fayette, et souvent mes yeux se fixaient sur ces traits purs et poétiques que j'ai souvent entrevus depuis au fond d'une loge de théâtre, beaux toujours, encadrés dans de longs cheveux blonds, mais déjà pâlis et fatigués par les soins et par les soucis de la vie.

Je n'ai point connu madame Émile de Girardin, mais de ces souvenirs d'enfance il m'est toujours resté pour elle une sympathie particulière, alors même que je ne partageais pas ses idées et que je jugeais les résultats de son talent.

Dans le recueil des poésies complètes de madame Émile de Girardin que j'ai aujourd'hui sous les yeux, le poëme de *Madeleine* ouvre le volume. Ce poëme a été composé à de longs intervalles et d'une façon irrégulière. Le premier chant est daté de 1822 ; le second n'a été achevé que trois ans après, c'est-à-dire en 1825. Quatre ans s'écoulent encore entre le troisième et le cinquième chant ; le quatrième ne figure qu'en titre dans le poëme. L'auteur n'a fait qu'indiquer la *Conversion de Madeleine*, sans traiter cet épisode. Le sixième chant avait été écrit longtemps avant les précédents, il porte la date de 1823 ; le septième, celle de 1826 ; en 1824, madame de Girardin avait terminé le huitième. Le neuvième et dernier chant a été composé à Rome en 1829.

C'est là un procédé de travail auquel nous ne nous serions pas arrêté, si madame de Girardin n'avait pris soin de préciser elle-même les dates. Voulait-elle mettre le public dans la confidence de sa manière de composer, ou faire excuser d'avance le caractère un peu décousu du poëme de *Madeleine*, c'est ce que nous ne pouvons dire. Toujours est-il que, malgré le temps écoulé entre l'éclosion des divers chants, la différence dans le style n'est pas trop sensible.

> Je ne connais encor que les maux de ma mère.
> Dans une sainte erreur mon cœur est demeuré ;
> Pour chanter Madeleine, il faut avoir pleuré,

dit l'auteur dans son invocation. Il est certain que le sujet de *Madeleine* était singulièrement choisi pour une jeune fille qui s'essayait à la poésie pour la première fois. La courtisane de la Bible, *mulier ornatu meretricio preparata ad capiendas animas, garrula et vaga*, devait échapper au chaste pinceau de la vierge poëte ; son cœur innocent ne pouvait exprimer ni sentir le repentir et la pénitence de Madeleine. C'est pourtant dans ce double moment qu'elle est surtout touchante. Aussi, malgré ces très-jolis vers,

> Mais ce cœur ignorait le mensonge des larmes,
> Car il n'est point d'espoir et point de repentir
> Pour celle dont les pleurs ont appris à mentir.
> . . . .
> Ange de l'hyménée, espoir des âmes saintes,
> O toi qui de l'amour bannis les chastes craintes,
> Et qui, d'un feu divin sachant nous enflammer,
> Pour prix de nos vertus nous ordonnes d'aimer !

et plusieurs autres que nous pourrions citer, il faut convenir qu'il règne une certaine froideur dans cette œuvre. Satan y joue ce rôle de convention qu'on lui voit remplir dans presque tous les poëmes taillés sur le modèle de ceux du dix-huitième siècle. L'intervention de Satan amène pourtant un assez bel effet à la fin du dernier chant, où le poëte, inspiré par les souvenirs chrétiens que la vue de Rome réveille dans son âme, raconte la passion de Jésus-Christ :

> Les démons à leur tour connaissent la terreur ;
> Sur son trône ébranlé, Satan, plein de fureur,
> Du serpent favori voit la tête écrasée,
> La chaîne de la mort entre ses mains brisée ;
> En vain de ses sujets il réclame l'appui,
> Ses captifs rachetés s'éloignent malgré lui.
> Faisant taire leurs chants, les célestes cohortes
> Du royaume éternel ouvrent déjà les portes ;
> Vers les cieux attentifs un cri s'est élevé...
> L'âme du Dieu s'exhale... et le monde est sauvé !

Le dévouement des médecins français et des sœurs
de Sainte-Camille pendant la peste de Barcelone
inspira madame Émile de Girardin; l'Académie française avait mis ce sujet au concours pour l'année
1822. « Si l'auteur du n° 103, dit le secrétaire perpétuel dans son rapport, en ne traitant qu'une partie
du sujet, n'avait donné pour excuse et son sexe et
son âge, l'Académie, à la perfection et au charme de
plusieurs passages, aurait pu croire que la pièce était
l'ouvrage d'un talent exercé dans les secrets du style
et de la poésie ; mais la simplicité touchante de
divers tableaux, la délicatesse, je dirai même la retenue des pensées et des expressions, auraient permis d'attribuer l'ouvrage à une personne de ce sexe
qui sait si bien exprimer tout ce qui tient à la grâce
et au sentiment. En se restreignant à l'éloge des
sœurs de Sainte-Camille, l'auteur se plaçait en quelque sorte hors du concours, et dès lors l'Académie,
qui a jugé l'ouvrage digne d'une mention honorable,
a cru juste de lui assigner un rang distinct et séparé
de celui des autres mentions. » Nous aurions mauvaise
grâce à nous inscrire en faux contre l'éloge officiel ;
il a, du reste, été prononcé par un juge très-compé-
tent, et habitué à voir toujours respecter ses arrêts.

Napoline est le plus important des poëmes de
madame Émile de Girardin. Le cœur, le monde et
l'argent, voilà ce qu'elle a voulu peindre.

> Napoline mourant est le génie éteint,
> Énervé par le monde, en ses élans contraint ;
> Sous un châle de l'Inde ayant ployé ses ailes,
> Sous un chapeau d'*Herbaut* cachant les étincelles

Qui trahissent l'orgueil de son front lumineux,
C'est un ange. . . . .

L'ange a pour unique parent un vieux marquis.

C'était un de ces gens qu'on nomme bons garçons,
De ces vieillards légers qu'on traite sans façons.
Un quasi philosophe à petites idées,
Aux discours peu décents, aux manières guindées.
. . . .
Parmi les élégants, il cherchait son modèle ;
Au temps de Louis treize, à la mode fidèle,
Le plumet de Cinq-Mars aurait paré son front ;
Au siècle de Turenne, il eût singé Gramont,
Richelieu sous Voltaire, et Flahaut sous l'empire.
Il imite aujourd'hui.... mais je ne puis le dire.

Fille d'une mère qui mourut jeune par désespoir
d'amour, ardente, sympathique à tous les sentiments
nobles et élevés, Napoline (le poëte veut qu'elle soit
fille naturelle de Napoléon, sans que cela ajoute quelque chose à l'intérêt du drame) devait beaucoup souffrir avec un tel protecteur. Elle aima jeune, comme
sa mère, un marin du même âge qu'elle. Alfred
l'aimait aussi; mais, vaniteux et ambitieux, il visait
aux succès du monde et à la fortune. Il sacrifia les
plaisirs du cœur à ceux de l'amour-propre et de l'argent; il obtint les bonnes grâces d'une duchesse, et
sollicita la main d'une héritière opulente et stupide.
Napoline pourtant est devenue riche par un hasard
inattendu. Ce soir même, elle doit voir Alfred dans
un bal, et lui apprendre cet événement qui change
sa destinée. Elle arrive, elle s'assoit parmi les dan-

seuses ; Alfred l'a aperçue, il va sans doute s'ap-
procher d'elle.

> Mais ce vaste salon, Alfred l'a traversé,
> Et Napoline voit que son regard l'évite...
> Et c'est une autre femme, une autre qu'il invite !

Cette femme, c'est la duchesse. Les propos et les
médisances de salon retentissent de tous côtés sur
le passage du couple :

> « . . . . Regardez
> « Cette petite femme aux traits fins mignardés,
> « Coiffée en Béarnais avec ce blanc panache ;
> « Voyez-vous ?
> « — Pas encor, ce gros Anglais la cache.
> « Je la vois ! elle est maigre et sèche à faire peur !
> « Ce marin défrisé, c'est Alfred ?
> « — Son valseur.
> « — Il est plus pâle encor que sa cravate blanche,
> « Il a l'air d'un noyé....
> « — Qui valse avec sa planche. »

On comprend ce que devait souffrir la pauvre Napoline en entendant de tels propos. Heureusement
une vieille dame qui lui sert de chaperon a envie de
passer dans la serre.

> Dans la serre élégante
> On se promène, on rit. La vieillesse intrigante
> *Sous des myrtes en fleurs discute le budget ;*
> Un vieux duc d'une loi déplore le rejet
> Près d'un jeune ministre, *et guette un portefeuille*
> *En tournant dans ses doigts un œillet qu'il effeuille.*

Cette soirée a brisé le cœur de Napoline. Elle prend

la résolution de se tuer dans l'appartement même
d'Alfred, pendant que celui-ci est au rendez-vous
que la duchesse lui a donné la veille. L'heure du
berger s'est écoulée.

> Alfred de chez *la belle* a disparu sans bruit,
> Se demandant tout bas ce qui l'avait séduit;
> Pressant les longs adieux et les regrets d'usage,
> Furtif, il est sorti par un secret passage.
> Depuis qu'on s'est aimé, jamais amant heureux
> Après un rendez-vous ne fut moins amoureux.
> A peine a-t-il quitté sa nouvelle maîtresse,
> Alfred d'une autre femme *évoque la tendresse*,
> Il songe à Napoline et *reconnaît ses torts*.
> Car avec la raison reviennent les remords;
> Ce souvenir lui rend *d'amoureuses idées :*
> Il compare soudain à ces grâces fardées,
> A ces *attraits d'emprunt*, si laids sans ornements,
> Cette beauté native et ces *contours charmants*,
> Cet éclat qui faisait admirer Napoline.
> Il se la figurait douce, aimante, câline.

Pendant ce temps-là, l'infortunée Napoline mou-
rait asphyxiée par le charbon sur le lit d'Alfred.

Voilà le poëme. Madame de Girardin nous dit que
dans la duchesse elle a voulu nous montrer le monde
de Paris.

> Nature d'opéra, vertu de mélodrame;
> Ne donnant rien aux arts, rien à l'esprit, à l'âme,
> Abreuvant de dégoût ses plus chers favoris...
> Voilà comme j'ai vu le monde de Paris.

L'héritière représente l'argent.

> L'héritière n'est pas un portrait équivoque;
> En elle j'ai montré le vrai dieu de l'époque :

L'argent ! — qui rend l'esprit et le courage nuls,
Qui change le génie et l'amour en calculs ;
L'argent ! la providence ou plutôt la ressource
De l'univers ! dieu saint ! dont le temple est la bourse.

Malheureusement ces personnages, Alfred lui-même, dans lequel madame de Girardin fait voir

Ce qu'on est dans le monde
Quand on veut que la mode et l'argent vous seconde,

sont mentionnés par l'auteur, mais on ne les voit pas agir, on ne les entend point parler, ils ne vivent pas dans ce poëme ou plutôt dans ce récit, car *Napoline* est divisé par chapitres. L'héroïne seule a quelque apparence de réalité. Les jeunes demoiselles de la classe de Napoline ont rarement recours au suicide. Autrefois elles avaient le couvent, comment font-elles aujourd'hui? Le suicide n'est pas bien porté, qu'on nous passe cette expression, parmi les femmes bien élevées. Il n'est permis qu'aux filles du peuple de s'asphyxier. On sait presque gré à Napoline d'avoir eu le courage de son désespoir. Sa mort, qui dans le poëme semble l'effet d'une imagination exaltée et presque malade, revêt un autre caractère quand on lit la lettre qu'elle adresse la veille de son trépas à l'amie qui doit le raconter : « Ne pense pas que je meure par amour ! tu le croiras peut-être dans ta naïveté ! Oh ! que je voudrais me tuer par amour ! mon dernier soupir serait encore une illusion ! Hélas ! non, ce n'est point parce qu'il me trahit que je me tue, c'est parce que moi je n'aime plus... c'est parce que je sens la lèpre d'égoïsme qui me gagne à mon tour; c'est parce que je ne veux pas vivre morte comme tous ces êtres que je méprise; c'est parce que je ne veux pas traîner comme les autres femmes une existence misérable; m'établir naïvement entre deux mensonges, prendre un mari pour le tromper, un amant pour le partager; élever mes enfants dans une religion dont je doute, et leur prêcher faussement les devoirs que je trahis. »

Madame de Girardin écrit mieux en prose qu'en vers, elle est plus naturelle, plus vraie, plus éloquente. Ce fragment le prouve, et nous aurons peut-être plus d'une fois encore l'occasion de le remarquer.

<h2 style="text-align:center">II</h2>

Madame de Girardin, avec infiniment d'esprit et de goût, ne voit pas toujours les choses d'une façon simple et naturelle; les hommes et les faits lui apparaissent souvent sous un jour faux et conventionnel qui leur enlève une grande partie de leur effet. Par exemple, dans une pièce de vers intitulée le *Vote du 13 avril* 1839, morceau inspiré par un noble sentiment, et qui contient d'ailleurs plusieurs vers beaux et touchants, nous lisons la tirade suivante :

> Semblable à ces héros que la Fable a chantés,
> Il jura d'étouffer l'hydre d'iniquités,
> Le gardien imposteur qui, dans son antre immonde,
> Cachait la vérité pour asservir le monde.
> Des armes, dans la lutte, il n'avait pas le choix.
> C'est au cœur qu'il fallait blesser l'hydre aux cent voix !
> Il fallait s'abaisser à vaincre par la ruse :
> Ce fut un grand malheur que le martyre excuse.

Il parvint dans son antre en imitant ses cris,
Il plongea le regard dans ses secrets surpris,
Il vit le feu sanglant où son brandon s'allume,
Il vit de quel poison se noircit son écume.
Terrible, il a frappé le monstre épouvanté;
L'hydre rugit encor... mais le coup a porté.

Qui reconnaîtrait dans ce héros de la Fable, jurant d'étouffer l'hydre d'iniquités, l'intelligent et habile journaliste qui venait de fonder la presse à 40 francs? Qui se douterait que dans cette hydre d'iniquités qui cache la vérité dans son antre immonde afin d'asservir le monde, le poëte a voulu personnifier le journalisme d'alors?

Ces défauts de perspective se montrent souvent dans les œuvres de madame de Girardin. Ils sont, en général, l'indice d'une organisation peu propre au théâtre. L'art dramatique a surtout besoin de perspective, de composition et de réalité. L'auteur de *Napoline* avait-elle la vocation de la scène? Nous ne le pensons pas. Mais cette vocation, qui peut se vanter de la posséder aujourd'hui? Le public ne la demande pas d'ailleurs à ceux qui travaillent pour le théâtre. C'est en dehors d'elles-mêmes et dans les circonstances extérieures que la plupart des pièces contemporaines trouvent leurs causes de succès. Le nom, la position de l'auteur, sa réputation, voilà ce qui excite la curiosité, et non pas la pièce. Madame de Girardin se trouvait donc dans d'excellentes conditions pour aborder la scène; elle composa une comédie, l'*École des journalistes*, qui fut refusée par la censure en 1839.

Cette date n'est point indifférente. Par suite de

divers motifs puisés à une source respectable, madame de Girardin ne se trouvait pas, en 1839, en état d'écrire une comédie intitulée l'*École des journalistes*. Le journalisme l'avait blessée dans ses affections; elle ne le jugeait, elle ne le voyait même pas. Le journalisme était encore pour elle cette hydre d'iniquités dont nous parlions tout à l'heure, et qu'il fallait écraser dans son antre immonde. Les dispositions d'esprit dans lesquelles se trouvait madame de Girardin étaient mieux faites pour inspirer la mordante hyperbole de Juvénal que la verve de Molière. Du reste, selon l'auteur, cette pièce est d'un genre tout à fait nouveau; la comédie ne dure que pendant le troisième acte. Le quatrième acte est un drame, le cinquième une tragédie. Le premier et le second acte sont un vaudeville et une charge. L'auteur a voulu construire une tour de Babel dramatique. A la représentation, la tour se serait probablement écroulée.

Le premier acte, où l'on fonde, au milieu d'une orgie, le journal la *Vérité*, se termine par ces vers :

> Voilà donc le pouvoir que l'on nomme un journal !
> Royauté collective, absolu tribunal :
> Un jugeur sans talent, fabricant d'ironie,
> Qui tue avec des mots un homme de génie ;
> Un viveur enragé, s'engraissant de la mort ;
> Un fou qui met en feu l'Europe et qui s'endort ;
> Un poëte manqué, grande âme paresseuse
> Qui se fait sans amour gérant d'une danseuse...
> Tous gens sans bonne foi, l'un par l'autre trahis !
> Ce sont là tes meneurs, ô mon pauvre pays !

Ces vers, qui résument tout l'esprit de la pièce, ont

été écrits cependant dans la maison même d'un journaliste, à côté de lui, auprès de son foyer, par une femme qui vivait entourée de journalistes, qui avait parmi eux ses meilleurs amis. Nous ne voulons défendre ici ni le journalisme ni le régime parlementaire; mais est-il bien vrai qu'en 1839 et à une époque quelconque notre pays ait été mené par de pareilles gens, et qu'on ait jamais tué avec des mots des hommes de génie? Le mal dont souffre le grand peintre Morin, le héros de la pièce, et dont il meurt de jour en jour, d'heure en heure, ce n'est pas au journalisme qu'il le doit, mais à lui-même. C'est le mal qui attacha une pierre au cou de Gros, qui brisa la tête de Nourrit sur le pavé de la rue de Tolède. Les attaques comme les louanges des journaux n'y peuvent rien.

Nourrit, le front chargé de couronnes, l'objet des éloges et des regrets de tous les journaux de son pays, Nourrit, pour lequel travaille l'un des plus illustres maîtres de la musique moderne, et devant qui s'ouvre une nouvelle carrière de succès, Nourrit ne peut supporter l'idée d'avoir un rival plus jeune, plus heureux que lui, et se jette par la fenêtre. Amour-propre! vanité! mais aussi sentiment de sa décadence, auquel se mêle chez l'artiste une idée amère de combat et de défaite. Lorsque Gros, avant d'attacher à son cou la pierre fatale, jeta un dernier regard en arrière, ce ne fut pas sur les journaux qu'il l'arrêta : les journaux sont toujours plus cléments au grand homme déclinant que le monde; il songea à son salon vide, aux amis, aux connaissances qui le délaissaient, aux élèves qui cherchaient un autre maître, aux honneurs qui s'arrêtaient sur d'autres têtes, à l'influence qui l'abandonnait. Que pouvaient être à côté de cela quelques articles de journaux? Pas même la goutte qui fait déborder le vase. Il y a des natures d'artistes qui ne sauraient survivre à la perte de leur talent ni voir en face la gloire d'un rival. Gros devait-il sentir bien vivement la piqûre d'un journal lorsque, le jour même, le ministre avait enfoncé dans son cœur l'humiliation d'un refus de commande? En mal comme en bien, on exagère l'influence des journaux. Comme les louanges les plus vives, les plus ardentes devaient sembler ternes et décolorées à Nourrit au moment où il venait de lire les mêmes éloges accordés à l'heureux débutant de *Guillaume Tell!*

Madame de Girardin s'essaya ensuite dans la tragédie, et fit représenter successivement *Judith* et *Cléopâtre*. On n'a jamais rien pu faire de bon avec ces deux personnages; le dernier surtout n'inspire aucun intérêt. Cette femme sans cœur qui passe tour à tour dans les bras de tous les généraux de Rome, qu'on est toujours sûr, au lendemain de la bataille, de retrouver dans le bagage du vainqueur, cette courtisane royale qui reçoit sa couronne des mains de la force comme le salaire du plaisir, excite plutôt l'étonnement que la pitié. L'aspic caché sous les fleurs, qu'on nous passe cette comparaison, ressemble à une ficelle dramatique. La mort de Cléopâtre rappelle celle de Sardanapale, la mort du voluptueux, ne laissant après elle aucun exemple, aucun enseignement, rien qui élève et raffermisse l'âme.

Après ces deux essais, madame de Girardin revint

à la comédie de mœurs et essaya de peindre la société moderne dans *Lady Tartufe.*

On a dit que madame de Girardin avait hésité longtemps avant d'intituler sa pièce *Lady Tartufe.* Nous le croirions assez volontiers. *Lady Tartufe* est un titre marqué au coin de l'esprit des salons. C'est un mot à décocher du fond d'un fauteuil, au milieu d'un petit cercle d'amis intimes, et qui vole droit comme une flèche à l'adresse de madame X... ou de madame ***. On l'applaudit alors sans en étudier scrupuleusement la portée. Mais au théâtre, on exige qu'une étiquette tienne tout ce qu'elle promet, et l'on ne se contente pas d'une épigramme quand on comptait trouver le dessin d'un caractère,

Un esprit délicat et fin comme celui de madame de Girardin ne pouvait s'y tromper; elle n'a pas eu probablement la force de sacrifier un *joli titre*, mais elle a dû sentir que son héroïne ne le justifiait pas. Madame de Blossac est-elle réellement digne de ce sobriquet de lady Tartufe que les salons lui ont décerné? A la vérité elle est perfide, insinuante et cruelle; d'une fausseté à transporter d'aise les maîtres dans l'art du mensonge; elle n'éprouve aucun scrupule à déshonorer une charmante jeune fille la veille de son mariage pour régner en souveraine absolue sur l'esprit et sur la maison d'un vieux maréchal de France qu'elle prétend épouser. Toutes ces coquineries sont d'un bon cru, on n'en saurait disconvenir, et on voit que madame de Blossac a étudié les modèles; mais où on ne la reconnaît plus, c'est lorsqu'au moment de réaliser le rêve de sa vie, de tenir cette fortune, ce titre, ce nom illustre qui la portent tout à coup au plus haut rang de la société, on la voit compromettre le fruit de dix années d'hypocrisie et d'intrigue par une absurde passion pour un homme qui la déteste, et qui le lui déclare en termes positifs.

Madame de Girardin a si bien senti cette contradiction, qu'elle essaye de la justifier au dernier acte. Je suis fille d'une bohémienne et d'un gentilhomme, dit madame de Blossac, aussi y a-t-il deux femmes en moi. Tantôt c'est la bohémienne qui l'emporte avec ses mauvais instincts, ses vices et ses ruses ; tantôt c'est le sang pur d'une noble race qui coule dans mes veines, et je me sens transportée d'enthousiasme pour le grand et pour le beau. Une telle femme, avec sa double nature, peut devenir l'objet d'une étude physiologique intéressante, et donner lieu à de beaux effets dans le roman; mais, faute d'unité dans l'esprit et dans le caractère, elle répond mal au théâtre à l'idée que le nom de Tartufe, le caractère le plus logique qui ait existé, réveille en nous. Tartufe, nous dira-t-on, malgré toute sa prudence, devient pourtant amoureux d'Elmire. La situation et les personnages sont bien différents. D'abord Tartufe ne ressent pas une passion enthousiaste comme madame de Blossac; il est amoureux comme le sont les gens de son espèce, sans exaltation et sans tendresse; ce qu'il éprouve pour Elmire, c'est de la concupiscence. De plus, il a tout intérêt à séduire la femme d'Orgon; une fois à sa merci, elle devient un instrument de domination, et le bonhomme de mari se trouve dominé et dompté.

La donnée de *Lady Tartufe* est invraisemblable ; le caractère de cette femme est dépourvu de logique ; il ne faut donc point s'étonner de trouver beaucoup d'incohérence et de faiblesse dans l'ensemble de cette pièce. On reconnaît dans les détails la plume qui a écrit les *Courriers de Paris.* Nous ne dirons pas de madame de Girardin qu'elle peint à merveille, mais qu'elle invente à merveille la vie des salons dans une époque qui n'en a plus et qui n'en peut plus avoir ; elle intéresse à des riens ; elle colore de mille reflets des bulles de savon. Elle donne un esprit, parfois un cœur à des poupées de gaze. Personne ne comprend mieux qu'elle ces beaux enfants blonds aux jambes nues et roses qui courent dans les allées sablées des grands jardins ; elle les montre parfois plus jolis que nature.

Il y a dans *Lady Tartufe* une jeune fille, une pensionnaire d'une grâce, d'une candeur qui touchent un peu à la manière. Si notre mémoire est fidèle, cette ingénue sauva la pièce, dans laquelle jouait cependant mademoiselle Rachel. Il faut prendre garde à ces enthousiasmes de première représentation, et se méfier des enfants et des jeunes filles en littérature. Il y a dans ces créatures faibles, naïves et charmantes, un moyen presque sûr d'attendrir le public qui voit et qui écoute. Le public qui lit y échappe plus facilement. La pensionnaire de *Lady Tartufe* ne nous a point semblé justifier à la lecture l'effet qu'elle avait produit à la représentation. Déjà madame de Girardin depuis *Marguerite* avait la spécialité des enfants ; on y ajoutait libéralement la spécialité des jeunes filles. Rien de plus fâcheux que ces spécialités qui subdivisent l'homme à l'infini. Tel auteur *fait* le vieillard mieux que personne, tel autre est inimitable dans les quadragénaires; celui-ci est spécial pour l'homme de trente ans, comme Balzac pour la femme du même âge; il y en a qui ne peignent que les jeunes gens. Voilà bien des hommes, il nous semble, mais dans tout cela que devient l'homme?

Nous ne parlerons pas des deux dernières pièces de madame Émile de Girardin, quoiqu'elles aient beaucoup réussi toutes les deux. Mais le *Chapeau de l'Horloger* et la *Joie fait peur* sont surtout des succès de comédiens.

Le talent de madame de Girardin nous semble mieux approprié aux conditions particulières du roman qu'à celles de la comédie ou du drame. On a fait trop souvent remarquer la différence qui existe entre les deux genres pour qu'il soit nécessaire d'insister sur ce point. Le roman se prête plus facilement que le théâtre au laisser aller de la fantaisie, l'esprit individuel y est mieux à sa place, et le lecteur souffre plus volontiers que le spectateur que l'auteur prenne la parole au nom de ses personnages. Aussi préférons-nous les romans de madame de Girardin à ses pièces.

Le mieux réussi, le plus agréable de ces romans, c'est sans contredit *Marguerite ou les deux amours*, histoire délicate, touchante, spirituelle avec une pointe de paradoxe qui ne lui nuit pas. Une femme peut-elle aimer deux hommes à la fois? Cette question est difficile à résoudre; mais comme lorsqu'une femme aime deux hommes dans un roman, il y a toujours un de ces deux qui se fait moine ou qui se brûle la cervelle, il est permis de supposer qu'il a ses raisons pour cela. Évidemment, celui qui se tue n'est pas aimé. D'ailleurs, comme il faut bien que la femme finisse par choisir entre les deux hommes qu'elle aime, ce qu'elle fait toujours assez promptement, on peut conclure que celui qui reste est préféré à celui qu'on met à la porte. Si deux amours vivent à la fois dans le cœur d'une femme, c'est pendant un moment si rapide, si court, qu'on peut dire presque qu'ils n'ont pas existé ; mais qu'importe ? reste toujours la lutte entre la passion et le devoir, entre les sentiments qu'on éprouve et ceux qu'on voudrait éprouver, entre l'amour et l'amitié. Le spectacle d'une lutte pareille intéresse, émeut, touche, instruit, lorsqu'il est retracé par l'esprit fin et délicat d'une femme de cœur. Il n'y a pas autre chose dans *Marguerite*, et cela suffit.

Robert de la Fresnaye et Étienne d'Arzac aiment tous les deux madame de Meuilles, qui croit les aimer également, et qui, dès la première entrevue avec Robert, le préfère malgré elle à Étienne. Autant ce dernier est simple, vrai, autant son rival manque de naturel. Il est fait de *chic*, si l'on peut user de ce terme, et une femme de beaucoup d'esprit qui habite le Poitou écrivait à une de ses amies, au sujet de ces deux personnages : « Je le répète bien haut, et je le soutiendrai envers et contre tous, une femme intelligente, fière, sensible comme madame de Meuilles, ne saurait aimer un homme comme ce la Fresnaye. Fascination et rouerie, me répond l'auteur. Qu'est-ce à dire? et voudrait-on nous ramener aux don Juan de l'époque du romantisme? Le cœur des femmes a marché depuis ce temps-là. Revenir à la fascination, bon Dieu! à quoi songe donc madame de Girardin?

« Ici, le Robert de la Fresnaye a de nombreux partisans; cela ne m'étonne pas ; la province en est toujours aux modes littéraires d'il y a quinze ou vingt ans; mais à Paris il doit en être autrement. Ce la Fresnaye est mortellement ennuyeux avec toutes ses perfections. On n'est pas plus parfaitement beau, plus parfaitement spirituel, plus parfaitement courageux, plus parfaitement mélancolique, plus parfaitement adoré, plus parfaitement machiavélique et plus parfaitement héros de roman de 1832 que ce la Fresnaye. Soyez franche, ma chère ; est-ce qu'on sauve encore la vie du fils de celle qu'on aime? Ceci est d'un suranné, d'un Poitou à faire frémir. Pour moi, je ne saurais aimer d'amour une personne qui m'a rendu un tel-service; la reconnaissance empêche l'amour. Est-ce qu'on trouble encore le cœur des pauvres femmes en leur jetant un de ces regards *indéfinissables, étranges, vagues*, qui jouaient un si grand rôle dans les fascinations d'autrefois ? »

Il y a quelque chose de vrai dans cette lettre. Madame de Girardin met souvent un côté de mode dans ce qu'elle écrit, et cette mode n'est pas toujours celle du jour. Le danger de l'actualité, d'ailleurs, c'est qu'elle vieillit plus vite que toute autre chose. On trouve trop souvent dans ses romans des phrases dans le genre de celles-ci : « On voyait à l'élégance de sa capote qu'elle sortait des ateliers de Herbeau.

—Ce jour-là la duchesse était vêtue d'une robe de chambre dont les plis majestueux ne pouvaient avoir été drapés que par les doigts de Palmyre, la grande statuaire en satin. »

Écoutez ensuite la conversation suivante : il s'agit des invités à une soirée.

— Aviez-vous Méry? demanda Étienne. Quel esprit merveilleux !

—Il n'est pas à Paris, sans cela... Mais nous avions Cabarrus, un esprit charmant, plein de vivacité, de trait, de finesse.

— Je le connais : c'est un homme fort distingué.

Nous souscrivons très-volontiers à ces éloges, et nous croyons que les deux interlocuteurs ont raison; mais ce Méry et ce Cabarrus nous rappellent un peu le Flahaut du poëme de *Napoline*.

Des juges sévères ont reproché aux romans de madame de Girardin de n'être pas des romans, mais de simples récits entremêlés d'observations souvent ingénieuses et spirituelles sur les sujets qu'amène le fil de la narration. Le grand défaut de ces récits, ajoute-t-on, est de manquer de conclusion philosophique. On a dit particulièrement qu'il y avait dans *Marguerite* trop d'esprit pour un roman de cœur, et trop de cœur pour un roman d'esprit ; mais ce n'est là qu'un jugement de bel esprit, et qui n'a pas lui-même d'autre mérite. *Marguerite* se recommande par des qualités sérieuses d'analyse, par un ton de naturel et de simplicité qui donne une grande apparence de réalité aux développements d'une situation morale presque impossible. Un des principaux caractères du talent de madame de Girardin, c'est la distinction ; elle la cherche toujours ; dans *Marguerite*, elle la trouve. C'est par là surtout que ce roman est supérieur aux autres romans de madame de Girardin, et qu'il est digne de leur survivre.

Nous ne dirons rien de la *Canne de M. de Balzac,* de *Mademoiselle de Fontanges,* ni des *Nouvelles* de madame de Girardin, parce que nous avons hâte d'arriver à celui de ses livres qui a fait le plus de bruit et obtenu le plus grand succès, aux *Causeries parisiennes.*

III

Les trois volumes de *Lettres parisiennes*, comprenant les feuilletons publiés dans le journal *la Presse*, sous le titre de *Courrier de Paris*, et signé le VICOMTE CHARLES DELAUNAY ; ils embrassent une période de douze ans, de 1836 à 1848. Quoique déjà fort affairée, la société d'alors accordait encore une assez grande attention aux œuvres de l'esprit. Le journalisme n'avait presque rien perdu de son prestige. On peut dire, en se servant d'une expression peut-être un peu exagérée, qu'un simple feuilleton faisait événement. Ceux du vicomte Delaunay obtenaient souvent cet honneur ; on en parlait, on les discutait, on les désirait quand ils se faisaient attendre, ils étaient devenus une puissance ; plus tard, et c'est là un grand signe de force, ils luttèrent de vogue avec le roman-feuilleton.

Maintenant ces feuilletons forment un livre, ils n'ont plus le charme et l'attrait de l'improvisation, la société qu'ils dépeignent n'existe plus, nous sommes tous bien loin des hommes et des choses qu'ils racontent, on peut se demander s'ils ont survécu à l'actualité qui les faisait vivre.

Non-seulement ils vivent encore, mais il semble que l'éloignement les ait rajeunis ; ils résument dans un cadre étroit mais élégant l'histoire de nos mœurs sous la monarchie de Juillet. Il serait difficile d'écrire quelque chose même de sérieux sur cette époque sans les consulter. On a comparé les *Lettres parisiennes* aux lettres de madame de Sévigné. Je trouve que c'est aller un peu loin. Quoiqu'elle écrive avec finesse et élégance, le style de madame de Girardin manque de ces tours ingénieux et piquants, de cette allure originale et primesautière qui distinguent le style de madame de Sévigné. Les caractères ne se ressemblent pas non plus. Il est impossible d'ailleurs de comparer des lettres écrites pour le public, en présence du public, avec une correspondance intime, qui ne doit point voir le jour, ou tracée tout au plus avec la préoccupation d'un cercle restreint. Madame de Sévigné causait au milieu de sa famille et de quelques amis, madame de Girardin parlait à trente mille abonnés. Cela fait une différence. L'auteur des *Lettres parisiennes* et l'auteur des lettres à madame de Grignan ont cela de commun cependant qu'elles fournissent, sans s'en douter, d'utiles matériaux à l'histoire, que leur causerie jette des lueurs vives et charmantes sur la société de leur temps, et qu'il faut les lire toutes les deux si on veut bien connaître le dix-septième siècle et le nôtre.

Je ne voudrais pas commettre à mon tour le péché d'exagération, et mettre en parallèle deux esprits entre lesquels il y a si peu de proportion ; mais, sans comparer madame de Girardin à Montesquieu, on me permettra de trouver que les *Lettres parisiennes* ne sont point sans quelque analogie avec les *Lettres persanes*. Sous le pseudonyme de ses Persans, Montesquieu a voulu faire la critique des mœurs et des institutions de son siècle ; c'est aussi le but que s'est proposé madame de Girardin en endossant le frac du vicomte Delaunay. Tous les deux se sont sentis plus à l'aise sous un déguisement pour dire la vérité.

Madame de Sévigné n'est point, à proprement parler, un écrivain moraliste. Montesquieu et madame de Girardin (j'insiste pour qu'on ne perde pas de vue la distance qui les sépare) méritent ce titre à des degrés différents. Ce que l'un a fait pour le dix-huitième siècle en homme sérieux, en philosophe qui se délasse un moment dans l'observation des mœurs, des travers et des ridicules, l'autre l'a accompli pour le dix-neuvième siècle en femme spirituelle qui s'élève parfois en se jouant jusqu'à la philosophie. La critique des *Lettres persanes* est sans contredit bien autrement profonde et incisive que celle des *Lettres parisiennes ;* elle secoue les abus d'une main plus solide et plus vigoureuse, si solide et si vigoureuse qu'elle est parvenue à en ébranler plusieurs, mais pourtant madame de Girardin fait ce qu'elle peut, elle s'escrime avec audace et vaillance contre les vices de son temps, et tant pis pour le dix-neuvième siècle en définitive, s'il n'a mérité qu'un Montesquieu en robe de gaze, avec des fleurs dans les cheveux.

Chose rare et précieuse, il y a un écrivain moraliste dans madame de Girardin. Les pensées suivantes extraites des *Lettres parisiennes* suffiront à le prouver.

« Comme les habits, les vertus suivent la mode. Cela ferait croire qu'elles ne sont que des parures. »

« Une conversation qui languit est un déshonneur pour une maîtresse de maison. Il faut qu'elle la réveille à tout prix. Dans un si grand péril, tout lui est permis, tout lui devient secours. Elle ira jusqu'à se compromettre, elle racontera ses souvenirs les plus intimes, elle trahira son secret, elle dira ce qu'elle pense.... plutôt que de laisser tomber la conversation.

« Une véritable égoïste ne sait pas être fausse.

« Les femmes sont un ornement dans la vie, et la loi de tout ornement est de paraître léger, fin, délicat, coquet, ce qui ne l'empêche pas d'être en cuivre ou en or, en pierre ou en marbre.

— « Un grand poëte est l'expression de son époque; maudissez l'époque qui le fait naître si ses œuvres révoltent votre esprit, mais ne vous en prenez pas au poëte. »

— « Les méchants ne sont pas seuls à faire des méchancetés. »

— « Nous connaissons de nouveaux mariés qui nous ont sérieusement avoué qu'ils ne désiraient point d'enfants parce que leur appartement était trop petit. »

— « Ce qui nous empêche d'avoir de l'imagination,

c'est notre égoïsme, car l'imagination est toujours une distraction de soi-même. »

— « Les prétentions tiennent lieu de passion en France. »

— « Nos amis sont si exigeants pour nous qu'ils ont bien de la peine à se contenter de notre bonheur. »

— « Tout Français déteste la femme qu'il aime. »

— « Un Français n'aime beaucoup que la femme qu'il méprise un peu. Les femmes d'un monde fantastique sont celles qu'il préfère ; comme elles sont dans sa dépendance par la misère de *leur* condition, il ne s'aperçoit pas qu'il est dans la *leur* par la pauvreté de son caractère, et il daigne *leur* obéir parce qu'il ne *leur* reconnaît pas le droit de *lui* commander. Ce sont les seules femmes à qui il daigne pardonner d'avoir plus d'esprit que *lui*. »

La forme de ces pensées, de la dernière surtout, est un peu négligée ; les *Lettres parisiennes* n'ont pas été revues avec tout le soin nécessaire, mais le fond en est vrai. Madame de Girardin a pu voir les femmes du monde fantastique (on dit aujourd'hui demi-monde) étendre peu à peu leur empire et régner à la fois sur la société et sur la littérature. La France est le pays du monde où l'on trouve, dit-on, les courtisanes les plus spirituelles et les plus charmantes; cela prouverait qu'on n'y aime plus guère que par désœuvrement et par vanité. La faute n'en est pas tout entière aux hommes, s'il faut en croire ces pensées de madame de Girardin.

— « L'ambition est toute la vie des femmes. Avoir

de l'importance, c'est tout leur rêve. L'amant n'est pour elles qu'un succès. Être aimée, c'est prouver seulement que l'on est aimable.

— « L'unique passion qu'elles puissent ressentir et comprendre, c'est la passion de la maternité, parce que l'amour maternel est une ambition sainte, un orgueil sacré. »

Là, où les femmes n'ont que de l'orgueil, les hommes n'ont bientôt que de l'indifférence; les quelques extraits pris çà et là (peut-être d'autres feront-ils un meilleur choix) dans les *Lettres parisiennes* suffisent à faire comprendre le talent de l'auteur, et à expliquer pourquoi ses causeries ont obtenu plus de succès que ses autres ouvrages, que ses pièces surtout. Au théâtre les digressions ne sont guère de mise. Pas de gentillesses qui n'aient rapport à l'action, de broderies qu'on détache à volonté. Le spectateur est vite fatigué de ces fantaisies; la route est longue, il faut aller au galop, même à la montée. Le chemin du feuilleton au contraire peut suivre tous les détours; on gravit la colline à pied, on cueille des fleurs, on chasse aux papillons. Madame de Girardin est presque toujours heureuse dans cette chasse, sa freloche amène sans cesse des insectes rares et brillants. Elle excelle à piquer les ridicules d'une fine aiguille d'acier, et à les fixer dans ses livres, où on les admire sans oser les toucher, de peur que leur éclat ne s'évanouisse. Il y a des talents réels qu'il ne faut pas approfondir, celui de madame de Girardin est de ce nombre; il n'est ni très-profond ni très-élevé, mais il a de la justesse parfois, et toujours du brillant. On peut le comparer à un livre doré sur sa tranche, le filet d'or est mince sur chaque feuillet, mais de loin sa vue est éblouissante.

Madame de Girardin ne s'accommodait pas trop du grand succès de ses *Lettres parisiennes.* « Il est ar-
« rivé ceci, dit-elle dans sa lettre du 30 mars 1844 :
« Un éditeur audacieux a imaginé de réunir en vo-
« lume ces feuilletons éphémères, griffonnés à la
« hâte, et que nous croyions voués au plus favorable
« oubli. Cette collection de commérages a obtenu un
« succès inespéré. Un homme d'esprit, après l'avoir
« parcouru, en a fait un éloge mémorable. C'est
« étonnant comme ça supporte la lecture, a-t-il dit ;
« et l'on n'a jamais rien dit de plus flatteur sur un
« livre.

« Mais si le mot est flatteur pour un livre, il est
« moins agréable pour l'auteur. Et nous découvrons
« tristement cette affreuse vérité: c'est que de tous nos
« ouvrages écrits avec soin, avec prétention, le seul
« qui ait quelque chance de nous survivre, est pré-
« cisément celui dont nous faisons le moins de cas
« . . . .
« On nous a donc métamorphosé malgré nous en une
« espèce non pas d'historien, mais de *mémorien*, un
« de ces écrivains sans valeur que les grands écri-
« vains consultent, un de ces mauvais ouvriers qui
« ne savent rien faire par eux-mêmes, mais qui ser-
« vent à préparer de l'ouvrage aux artistes de talent;
« nous sommes à l'historien ce que l'élève barbouil-
« leur est au peintre, ce que le clerc est au procureur,
« ce que le manœuvre est au maçon, ce que le mar-

« miton est au *chef*. On appelle le premier, rapin ; le
« second, saute-ruisseau ; le troisième, gâcheur ; le
« quatrième, gâte-sauce. Nous ne connaissons pas
« le surnom dérisoire qu'on donne au gâte-sauce
« historique : ce métier infime doit avoir aussi quel-
« que sobriquet ; nous ignorons le mot, mais il doit
« exister, peut-être que c'est : journaliste. »

N'est pas journaliste qui veut, surtout journaliste
comme madame de Girardin. On ne trouverait pas
dans la littérature une œuvre plus difficile à accomplir que cette histoire au jour le jour des mœurs, de
la littérature, du théâtre, des modes, des plaisirs
d'une société élégante et polie. Il n'en est point qui
demande plus de délicatesse, plus de pénétration,
plus de légèreté et plus de sérieux dans l'esprit. Pro-
longer au delà de la minute qui les voit naître et
mourir ordinairement l'existence de ces riens éphémères dont se compose ce qu'on appelle l'actualité,
c'est accomplir un des plus rares miracles de l'art de
l'écrivain.

Madame de Girardin dédaignait trop la gloire du
journal. Journaliste elle-même, mariée à un journaliste, par une de ces inconséquences qui choquent
moins dans une femme, elle n'aimait pas le journalisme. On a vu dans l'*École des journalistes* jusqu'où
elle poursuit sur ce point l'aveuglement, on peut le
dire, et la passion. Dans ses lettres, elle ne perd pas
non plus une occasion de s'en prendre aux journaux.

« Il y a quelques jours, un des plus francs mo-
« queurs entre les journalistes, spirituel et *barbare*
« s'il en fut, rencontra chez un jeune député de ses

« amis M. Vat..., qu'il a longtemps poursuivi de ses
« épigrammes, mais qu'il ne connaissait point. La
« conversation était fort animée ; les questions étaient
« fort importantes, et chacun par la sympathie des
« idées se trouvait entraîné à dire sa pensée avec une
« franchise dont il était surpris. C'était une de ces
« conversations où les hommes se jugent, tant par ce
« qu'ils osent dire, que par ce qu'ils ne disent pas.
« Après une grande heure, M. Vat... se retira. A
« peine avait-il fermé la porte : — Voilà, ma foi, un
« homme qui me plaît ! s'écria le journaliste, toutes
« ses idées sont les miennes... C'est un homme d'es-
« prit ; comment l'appelez-vous ? — C'est M. Vat...
« — Quoi ! c'est là Vat... sur qui j'ai dit tant de fo-
« lies !... Et le journaliste se mit à rire ; puis il ajouta
« finement : — Eh bien ! ce n'est pas du tout comme
« cela que je me le serais figuré d'après le portrait...
« que j'ai fait de lui. » Cette fois la raillerie est pi-
quante et spirituelle, mais madame de Girardin ne
raille pas toujours aussi doucement le journalisme
et le régime parlementaire qui est, s'il est permis de
s'exprimer ainsi, la seconde *bête noire* de l'auteur des
Lettres parisiennes.

Le talent de madame de Girardin est surtout un
talent de femme, elle est restée la plus femme de
toutes les femmes qui ont écrit de notre temps ; on
pourrait donc placer aussi au chapitre complaisant
des inconséquences féminines cette haine du régime
parlementaire si fréquemment exprimée, et si peu
explicable chez la femme du rédacteur en chef de la
Presse et du député de Bourganeuf. Il n'est sorte d'é-

pigrammes dont elle ne poursuive ces pauvres représentants des électeurs à deux cents francs ; toute occasion lui est bonne pour se moquer de la Chambre et du régime constitutionnel. Madame de Girardin était peut-être moins inconséquente qu'il le semble au premier abord. Malgré ses apparentes hardiesses, l'auteur des *Lettres parisiennes*, et ce fut là une des causes de son succès, n'était souvent que l'écho fidèle des sentiments et des idées de la bourgeoisie. Cette haine irréfléchie du journal et de la tribune prenait sa source dans un certain instinct d'appréhension et de crainte. La société supportait la liberté plutôt qu'elle ne l'aimait réellement ; elle en usait tout en la redoutant. Cette alliée récente lui paraissait peu sûre, et la société d'alors s'appuyait sur la liberté, tout en s'apprêtant à la sacrifier à la première circonstance. Aussi, comme nous l'avons dit, les attaques contre les journaux et contre les chambres qui reviennent si souvent dans les feuilletons de madame de Girardin contribuèrent-elles beaucoup à les faire lire avec empressement. La politique des *Lettres parisiennes* était bien la politique des salons de l'époque. Il est bien difficile, par exemple, de dire en quoi elle consistait, cette politique. Les opinions de madame de Girardin sont peu aisées à démêler. Elle attaque et elle défend tour à tour Charles X et Louis-Philippe, la branche cadette, le pouvoir royal et les chambres, la monarchie et la démocratie. Elle est un peu comme la bourgeoisie elle-même, ennemie à la fois de l'autorité et de la liberté.

Quand vient la république, on sourit de voir cette
femme intelligente, distinguée, généreuse, se mettre
à la remorque du *Constitutionnel*, servir à ses lecteurs la *purée d'ananas*, crier à l'aristocratie, parce
que Armand Marrast donne une fête à l'hôtel de
la présidence, et au retour de 93, parce que quelques personnes s'appellent citoyen au lieu de monsieur. Rendons-lui pourtant cette justice : madame
de Girardin eut elle aussi en Février son moment
d'entraînement et d'enthousiasme le jour où elle
reprocha à la république d'oublier les femmes, de
faire des lois qui refusaient le droit de voter à
l'auteur de *Mauprat*, de *Valentine*, de la *Mare
au Diable*, et qui l'accordaient à son laquais ; et le
jour encore où elle écrivit, la veille des funestes
journées de juin, ces lignes touchantes : « Il n'y a que
les femmes des deux partis menaçants qui puissent,
par leur éloquence avant le combat, forcer les hommes à être généreux, et par leur amour après le sacrifice, les consoler de l'avoir été. »

Quoiqu'il y ait beaucoup de politique dans les *Lettres parisiennes*, ce n'est point par là qu'elles vivront,
mais par l'analyse des sentiments et la peinture des
mœurs modernes, par la critique littéraire, par les
portraits, par l'observation fine, spirituelle, enjouée
des caractères et des événements, par un mélange de
mélancolie et d'esprit sensible surtout depuis le commencement du second volume en 1844. Madame de
Girardin entrait alors dans l'âge où l'on regarde autour de soi et où l'on souffre de se sentir seule.

> C'est le jour où Marie
> Enfanta le Sauveur,
> C'est le jour où je prie
> Avec plus de ferveur.
> D'un long chagrin mon âme
> Ce jour-là se défend.
> O Vierge ! je suis femme,
> Et je n'ai point d'enfant.

Ce fut la souffrance constante de madame de Girardin ; on le sentait pour ainsi dire en la voyant belle et triste partout. Il y a dans les vergers des arbres qui lui ressemblent. Le tronc est droit, la branche forte, la feuille touffue ; pourtant l'aspect de l'arbre est sombre, ses fleurs ont été gelées, il n'a pas de fruits. A l'heure où la jeunesse s'en va, cette souffrance de l'isolement doit paraître plus poignante. Mais les grandes douleurs sont comme de hautes montagnes d'où l'on découvre mieux la vérité. Le talent de madame de Girardin aurait ressenti cette salutaire influence si la mort n'était point venue le briser, et peut-être, dans le roman et au théâtre, se serait-il élevé, agrandi et étendu ; ses lettres, si elle eût jugé à propos de continuer sa correspondance avec le public, auraient gagné en profondeur et en élévation. De son vivant on se plaignait de son silence. Ses éditeurs nous l'expliquent dans un avant-propos qui précède le tome premier des lettres. « Où la compression a tous les « droits, la raillerie n'en a plus aucun. Alors l'his-« toire qui plaisante et qui passe, l'histoire vivante, « n'a qu'à se taire pour laisser passer l'histoire qui « juge et qui reste. »

« Telle est l'explication que madame Émile de Gi-
« rardin donnait elle-même de son silence dans l'avis
« placé en tête du volume intitulé le VICOMTE DE LAU-
« NAY réimprimé en 1853, alors que nul ne pré-
« voyait et ne pouvait prévoir que deux ans après, le
« 23 juin 1855, à ce silence temporaire succéderait
« le silence éternel. »

Ainsi, après avoir chanté la liberté au début,
madame de Girardin, qui semblait l'avoir oubliée, a
protesté pour elle à la fin de sa carrière.

LES

POÉSIES EN PROSE DE M. MICHELET

I

L'OISEAU

Quand le bruit s'est répandu que M. Michelet allait publier un livre sur les oiseaux, les amis de l'illustre historien n'ont pas été sans inquiétude. Nous vivons dans un temps où la lassitude s'empare facilement des meilleurs esprits, où le poids des grands travaux accable les âmes, où les plus robustes épaules semblent faiblir sous le fardeau de l'idée. L'ennui est la maladie du jour; on veut y échapper par le changement. M. Michelet s'est-il laissé gagner à la contagion? va-t-il fermer le livre de l'histoire pour faire l'école buissonnière, et, grand enfant, se mettre à dénicher des merles?

L'oiseau ! Tout ce qui pouvait être dit sur ce sujet, Toussenel ne vient-il pas de nous le dire de la façon la plus spirituelle, la plus charmante, la plus originale?

Toussenel est chasseur, pêcheur et voyageur; il aime les grands bois, les bruyères solitaires, la plaine cultivée, la montagne sauvage; il s'est promené sur les grèves des lacs et sur les rives des deux mers; il a le coup d'œil du chasseur et l'instinct du poëte;

il a suivi d'un regard curieux la caravane des oiseaux
de passage ; il sait l'heure et le jour fixe des migrations de la caille ; du râle, de la bécasse. Le canard
sauvage lui a confié le secret de son existence aven-
tureuse ; l'aigle et le faucon lui ont raconté leurs
aventures de guerre et de chasse. Il n'est pas un vo-
latile sous notre ciel qui ne connaisse Toussenel.
Leur confiance va même jusqu'à le consulter sur
leurs amours. Il mêle le récit à l'observation, il sait
être instructif et amusant. Et puis, il a l'avantage
d'être un novateur, de viser à faire une révolution en
histoire naturelle. On dit même qu'il y est parvenu.
M. Michelet a bien assez de s'occuper des hommes
sans songer aux oiseaux. Ses yeux brûlés à l'éclat de
la lampe sont trop faibles pour suivre l'alouette dans
le ciel, pour distinguer la fauvette dans le feuillage.
Qu'il reste dans son cabinet la plume à la main, laissant aux jambes nerveuses de Toussenel la guêtre de
cuir et le soulier ferré, trop lourds pour ses pieds
débiles. Ainsi parlaient quelques amis de l'auteur de
l'*Histoire de France.* Son livre sur l'oiseau a paru, et
ils ont pu se convaincre que leurs alarmes n'étaient
pas justifiées.

Ne vous est-il pas arrivé quelquefois, au milieu
d'une page entamée ou d'une lecture commencée,
d'entendre tout à coup le chant d'un oiseau, le bour-
donnement d'une abeille, de voir un papillon égaré
se glisser dans votre chambre à travers la persienne
entr'ouverte ? Aussitôt la plume s'arrête involontairement, le livre se ferme comme de lui-même, l'esprit prend les ailes de l'oiseau, de l'abeille, du pa-

pillon; il bourdonne, il voltige, il s'envole, et l'âme part avec lui. On a beau tâcher de le retenir, il vous emporte, il faut le suivre. Le travail entrepris reste interrompu; on ne s'y remettra qu'en achevant le rêve. L'esprit a besoin de distractions; quand le hasard ne lui en fournit point, il s'en crée lui-même. Quittant le tableau religieux qui absorbe toute sa pensée, un peintre jette sur la toile une troupe de bohémiens; entre deux scènes d'un drame terrible, un poëte rime une chanson. C'est ainsi qu'entre la *Renaissance* et les *Guerres de religion*, M. Michelet a écrit l'*Oiseau*. Un jour qu'il se promenait dans la campagne pour échapper à l'oppression fatale de la Saint-Barthélemy, les buissons lui ont fourni ses bohémiens, les bosquets sa chanson; il a trouvé sa distraction dans un nid qui venait d'éclore.

La nature est la grande consolatrice des cœurs blessés. Grands ou petits, nous souffrons tous plus ou moins d'une blessure secrète. Le destin a déçu nos espérances; ce n'est pas en un jour qu'elles peuvent renaître. Nous nous sentons presque désintéressés du spectacle du monde, aussi la nature parle-t-elle plus vivement à l'âme. On l'aime davantage, on éprouve plus vivement le besoin de se rapprocher d'elle. Il semble que l'indifférence, pour ne pas dire plus, qu'on ressent pour les hommes se change en sympathie pour les animaux.

> Mon père était oiseau,
> Ma mère était oiselle,

chante la Marguerite folle dans la prison où Faust va

venir. Notre époque ressemble un peu à la pauvre fille : elle veut s'enfuir, elle veut s'envoler, elle répète le mot de Marguerite et le mot du livre dont nous parlons : *Des ailes !*

Musa ales, disaient aussi les anciens. Il faut en effet que la poésie s'élève dans les régions infinies, et qu'elle cherche toujours à monter plus haut. Qui rapportera aux hommes le secret de Dieu, qui leur donnera des nouvelles du ciel, si ce n'est elle? La muse est présente dans le livre dont nous nous occupons aujourd'hui. On entend pour ainsi dire le battement harmonieux de ses ailes dans chaque page de ce style qui vit et chante librement comme l'oiseau. Outre ce charme perpétuel de mouvement et de vie, l'ouvrage tout entier est rempli de la poésie pénétrante et douce du ménage, on sent qu'il est sorti de l'union intime de deux cœurs, de la sainte collaboration du foyer conjugal; l'homme et la femme ont mis en commun leurs idées et leurs sentiments, leurs études et leurs impressions. De là le caractère particulier de ce livre, né un peu comme l'oiseau. D'abord le nid bâti par le mâle, qui trace le plan, va chercher les matériaux les plus lourds de la construction, les apporte dans son bec, fait le gros de la besogne; puis l'œuf couvé par la femelle, auquel le mâle aux heures de fatigue de sa compagne communique un peu de sa chaleur; les petits sont éclos, il faut les défendre, les nourrir, les instruire à se tenir debout, à voler, à chanter; ainsi dans ce volume la femme écrivait, le mari redressait la phrase, lui enseignait le vol et le chant.

Nous savons que M. Michelet ne réclame pas d'autre part dans le travail commun, mais dans cette part
il s'est mis tout entier, on l'y retrouve avec sa poésie
alerte et soudaine, avec ses coups de gosier d'alouette
et ses mélodies de rossignol. C'est surtout dans l'introduction qu'on aime à l'entendre raconter comment ce livre, commencé dans son esprit sous le ciel
brumeux de la Bretagne, continué à l'ombre immo-
bile des orangers, fut achevé sur les grèves de la
Normandie. Dans son jardin touffu et luxuriant des
environs de Nantes, l'oiseau l'avait séduit par sa
douce familiarité ; dans ces champs brûlés entre les
Apennins et la mer, où la cigale seule chante, collée
aux feuilles des vignes ou au tronc des oliviers et des
pins, l'oiseau s'était fait aimer davantage par le regret même de son absence ; en face de l'Océan, l'infini et la solidarité de la création se firent mieux
sentir à son cœur et à son esprit. « Ces pensées, dit-
il, que d'autres ont écrites, et bien mieux, nous,
nous les eûmes au cœur. Elles ont été notre aliment,
notre rêve habituel ; couvé pendant ces deux années
en Bretagne et en Italie, c'est ici qu'elles sont devenues, dirai-je un livre? un fruit vivant ? A la Hève, il
nous apparut dans son idée chaleureuse, celle de la
primitive alliance que Dieu a faite entre les êtres, du
pacte d'amour qu'a mis la mère universelle entre ses
enfants. » Telle est, en effet, la pensée fondamentale
de cet ouvrage ; mais avant d'y pénétrer plus avant,
écoutons le chant plaintif et tendre qui se fait entendre au milieu de l'introduction.

L'homme s'interrompt un moment pour laisser

chanter la femme toute seule. Au rebord du nid conjugal, elle raconte les douceurs du nid natal, dont
elle se souvient encore, la tendresse d'un père en qui
elle vivait, et qu'elle a voulu faire revivre : noble et
touchante physionomie, cœur profond, grande intelligence que l'on aime et à l'ombre de laquelle on
souhaiterait d'avoir vécu ; les fleurs, les oiseaux, ces
premières amours de la jeune fille ; les animaux familiers, ces premiers amis, le lapin que l'on soigne,
les tourterelles qui viennent roucouler sur l'épaule
connue, le chien, le chat qui s'assoient au foyer,
puis les études avec les frères et les sœurs interrompues par les travaux de la campagne. « Heureusement
pour moi, notre vie, naturellement mêlée à celle des
champs, était, bon gré mal gré, fréquemment variée
des intérêts charmants qui rompent toute habitude.
L'étude est commencée, on s'applique sans distraction. Mais quoi ! voici venir l'orage, les foins seront
gâtés, vite il faut les rentrer ; tout le monde s'y met,
les enfants même y courent, l'étude est ajournée ;
vaillamment on travaille, et la journée se passe. C'est
dommage, la pluie n'est pas venue ; l'orage est suspendu du côté de Bordeaux, ce sera pour demain. »
Et quelques lignes plus loin : « Il est bien entendu
qu'aux vendanges il n'y avait point à songer à l'étude ;
ouvriers nécessaires, nous vivions aux vignes ; c'était
notre droit. Mais avant le raisin, nous avions bien
d'autres vendanges, celles des arbres à fruits, cerises,
abricots, pêches. Même après, les pommes et les poi-
res nous imposaient de grands travaux, auxquels
nous nous serions fait conscience de ne pas employer

nos mains. Et, ainsi, jusque dans l'hiver, revenaient ces nécessités d'agir, de rire et de ne rien faire. Les dernières, déjà en plein novembre, peut-être étaient les plus charmantes; une brume légère parait alors toute chose; je n'ai rien vu de tel ailleurs; c'était un rêve, un enchantement. Tout se transfigurait sous les plis ondoyants du grand voile gris perle qui, au souffle du tiède automne, se posait amoureusement ici et là, comme un baiser d'adieu. » Tout le morceau, que nous voudrions pouvoir citer, est écrit avec ce charme et cette simplicité. Dans ce temps de fausses pastorales et d'idylles fardées, ce récit naïf des premières années d'une jeune fille touche profondément; on l'a lu, et on veut le relire encore; on y respire la douceur et le parfum de la poésie; on y sent l'accent de la vérité et l'harmonie même de la nature.

On revient de toutes parts à l'étude de la nature. Jamais les naturalistes n'ont été plus nombreux, plus intelligents que de nos jours : les ornithologistes surtout, Wilson, Audubon, Toussenel sont là pour le prouver; pourtant ne me parlez pas des naturalistes, ils adorent les animaux, mais ils les étouffent, ils leur ouvrent le ventre, ils leur arrachent les entrailles, pour les disséquer et les empailler, et tout cela avec une hypocrisie de douleur et d'élégie qui révolte les consciences honnêtes. Toussenel, qui est, comme Nemrod, un grand chasseur devant Dieu, ne tue pas les oiseaux pour les empailler, ce dont il se soucie médiocrement, mais pour les manger. Tuer un oiseau ! j'ai sans cesse devant les yeux le cadavre de ma dernière victime. C'était un rouge-gorge, qui me fixait de son petit œil doux en sautillant sur la branche, et semblait m'appeler de loin d'un sifflement amical. Mon fusil partit, quelques plumes volèrent en l'air, il tomba l'aile étendue sur l'herbe tachée de son sang. Le pauvret me regardait d'un œil de reproche quand je le ramassai. Ce regard m'attendrit, et je le vois encore. Je ne rechargeai pas mon fusil, et je ne l'ai plus chargé depuis.

M. Michelet n'est ni un naturaliste comme Wilson et Audubon, ni un observateur spirituel et humoristique comme Toussenel, qui voit surtout dans l'étude des animaux une occasion de parler des hommes, sans perdre de vue cependant cette grande thèse des analogies si chère à Fourier, dont il est un des plus brillants disciples. L'auteur de l'*Oiseau* s'occupe de son sujet en poëte et en philosophe, en poëte surtout. S'il compare l'organisation physique de l'homme à celle de l'oiseau, il trouve cette dernière presque supérieure. « Vie facile et sublime, s'écrie-t-il, de quel œil le dernier oiseau doit regarder, mépriser le plus fort, le plus rapide des quadrupèdes, un tigre, un lion ! Qu'il doit sourire de le voir, dans son impuissance, collé, fixé à la terre, la faisant trembler d'inutiles et vains rugissements, des gémissements nocturnes qui témoignent de la servitude de ce faux roi des animaux, lié, comme nous sommes tous, dans l'existence inférieure que nous font également la faim et la gravitation ! » Quel est le rêve le plus ardent de l'homme ? L'aile. Depuis qu'il existe, il a cherché sans cesse à réaliser cette chimère ; il la poursuit encore dans le ballon.

Le poumon d'un roitelet a plus de force que celui d'Hercule, la voix de l'alouette s'entend de plus loin que le rugissement du lion. L'homme est bien fier de ses machines à vapeur, que suit l'hirondelle. Qu'est-ce que la locomotive à côté de l'aigle de mer, qui ne connaît pas la distance : ce matin au Sénégal, avant le coucher du soleil en Amérique ? pour se diriger à travers l'infini, l'oiseau n'a pas besoin de boussole. C'est à peine si l'homme, avec son baromètre, peut prévoir l'orage. L'oiseau devine non-seulement l'orage, mais encore les changements de température ; il prévoit les rudes saisons. Doué d'un instinct qui égale la science de l'homme, l'oiseau a des sentiments d'affection, de travail, de dévouement plus forts que les nôtres. Voyez, par exemple, l'amour maternel. « Chez nous, dit M. Michelet, la mère aime ce qui remue dans son sein, ce qu'elle touche, tient, enveloppe d'une possession certaine ; elle aime la réalité sûre, agitée et mouvante qui répond à ses mouvements. Mais l'oiseau aime l'avenir et l'inconnu ; son cœur bat solitaire et rien ne lui répond encore. Elle n'en aime pas moins et se dévoue et souffre ; elle souffrirait jusqu'à la mort pour son rêve et sa foi. » La thèse tout entière est admirablement développée dans le chapitre de l'*Œuf*, et nous renvoyons le lecteur à cette partie du livre.

La loi constitutive de notre muséum d'histoire naturelle attachait à cet établissement des *gardiens démonstrateurs* chargés de fournir aux visiteurs les explications dont la vue des objets exposés fait si souvent sentir le besoin. M. Michelet demande que l'on mette à exécution cette loi. Il a bien raison, en effet. Un homme passe devant les vitrines du muséum ; à l'aspect d'une forme bizarre sa curiosité s'éveille. On la satisfait, il y revient encore ; l'esprit prend goût à l'étude, la vocation se décide, et, qui sait ? un savant illustre peut naître de cet échange de quelques mots. Ne doit-on pas d'ailleurs saisir avec empressement toutes les occasions de répandre dans le peuple les notions de la science? Nos magnifiques collections ne sont qu'une lettre morte, une suite de curiosités, d'objets de fantaisie ; il serait temps de les animer, de les faire parler au profit de l'étude. Cet office de *gardien démonstrateur*, M. Michelet l'a rempli dans son livre. Il nous montre d'abord l'oiseau flottant incertain entre une double vie, un peu oiseau, un peu poisson, ne pouvant voler, à peine se tenir sur la terre, nageur et plongeur admirable : c'est le pingouin, le manchot dont l'aile ressemble plutôt à une nageoire, puis l'autruche, qui se sert de la sienne comme d'une voile. L'aile se développe, elle embrasse l'espace, elle emporte l'oiseau de mer d'un bout de l'horizon à l'autre avec la rapidité du vent.

Voici maintenant les races en décadence, les longs oiseaux qui contemplent mélancoliquement leur mince silhouette sur le miroir de l'étang ou du lac. Plongé dans une éternelle tristesse, le héron semble regretter le temps où l'oiseau aquatique remplissait la grande mission de préparer la terre à l'homme, où il purgeait la création indécise des monstres bizarres qui l'infestaient. « On parle d'un Hercule humain, dit M. Michelet ; que lui eût servi sa massue contre le plésiosaure et le léviathan ? Il y fallait le vol, l'aile forte, intrépide de l'hercule oiseau, l'épiornis, un aigle de vingt pieds de haut et cinquante pieds d'envergure, implacable chasseur qui, maître de trois éléments, dans l'air, dans l'eau, dans la vase profonde, suivait le dragon, sans repos. » L'homme a oublié ces grands services ; la création, en s'améliorant, a rendu plus difficile la vie des oiseaux aquatiques ; les espèces s'abâtardissent, disparaissent ; celles qui survivent se consument dans la tristesse et le regret : le cygne ne chante plus, le héron s'enfonce dans les solitudes perdues, la grue misanthrope s'éloigne de l'Europe et de la civilisation, la cigogne seule nous reste. Fasse le ciel que l'homme ne brise pas les liens qui le rattachent encore à cet oiseau patriarcal, comme il l'a fait pour tant d'autres espèces !

L'épuration de la nature accomplie en grande partie n'en exige pas moins un travail incessant. C'est l'oiseau qui se charge de cette besogne. Balayeurs municipaux, les oiseaux nettoient les rues des villes paresseuses de l'Orient et de l'Amérique méridionale. La mouette purge les mers des innombrables corps en putréfaction qui flottent à leur surface. On n'en finirait pas si l'on voulait énumérer tous les services que l'oiseau rend à l'homme. Pauvre oiseau ! qu'a-t-il à attendre en retour de son dévouement ? La mort sous toutes ses faces. L'homme et l'animal s'entendent pour lui donner la chasse, la nuit et le jour sont pour lui pleins d'embûches; la nuit, c'est la dent de l'animal; le jour, le fusil de l'homme. L'enfant et la couleuvre, deux serpents, guettent sa nichée. Nous voyons au printemps, parure barbare, les petites filles porter un collier d'œufs à leur cou. Si vous voulez que l'homme soit moins cruel, apprenez à l'enfant à respecter le nid. S'il a échappé au chasseur, à la fouine, à l'enfant, à la couleuvre, d'autres périls attendent l'oiseau. Le temps des migrations arrive, il faut quitter la France, passer én Italie, franchir les Alpes, la Méditerranée. L'oiseau de proie le guette au passage, l'attend à l'entrée de la gorge et de la vallée. Il a choisi la route de la mer, il traverse la Provence, il vole à tire-d'aile, mais un chant le poursuit dans l'espace; ce chant fraternel qui l'appelle, d'où part-t-il? il ralentit son aile, il vole plus bas pour l'entendre, il y répond. Fuis, pauvre voyageur! complice involontaire de l'homme, c'est un prisonnier qui t'a vu passer dans les airs et t'a jeté son cri d'adieu; le dur Marseillais t'attend dans son *poste* recouvert de feuillage. De la cage au ciel, du prisonnier à l'oiseau libre s'échange un duo de joie et de fraternité; ce dernier s'arrête, le plomb l'atteint sautillant et vif sur le *cimeau* perfide; il tombe sanglant sur la cage de son frère qui l'a trahi. Cette chasse au poste, que le Marseillais pratique avec fureur, est une des plus cruelles qui se puissent imaginer, et surtout l'une des plus déloyales. Les Marseillais se plaignent de ne plus pouvoir la faire. L'oiseau aurait fini par reconnaître le piége qu'on lui tend? Quoi qu'il en soit, la Provence est punie de la barbarie de ses enfants. A peine quelques papillons égayent la solitude de ses campagnes : dans son ciel bleu pas une aile, dans ses amandiers pas un chant.

M. Michelet en veut aux rapaces, à ces meurtriers au front déprimé qui n'ont qu'un bec et pas de visage, à ces brigands ignorants et grossiers qui savent à peine se bâtir une aire et ne peuvent pas construire un nid pour abriter leur couvée. Il fait surtout une rude guerre à l'aigle, que la science moderne soumet à de rudes épreuves depuis déjà plusieurs années, et qui risque fort de sortir fort amoindri des grands et menus procès qu'on lui intente. M. Michelet lui préfère comme générosité et comme courage le faucon, sans éprouver cependant pour ce dernier une trop vive tendresse. En revanche le corbeau est son ami, témoin le portrait suivant qu'il trace de cet oiseau, quelque peu calomnié, paraît-il, jusqu'ici : « Sans aller jusqu'en Amérique, vous pourrez, au jardin des Plantes, voir l'ascendant des petits sur les grands, de l'esprit sur la matière, dans le singulier tête-à-tête du gypaète et du corbeau. Celui-ci, animal très-fin, et le plus fin des rapaces, qui, dans son costume noir, a l'air d'un maître d'école, travaille à civiliser son brutal compagnon de captivité. Il est amusant d'observer comme il lui enseigne à jouer ; l'humanise, si l'on peut dire, par cent tours de son métier; dégrossit sa rude nature. Ce spectacle est donné surtout quand le corbeau a un nombre raisonnable de spectateurs. Il m'a paru qu'il dédaigne de montrer son savoir-faire pour un seul témoin ; il tient compte de l'assistance, s'en fait respecter au besoin. Je l'ai vu relancer du bec les petits cailloux qu'un enfant lui avait jetés. Le jeu le plus remarquable qu'il impose à son gros ami, c'est de lui faire tenir par un bout un bâton qu'il tire de l'autre. Cette apparence de lutte entre la force et la faiblesse, cette égalité simulée est très-propre à adoucir le barbare, qui s'en soucie peu, mais qui cède à l'insistance et finit par s'y prêter avec une bonhomie sauvage.

« En présence de cette figure d'une férocité repoussante, armée d'invincibles serres et d'un bec crochu de fer qui tuerait du premier coup, le corbeau n'a pas du tout peur. Avec la sécurité d'un esprit supérieur, devant cette lourde masse, il va, il vient et tourne autour, lui prend sa proie sous le bec; l'autre gronde, mais trop tard; son précepteur, plus agile, de son œil noir, métallique et brillant comme l'acier, a vu le mouvement d'avance; il sautille, au besoin il monte plus haut d'une branche ou deux; il gronde à son tour, il admoneste l'autre.

« Ce facétieux personnage a, dans la plaisanterie, l'avantage que donne le sérieux, la gravité, la tristesse de l'habit. J'en voyais un tous les jours dans les rues de Nantes, sur la porte d'une allée, qui, en demi-captivité, ne se consolait de son aile rognée qu'en faisant des niches aux chiens. Il laissait passer les roquets; mais quand son œil malicieux avisait un chien de belle taille, digne enfin de son courage, il sautillait par derrière, et, par une manœuvre habile, inaperçue, tombait sur lui, donnait (sec et dru) deux piqûres de son fort bec noir; le chien fuyait en criant

Satisfait, paisible et grave, le corbeau se replaçait à son poste, et jamais on n'eût pensé que cette figure de croque-mort vînt de prendre un tel passe-temps. »

On peut lire le reste dans le livre, et on verra que le morceau tout entier ressemble fort à une réhabilitation. Qu'est-ce d'ailleurs que cet ouvrage, sinon une réhabilitation complète de l'oiseau en général ? M. Michelet a voulu nous faire comprendre et aimer cette créature charmante qui vit si loin et si près de nous en même temps, et qu'on pourrait en rapprocher davantage. Bien mieux que le chien et les autres animaux, l'oiseau est l'ami de l'homme et la joie de la maison. Victor Hugo a dit dans les *Feuilles d'automne* :

Préservez-moi, Seigneur, préservez ceux que j'aime,
Préservez mes amis et mes ennemis même,
    Dans le mal triomphants,
De voir jamais l'été, Seigneur, sans fleurs vermeilles,
La cage sans oiseau, la ruche sans abeilles,
    La maison sans enfants.

L'oiseau est éclatant comme la fleur, laborieux comme l'abeille; de plus que la fleur et l'abeille, il a l'amour, il a le chant. L'oiseau dans la cage chante plus gaiement quand il voit l'enfant; il reconnaît l'aïeule, et vient becqueter la main qui lui donne la pâture. L'oiseau libre entoure l'homme de sa joie ailée et de sa poésie. Bien avant l'hirondelle, le merle de toits, perché sur la cheminée voisine, nous annonce que le printemps va venir; le cri du moineau nous éveille à l'aurore; ce pigeon qui chemine le long du trottoir nous apporte un souvenir de la campagne; cette bande lointaine d'oiseaux voyageurs qui passe à l'horizon brumeux nous jette dans une vague et douce rêverie. Il n'est pas jusqu'à la corneille dont le cri triste et rauque n'ait un certain charme quand on l'entend au coucher du soleil, et qu'il semble donner le signal de la fin d'une longue journée de travail. Pour le captif, pour l'exilé, l'oiseau qui passe c'est le pays, c'est l'espérance. Qu'elle est douce parfois et fortifiante la voix de l'oiseau! J'ai vu autrefois, dans un village des environs de Paris, planter un jeune peuplier en grande pompe. Il est encore debout, caché au milieu d'autres arbres. Sombre et découragé, je passais un soir devant cet arbre; tout à coup mon cœur se sentit plus gai et plus fort, la brise printanière agitait le peuplier oublié, et un rossignol chantait dans son feuillage.

II

L'INSECTE

Un beau soleil de juin vient de se lever; collée au pampre que la brise balance, la cigale commence sa chanson, l'abeille et le papillon volent aux fleurs entr'ouvertes, la libellule rase les eaux de son aile bleue, la fourmi court dans le sillon. C'est l'heure où tout insecte est charmant dans l'activité qu'il déploie, où la mouche même, que le matin réveille, a sa grâce et sa gaieté dans un rayon. Viennent les heures chaudes et somnolentes, ces bruissements, ces murmures si gais tout à l'heure formeront une harmonie dont la douceur monotone invitera l'homme au repos. Quand tout est silence et calme dans les champs, l'insecte sous l'herbe, dans les airs, travaille et bourdonne. Mais le soir arrive, le grillon remplace la cigale, le phalène voltige autour des belles de nuit épanouies; tous deux amoureux de l'éclat, le papillon brillant et l'humble moucheron viennent se brûler au feu de la lampe. Il n'est pas d'heure, pas de minute où l'homme ne sente le voisinage de l'insecte; bien plus que l'oiseau, il est la vie et la parure des champs. L'oiseau s'éloigne davantage de l'homme, qui n'entend que sa voix lointaine, qui n'aperçoit que son plumage; il a les bois pour s'y cacher, les cieux pour s'y perdre. L'insecte marche, rampe, saute, court, il vole aussi; mais le vol du papillon le plus robuste n'est pas tellement agile que le filet de gaze d'un enfant ne puisse l'arrêter au passage.

Ainsi parlent les partisans de l'insecte, et ils ont soin d'ajouter :

L'insecte ne redoute pas l'homme; la fourmi travaille à ses côtés, le bourdon entre familièrement chez lui, l'abeille se pose sur le bouquet de fleurs qu'une femme porte à son sein, la guêpe suspend sa ruche mobile à ses plafonds. Tout cela a son côté vrai; cependant cet être téméraire et familier ne s'apprivoise jamais, un seul excepté, laid, timide, renfrogné, l'araignée. C'est la musique qui fait ce miracle : « On a souvent parlé, dit M. Michelet, de l'araignée musicienne de Pellisson. Une autre anecdote « moins connue n'est pas moins frappante. Une de

« ces petites victimes qu'on fait virtuoses avant l'âge,
« Berthome, célèbre en 1800, devait ses étonnants
« succès à la reclusion sauvage où on le faisait tra-
« vailler. A huit ans, il étonnait, stupéfiait par son
« violon. Dans sa constante solitude, il avait un ca-
« marade dont on ne se doutait pas, une araignée...
« Elle était d'abord dans l'angle du mur, mais elle
« s'était donné licence d'avancer de l'angle au pu-
« pitre, du pupitre sur l'enfant, et jusque sur le bras
« si mobile qui tenait l'archet. Là, elle écoutait de
« fort près, dilettante émue, palpitante. Elle était
« tout un auditoire. Il n'en faut pas plus à l'artiste
« pour lui renvoyer, lui doubler son âme. L'enfant
« malheureusement avait une mère adoptive qui, un
« jour, introduisant un amateur au sanctuaire, vit le
« sensible animal à son poste. Un coup de pantoufle
« anéantit l'auditoire. L'enfant tomba à la renverse,
« en fut malade trois mois, et il faillit en mourir. »

Je plains sincèrement cette pauvre araignée, mais
est-il bien sûr qu'elle fût apprivoisée? Au son du
violon elle sortait de son trou, venait se poser sur le
bras de l'enfant; eût-elle reconnu sa voix, eût-elle
obéi à un autre signal qu'à celui de la musique? le
concert fini elle courait vite à sa toile, et le pauvre
virtuose restait seul. Un chien, un moineau, un lé-
zard, un rat même ne l'aurait point abandonné, et,
le plaisir fini, se serait attaché à lui par reconnaissance. Pas la moindre reconnaissance à attendre de
l'insecte. Sauvez une fourmi qui se noie, à peine re-
venue à elle-même, vous la verrez s'enfuir avec une
vitesse incroyable, comme si elle avait peur que

vous lui demandiez le prix du bienfait. Le quadrupède et l'oiseau s'adressent quelquefois à l'homme
dans leur détresse, l'insecte jamais. L'oiseau reconnaît la main qui l'a nourri, le sein qui l'a réchauffé,
la voix qui l'a consolé. N'attendez rien de l'insecte.
Sauvez de la poussière, des attaques de la fourmi,
du pied des passants, un papillon traînant sur le chemin son aile déchirée ; faites-lui en rentrant un lit
de fleurs sur lequel il puisse reprendre des forces;
les forces revenues et la fenêtre ouverte, le papillon
ingrat quitte son asile, qu'il ne saurait plus retrouver. La pie, le corbeau, le sansonnet, reconnaissent
les enfants, et se laissent prendre, caresser par eux;
mais non pas le grillon, hôte aussi de la maison sans
être membre de la famille : blotti bien chaudement
au fond de l'âtre, s'il chante c'est pour lui, son chant
est le refrain sensuel du bien-être, de l'égoïsme satisfait. L'oiseau au contraire chante parce qu'on
l'écoute, parce qu'il sent qu'il fait plaisir aux autres.
On a rempli des livres et des livres avec des traits de
dévouement, de générosité et de reconnaissance du
quadrupède et de l'oiseau envers l'homme; on n'en
cite pas un seul de la part de l'insecte. Les premiers
ont un cœur, le second n'en a pas.

M. Michelet va se récrier, car il juge l'insecte
beaucoup plus favorablement que moi, et il a une
bien plus grande autorité pour le juger; il l'a vu de
près, il a vécu dans son intimité, il a assisté à tous
les actes de sa vie privée et publique, il le connaît à
fond ; cependant, malgré le poids d'un pareil témoignage en faveur de l'insecte, je ne suis pas très-con-

vaincu de la générosité de ses instincts; il a à un degré assez haut le sentiment de la famille, mais ce sentiment quelquefois n'est que l'égoïsme de la race, le besoin de se reproduire et de se perpétuer. L'insecte ne comprend pas l'humanité; d'une fourmilière, d'une ruche à l'autre, nul rapport à échanger, nul secours à attendre. C'est la cité antique dans toute sa rudesse primitive. « Hors de mes murs, dit-elle, je ne reconnais plus personne; au delà de mes remparts et de mes fossés, il n'y a que des barbares. » La cité, il est vrai, peut être considérée comme un progrès sur la famille, mais le génie politique de l'insecte ne va pas jusqu'à comprendre la nation. Voici deux fourmilières à côté l'une de l'autre : un grand danger menace celle-ci, celle-là se gardera bien de se déranger pour défendre sa voisine; comme au moyen âge, la commune laissera périr la commune, et méprisera la hutte, la cabane, tout ce qui n'a pas pignon sur rue, tout ce qui n'est pas bourgeois. Regardez au contraire ces nids suspendus à votre toit : ce n'est point une cité (l'esprit politique, j'en conviens, n'est point aussi étendu chez l'oiseau que chez l'insecte), c'est un assemblage de chaumières, de huttes, un village, un hameau suspendu ; là il n'y a ni bourgeois, ni citoyens; quelques manants seulement, quelques paysans. Cependant dans un de ces nids le père et la mère viennent de mourir : aussitôt toutes les hirondelles du village accourent pour porter secours aux petits et les nourrir. Regardez là-bas, à l'horizon, cette noire nuée d'ailes et de becs qui s'acharnent sur un épervier. L'hirondelle qui rase la rive d'une aile tranquille entend ces cris, et tout à coup tend son vol vers le lieu du combat où sont engagées ses compagnes; je suis hirondelle, semble-t-elle dire, et rien de ce qui concerne les autres hirondelles ne m'est étranger.

Voilà ce qui fait la supériorité de l'oiseau sur l'insecte; à ce dernier l'instinct de la famille, de la race, au premier l'idée de la fraternité.

Les cités de fourmis me sont odieuses, puisqu'on y a découvert des esclaves. Oui, la fourmi a ses ilotes, M. Michelet a constaté leur présence dans une fourmilière. Il n'y a ni esclaves, ni serfs, ni ilotes chez les oiseaux. Quel est le maître de son espèce pour qui travaille le pic, quel est le haut baron emplumé devant lequel le rossignol doive s'incliner? La fauvette a-t-elle à redouter le droit du seigneur? Y a-t-il des alouettes obligées d'aller à la picorée pour d'autres alouettes? L'oiseau de proie les mange, dira-t-on; d'accord; mais s'agit-il ici de fourmis de proie? Pas le moins du monde : de simples fourmis en réduisent en esclavage d'autres qui leur sont en tout semblables, hormis en grosseur et en couleur; les premières, rousses et hautes de taille, les secondes, noires et petites, de véritables fourmis-nègres travaillant, suant du matin jusqu'au soir pour le planteur, qui les regarde faire les pattes croisées. Les fourmis rousses font la traite des fourmis noires; elles descendent un beau matin sur la côte, bouleversent les cases, s'emparent des jeunes fourmis adultes et les transportent loin de leur patrie. De même qu'il y a des navires négriers composés en grande partie de matelots noirs, les voleuses de *bois d'ébène* se font soutenir dans leurs expéditions par des escouades de fourmis noires ; démoralisées par l'esclavage, elles deviennent les complices et les pourvoyeuses de leurs maîtres ; tout sentiment de famille et de nationalité leur est devenu étranger ; ce sont les valets et les sbires des marchandes de chair de fourmi. On dresse bien, il est vrai, dans le Midi, certains oiseaux à appeler de leur voix trompeuse leurs frères ailés dans le filet du chasseur ; mais on a soin auparavant de leur crever les yeux.

Tant qu'on ne sera pas parvenu à abolir la traite parmi les fourmis, l'insecte n'aura pas, et ne saurait avoir l'estime et la sympathie des philanthropes. M. Michelet a beau chercher à l'excuser sur ce fait, il est certain que l'esclavage est inconnu des oiseaux et des animaux ; les poissons eux-mêmes s'avalent entre eux, mais ils ne se réduisent pas mutuellement en esclavage. Il y a un grand rôle à prendre en ce moment, celui de Wilberforce des fourmis rousses. Peut-être les amènera-t-on à consentir à l'abolition de la traite des fourmis noires, mais il faudra pour cela beaucoup de dévouement et d'éloquence. La traite existe depuis si longtemps que les rousses ont fini par la considérer comme un droit, et que les noires s'y sont résignées. M. Michelet, cherchant des compensations au mal, prétend que les négrillonnes en trouvent dans le plaisir de faire tout le travail de l'habitation, dans l'orgueil de se sentir supérieures à leurs maîtres. L'esclave en général goûte peu ces compensations. Que M. Michelet y prenne garde, son raisonnement ressemble beaucoup à celui des partisans de l'esclavage. « Le nègre, disent-ils, est bien plus heureux chez son maître que dans son pays ; on ne le mange plus, on le nourrit, au contraire ; on l'habille, on lui donne du tafia, il a une femme et des enfants ; aussi voyez comme il chante, comme il rit, comme il est heureux ! » Et quand tout cela serait vrai, ce que je suis loin d'admettre, l'esclavage satisfait et qui s'ignore n'en est que plus triste aux yeux des amis de l'humanité, et le contentement que M. Michelet prête un peu trop bénévolement peut-être aux petites fourmis noires n'enlève rien au crime des grosses fourmis rousses.

Cette abomination de la traite me gâte un peu, je l'avoue, les vertus de la fourmi. Je ne saurais pourtant sans injustice les passer sous silence. Toutes les fourmis d'ailleurs ne sont pas des négrières ; il est des fourmilières où l'esclavage est complétement inconnu, et où l'égalité du travail règne dans toute la cité. Je ne demande pas mieux que de ranger les fourmis rousses dans la classe de ces insectes interlopes qui ne sont d'aucun pays, d'aucune nation, qui vivent de trafics honteux, de vols, de déprédations, et qui finissent par tomber sous la rude main du juge *Lynch*. Si je rencontre jamais quelques fourmis rousses, je me propose bien de leur appliquer cette législation sommaire. Quant aux fourmis noires, il faudra, je le crains, beaucoup de temps et de patience pour les rendre au sentiment de leurs droits et de leur dignité ; ceci regarde le philanthrope qui se chargera de cette mission de dévouement. Quant

à nous, qui sommes de simples curieux, pénétrons
dans la fourmilière à la suite de M. Michelet, qui en
connaît tous les détours : là sont les greniers à blé,
ici les greniers à orge, plus loin les greniers à avoine ;
aucune espèce de grain n'est mêlée ; il y a de ce côté
des magasins, et des silos où l'on enferme les sub-
stances végétales et animales. Voici les crèches et les
salles d'asile où l'on garde les fourmis en sevrage et
les fourmis adultes. Ces petits enclos circulaires sont
des parcs à pucerons ; les fourmis ont des troupeaux
de pucerons qu'elles engraissent pour leur lait, et
aussi quelque peu pour leur chair. M. Michelet a vu
des fourmis *pastoures* gardant ces troupeaux bondis-
sants ; il a vu d'autres fourmis traire les pucerons. Il
doit y avoir par là un endroit où on fait le beurre et
le fromage ; nous le visiterons un autre jour, on ne
peut pas tout voir la première fois.

Cette cité d'honnêtes travailleuses a pourtant,
comme Rome, son jour de saturnales : « Les folies
« les plus folles, comme on sait, sont celles des sages.
« L'honnête, l'économe, la respectable république
« donne alors (un seul jour il est vrai par année) un
« prodigieux spectacle, d'amour? de fureur? on ne
« sait, mais plein de vertige, et, tranchons le mot,
« de terreur. M. Huber y voit une fête nationale.
« Quelle fête ! et quelle scène d'ivresse ! Mais non,
« rien d'humain ne donne l'idée de cette tourbillon-
« nante effervescence. Je l'observai un jour d'orage
« entre six et sept heures du soir..... Sur un toit bas
« et incliné, je vois d'une même averse tomber tout
« un déluge d'insectes ailés qui semblaient étourdis,

« ahuris, délirants. Dire leur agitation, leurs courses
« désordonnées, leurs culbutes et leurs chocs pour
« arriver plus tôt au but, serait chose impossible.
« Plusieurs se fixèrent et aimèrent. Le plus grand
« nombre tournait, tournait sans s'arrêter. Tous
« étaient si pressés de vivre que cela même y faisait
« obstacle.... A travers ce peuple éperdu de fiancés
« qui ne connaissaient rien, erraient d'autres four-
« mis sans ailes qui s'attaquaient surtout aux gens
« les plus embarrassés, les mordaient, les tiraient
« si bien que nous pensâmes les voir croquer les
« amoureux. Mais point. Elles voulaient seulement
« s'en faire obéir et les rappeler à eux-mêmes. Leur
« vive pantomime, c'était le conseil de la sagesse
« traduit en action. Les fourmis non ailées étaient les
« sages et irréprochables nourrices, qui, n'ayant
« pas d'enfants, élèvent ceux des autres et portent
« tout le poids du travail de la cité.

« Ces vierges surveillaient les amoureuses et pa-
« resseuses, inspectaient sévèrement les noces comme
« l'acte public qui chaque année refait le peuple;
« leur crainte naturelle était que ces fous envolés n'al-
« lassent faire l'amour ailleurs, vers d'autres peu-
« plades, sans souci de la mère patrie. »

Où êtes-vous, chastes amours de la colombe,
amours pudiques et cachées de tous les oiseaux? Plus
j'avance dans la lecture de ce livre, plus je songe à
toi, plus je te regrette, être ailé, être chantant, fils
de l'air et de la lumière. L'insecte sort de la terre,
et y vit; autour de lui tout est ténèbres et silence;
il ne nous parle pas, il ne nous voit pas le plus sou-

vent ; c'est la vie souterraine, aveugle, défaisant et
refaisant à chaque instant le monde. Des provinces,
que dis-je, des royaumes, vignes, forêts, moissons,
reposent sur des bancs de coquilles, dépouilles pul-
vérisées d'un insecte. Le banc de craie qui s'étend de
Paris à Tours a cinquante lieues de longueur ; la
Champagne tout entière n'est qu'un vaste banc de
craie. Levez la tête vers les pics des Apennins, me-
surez la hauteur des Cordillères : ces montagnes énormes ne sont qu'un prodigieux entassement de rhizo-
podes, un insecte imperceptible. Imaginez un être
d'une petitesse telle qu'il en faille 187 millions pour
peser un grain. Cet être a existé, ses carapaces jux-
taposées forment ce dur caillou dont on se sert pour
polir les métaux. A l'heure où nous écrivons, d'autres
insectes vivants, non moins invisibles, non moins
insaisissables que les morts, jettent dans les profon-
deurs de l'Océan les fondements de nouveaux conti-
nents qui surgiront un jour. Il y a là de quoi épou-
vanter l'imagination la plus forte, et M. Michelet a
bien eu raison de prendre ces mots pour épigraphe à
son livre : *L'infini vivant!* Oui, l'insecte c'est l'infini ;
mais l'infini n'a pas de grâce, il étonne, il confond ;
l'infini attire comme l'abîme, mais il ne charme pas.

M. Michelet a beau nous vanter le sens social de
l'insecte, son ardeur d'amour et de maternité ; il a
beau aller jusqu'à le douer du sentiment de la fraternité, on sent qu'il a pour lui plus de pitié que de
tendresse véritable ; s'il l'aime, c'est par réflexion, et
non d'instinct, d'inspiration, comme il a aimé l'oiseau : « La vue de tant de travaux, nous dit-il, d'ef-

« forts pour le bien commun, le spectacle de ces
« vies méritantes, impose à la conscience, et rend
« de plus en plus difficile de traiter comme une chose
« l'être qui veut, travaille et aime. » Donc plus de
scalpel, plus d'aiguille, plus de chloroformisation :
M. Michelet renonce à ses études et à ses expériences,
par respect pour la vie. Les vertus de l'insecte l'ont
converti à la religion des brahmes, et pourtant cet
être qu'il entoure d'une vénération presque religieuse, il nous conseille de le manger.

L'astronome Lalande trouvait que la chenille a le
goût d'amande, et l'araignée de noisette ; les Romaines de l'empire étaient fort friandes de cossus, sorte
d'insecte qui avait, disait-on, la vertu de développer
l'embonpoint ; aujourd'hui les Turques avalent tous
les jours force blaps à la même intention ; la Brési-
lienne mange des pastilles de fourmis ramassées et
confites à l'époque même des saturnales. L'Orient
tout entier raffole de sauterelles. On disait un jour à
Omar : — « Que pensez-vous des sauterelles ? — Que
« j'en voudrais un plein panier. » La sauterelle est
une des friandises de l'Asie ; on en va manger chez
les Suisses, et on en met au dessert sur les meilleures tables. En Amérique, certains vers blancs, qu'on
nomme termites, construisent des cités de plusieurs
pieds qui leur servent d'habitation : les Américains
font la chasse aux termites et s'en régalent ; les Chi-
nois, plus avancés que Lalande qui les mangeait
crues, assurent que les chenilles frites sont un mets
exquis. Malgré les communications de plus en plus
fréquentes entre l'Orient et l'Occident, je doute que

l'Asie parvienne jamais à nous faire partager ses goûts gastronomiques. Le plus intrépide mangeur d'escargots de la Bourgogne et de la Provence reculerait épouvanté devant une friture de chenilles ; offrez un plat de blaps ou de cossus à une Française, et vous la verrez frissonner de dégoût ; cependant la même femme avalera sans sourciller plusieurs douzaines d'huîtres. Ce sont là des préjugés, sans doute, mais l'homme en est pétri. « L'insecte nous dévore, disait un professeur d'agriculture cité par M. Michelet, mangeons-le ! » Et, joignant l'exemple au précepte, il croquait à belles dents un certain nombre d'insectes ravageurs des récoltes déposés dans une assiette sur la chaire.

Il est peu probable cependant que nous tirions jamais de grandes ressources de l'insecte pour notre alimentation ; mais il est un autre genre de service qu'il peut nous rendre : celui de renouveler nos arts industriels. « En général, au lieu d'aller directement « à la nature, à l'intarissable fontaine de beauté et « d'invention, on a demandé secours à l'érudition, « aux arts d'autrefois, au passé de l'homme. On a « copié les vieux bijoux, parfois ceux des peuples « barbares qui les tiraient de nos marchands. On a « copié les vieilles robes, les étoffes de nos aïeules. « On a copié surtout les vitraux gothiques, dont les « formes et les couleurs ont été prises au hasard, « transportées sur les objets qui pouvaient le moins « s'y prêter, par exemple sur les châles. » M. Michelet invite nos intelligents marchands de Paris à laisser là les copies de vieilleries, et à deman-

der conseil à la nature elle-même , aux grandes collections d'insectes, aux serres du Jardin des plantes :
« La nature, qui est une femme, lui dira que, pour
« parer ses sœurs, au tissu doux, léger, de l'ancien
« cachemire, il faut inscrire, non pas les tours de
« Notre-Dame , mais cent créatures charmantes, —
« si vous voulez, ce petit prodige si commun de la
« cicindèle, où tous les genres sont mêlés ; — moins
« que cela, le scarabée de pourpre glorifié de son
« lis ; — ou la verte chrysomèle que ce matin j'ai
« trouvée voluptueusement blottie au fond d'une
« rose.

   « Est-ce à dire qu'il faille copier ? Point du tout,
« Ces êtres vivants et dans leur robe d'amour ont par
« cela seul une grâce, je dirai une auréole animée,
« qu'on ne traduit pas. Il faut les aimer seulement,
« les contempler, s'en inspirer; en tirer des formes
« idéales et des iris toutes nouvelles, de surprenants
« bouquets de fleurs. Ainsi transformés, ils seront,
« non pas tels que dans la nature, mais fantastiques
« et merveilleux, comme l'enfant qui les désire les
« voit en dormant, ou la fille amoureuse d'une belle
« parure, ou comme la jeune femme enceinte dans
« ses envies les a rêvés. »

Je regrette néanmoins, après mûre réflexion, que
l'homme ne se décide pas à manger quelque peu les
insectes. Il y en aurait moins, et ce ne serait pas un
mal. L'insecte se multiplie chaque jour davantage ;
l'oiseau diminue. Je sais bien qu'un naturaliste d'A-
miens a soutenu devant l'Académie de cette ville que
si la pomme de terre et la vigne étaient malades, il

fallait s'en prendre à la fatale loi de 1844, qui, en protégeant l'oiseau, lui a livré l'insecte sans défense, l'insecte destructeur infatigable des animalcules microscopiques, des végétations parasites qui détruisent depuis dix ou douze ans l'espoir de nos récoltes! La multiplication de l'oiseau par suite de la loi de 1844, quel paradoxe! Ah! monsieur E. Gand, que ne faites-vous un voyage dans le Midi? vous verrez comme l'oiseau a multiplié. Entrez, par exemple, dans cette bastide des environs de Marseille; il y a au moins sept ou huit fusils dans la maison; le propriétaire chasse, ses enfants chassent; même fureur de chasse chez le paysan : le grand-père, le père, le fils, trois générations, font la guerre aux petits oiseaux, y compris l'hirondelle, excellente à la fin de septembre, et qu'on fait passer pour un becfigue en lui coupant les pattes et la tête. Maintenant voici, au milieu d'un bouquet de pins ou au milieu d'une vigne, ce qu'on nomme le *poste*. Un chasseur est là, sous une cabane couverte de rameaux verts, attendant pour faire feu l'instant où l'oiseau voyageur, attiré par de perfides *appeaux*, viendra se poser sur un *cimeau* dressé à vingt pas de distance.

Ce n'est pas tout encore; regardez sous chaque arbre, olivier, figuier, amandier, vous verrez une brique soutenue par un quatre de chiffre en roseau; l'oiseau voit la proie, s'y précipite, la brique tombe et l'écrase. On cite un amateur qui fait la chasse en grand et qui a quatre mille de ces briques dans sa propriété. Chaque buisson, chaque touffe d'herbe, pour ainsi dire, cache un piége; ici c'est un arc qui se détend à mesure que l'oiseau s'y pose, et le saisit par la patte, et le tient suspendu les pieds en l'air, la tête en bas, jusqu'à ce qu'il meure asphyxié ; là ce sont des collets en crin qui l'arrêtent au passage et l'étranglent. Que l'oiseau se multiplie donc au milieu de toutes ces embûches ! Depuis longtemps on ne voit plus d'oiseaux en Provence, et pourtant la vigne est toujours malade, que dis-je, la vigne ! les arbres eux-mêmes sont atteints. Cette année, j'ai vu arracher de jeunes peupliers qui, au commencement de l'été dernier, croissaient vigoureux à la fraîcheur des eaux de la Durance. Un insecte avait pénétré dans leur tronc et le dévorait. Chaque été une nouvelle espèce d'arbre est attaquée. Qu'on y prenne garde, ou les insectes achèveront de déboiser le Midi ; mais comment en venir à bout, si on ne permet pas à un seul oiseau de vivre ?

Il ne faut pas se le dissimuler, on a de graves griefs contre l'insecte. Je me dispenserai de les énumérer, cela nous conduirait trop loin. Aussi, je crains bien que les efforts de M. Michelet pour réhabiliter l'insecte n'aient pas tout le succès désirable. J'estime la fourmi, je rends justice aux qualités privées de l'araignée, le hanneton trouve en moi un juge impartial, la guêpe même, j'en conviens, a des vertus que je ne lui connaissais pas ; pour aucun de ces êtres, pourtant, même pour l'abeille, je ne me sens animé de cette sympathie qui me pousse vers l'oiseau ; il m'est impossible de fraterniser avec eux, d'être l'ami des coléoptères et des lépidoptères. Cela viendra peut-être. Dans ces pages éloquentes, tendres, poéti-

ques sur l'insecte auxquels les récits d'une femme
viennent ajouter de temps en temps leur grâce calme
et pénétrante ; dans ce profond respect et ce grand
amour de la nature ; dans cette défense ingénieuse et
pathétique de tant de créatures laides, faibles, mé-
prisées jusqu'ici, il y a un charme et une force qui
opèrent sans qu'on s'en doute. Déjà je ne puis m'empêcher de regarder la mouche d'un œil moins défa-
vorable; je sens que je n'écraserais peut-être plus
une araignée ni une fourmi (à moins que ce ne soit
une grosse rousse par exemple). Toute créature a sa
poésie qui se révèle peu à peu à celui qui la cherche.
Cette imperceptible fourmi qui sort au mois de mars
des fissures de ma cheminée, et qui court si rapide-
ment sur le marbre, ne me dit-elle pas que les froids
sont finis? Cette mouche qui bourdonne à mon pla-
fond ne m'annonce-t-elle pas le printemps aussi bien
que l'hirondelle ?

III

L'AMOUR.

Madame,

L'*Oiseau* et l'*Insecte* vous ont convertie à Michelet ;
c'est votre poëte, ajoutez-vous, et, ne voulant pas
courir le risque de perdre votre admiration, vous me
demandez si vous pouvez lire cet ouvrage nouveau
dont le titre vous effraye : l'*Amour.* C'est là en effet

un sujet dangereux, et l'on peut s'y égarer de diverses façons. Métaphysique, galanterie, préciosité, fadeur, que d'écueils à éviter pour l'auteur aussi bien que pour celui qui doit parler de son livre ! Mais est-ce bien un livre que nous avons sous les yeux ? Oui et non. C'est quelque chose de plus et quelque chose de moins qu'un livre : un poëme étrange où l'âme et le corps, les sens et l'esprit se mêlent à chaque instant; l'analyse dans ce qu'elle a de plus hardi, le cœur dans ce qu'il a de plus tendre, des pages que tout le monde voudra lire, et que peut-être beaucoup ne comprendront pas; une œuvre de moraliste, de savant, de poëte qui instruit, qui charme, qui fait réfléchir, qui n'éveille que les pensées les plus honnêtes au milieu des recherches les plus audacieuses; un tableau plein de chasteté, et dont pourtant il n'est pas facile de rendre compte, tel est ce cantique, cet hymne, ce cri du cœur, ce poëme, ce livre, comme vous voudrez l'appeler, que l'auteur de l'*Insecte* et de l'*Oiseau* vient de faire paraître.

L'*Amour* n'en est pas le vrai titre ; l'*Art d'aimer* lui conviendrait beaucoup mieux ; mais comment ressusciter un titre que la poésie du siècle dernier a rendu si ridicule? Vous vous récriez déjà, madame, rien qu'en l'entendant prononcer. Rassurez-vous pourtant, il s'agit ici de l'art d'aimer... sa femme, de la respecter, de l'instruire, de la distraire, de la consoler, d'être à la fois le père et l'amant de celle qu'on a épousée ; art difficile, le plus élevé et le plus utile de tous les arts, car sans lui il n'y a pas de mariage possible, pas de famille et par conséquent pas de société.

Vous voyez, madame, que ce livre mérite déjà toute votre sympathie ; il est écrit spécialement dans l'intérêt des femmes, et elles feront bien de le prendre sous leur protection, car je doute fort que les hommes lui fassent un accueil bien favorable. Il nous impose de trop grands devoirs et rend notre tâche de mari beaucoup trop ardue. Plus de club, plus de cigare, plus de salon : il faut être sobre, tempérant, rester chez soi, et encore, avec tout cela, est-on bien loin d'avoir toutes les qualités nécessaires à un bon mari. J'en pourrais citer vingt autres non moins essentielles.

Je ne sais si elle produira le même effet sur tout le monde, mais la lecture de ce livre m'a endurci dans le célibat. D'abord j'ai passé l'âge que M. Michelet assigne au mariage, vingt-huit ans pour l'homme, et dix-huit ans pour la femme. La proportion est certainement convenable ; malheureusement, mes vingt-huit ans se sont envolés ; où sont les dix-huit ans qui voudraient de mon front qui se ride, de mes cheveux qui grisonnent ? J'ai quarante ans, l'âge où la veuve vous sourit, et l'auteur de l'*Amour* n'est pas d'avis que les veuves se remarient. Le chapitre qu'il consacre à l'*amour par delà la mort* est trop éloquent, trop ému, trop touchant pour qu'une veuve, après l'avoir vu, consente à me donner sa main. Je resterai donc garçon, et vous aller juger, madame, si je n'ai pas raison.

« Que peut-on sur la femme dans la société ? Rien.

« Dans la solitude ? Tout. »

Admettons que cet axiome de M. Michelet soit vrai, que de difficultés dans l'application ! Commençons par la question du logement, question si difficile à résoudre par le temps qui court. Que de peines pour trouver et pour payer un appartement convenable, à un quatrième étage, dans un quartier à proximité des affaires et du travail! M. Michelet me recommande de choisir une petite maison à deux étages, avec trois pièces à chacun; qu'elle soit bien soleillée, avec verger, jardin, fontaines et bassins d'eau jaillissante. Si elle est située à quelque distance de la ville, ça n'en vaudra que mieux. L'auteur, qui pense à tout, m'engage à pratiquer dans chaque chambre de nombreux placards et armoires; la femme aime à ranger, à conserver. Des tapis doublés, triplés de moelleuses doublures seront continués partout, sur les escaliers mêmes. Pas de poêle (moi qui les aime tant), des cheminées. Des tableaux de l'école hollandaise (un peu chers maintenant) orneront les murs du salon. Entre la maison et le jardin pourquoi, pendant qu'on y est, ne pas élever au midi un toit en zinc? quelques piliers, une galerie couverte pour l'hiver, une autre au nord pour y coudre, y lire, pendant l'été, devant un jet d'eau au gracieux murmure.

Tout cela est charmant, mais je tremble pour mon pauvre budget lorsque le tapissier et l'architecte m'apporteront leur note. Que de lignes, que d'articles pour payer ce toit de zinc, ces piliers, cette source domestique! De gros volumes y passeront; et je ne songe pas aux fleurs, car il en faut pour ce jardin d'hiver et pour ce jardin d'été, où ma femme ira goûter tour à tour les douceurs du soleil et de l'ombre. Vous me direz, madame, que j'ai là des préoccupations bien vulgaires. Eh! mon Dieu, ne faut-il pas songer aux enfants, aux maladies, au chômage, à l'avenir? L'auteur n'entre pas dans tous ces détails, et il a raison, car c'est au point de vue de l'idéal qu'il se place; mais moi, il faut bien que j'y songe, je suis un homme du temps présent, et, au prix où en sont les choses aujourd'hui, je crois que le mariage ne sera guère permis aux hommes de lettres avant la seconde moitié du siècle prochain.

Supposons pourtant que j'aie vingt-huit ans et trente mille francs de rente. Me voilà installé dans ma petite maison du bois de Boulogne ou du parc de Neuilly. Il y a une tendance à se porter vers ces localités champêtres et à y construire des chalets qui me semblent d'un heureux augure pour l'avenir des idées de M. Michelet. J'ai du soleil, de l'ombre, des fruits, de l'eau. Dans ma petite maison, fraîche l'été, chaude l'hiver, un nid, comme dit l'auteur, je ne reçois que ma belle-mère et ma belle-sœur, tout au plus une amie d'un âge mûr, sage et discrète; une double porte et une antichambre mettent nos conversations conjugales à l'abri de la curiosité des domestiques. J'en ai peu; pas de femme de chambre surtout; Marton est pleine de périls pour un ménage: je me contenterai de Javotte. C'est une bonne et grosse fille des champs, joufflue, rubiconde, pas curieuse, pas indiscrète, qui se distraira à surveiller le chien, le chat, les poules, comme au village. Si elle est un peu rude de main pour certains soins que réclame la toilette de madame, ne suis-je pas là? Je m'estimerai fort heureux de lui servir de femme de chambre. Là, dans cette solitude, je m'occuperai à quoi? à créer ma femme. Tâche difficile et charmante, car si la femme est égale et même en bien des points supérieure à l'homme, comme M. Michelet le croit et comme je le crois aussi, si elle doit tout savoir, c'est peu à peu, par une initiation insensible et savante qui doit lui laisser la fraîcheur et le velouté de l'âme.

Que de fois, en lisant ces pages, où avec tant de tendresse, de fraîcheur, de velouté, l'âme du poëte s'épanche et décrit les charmes de la véritable union conjugale, j'ai fermé le livre avec tristesse, en songeant que je n'avais plus vingt-huit ans, que mon adieu à la jeunesse était depuis longtemps prononcé! Inutiles regrets! notre jeunesse, à nous autres hommes de cette génération, refleurirait encore par un miracle impossible que nous n'en serions pas plus jeunes et plus ouverts à cette nouvelle religion de l'amour dans le mariage. L'ennui, le doute, la lassitude sont présents dans tout ce que nous faisons. Créer une femme! le découragement nous prendrait à la première épreuve. Nous ressemblons tous au héros du roman de George Sand : Jacques aime sa femme et il se tue, trouvant ce sacrifice plus facile que celui de lui pardonner, de l'instruire, de la relever à ses propres yeux.

Ah! madame, que votre fils sera heureux, ou plutôt votre petit-fils! Hélas! j'ai bien peur que le premier ne puisse se soustraire encore aux dangers qui l'attendent. Le dogme de la pluralité des femmes est si facile à pratiquer en Occident. Les esclaves coûtent si peu, et sont si peu esclaves ; exempt des soucis du harem, des embarras de la paternité, le jeune homme peut promener partout sa polygamie irresponsable et nomade. Il arrive au mariage, usé, blasé, détruit en quelque sorte moralement ; pour créer une femme, il faudrait qu'il se recréât lui-même d'abord. Ce miracle, l'amour peut l'accomplir, mais il n'y faut pas trop compter. A la douce et mystérieuse influence de la lune de miel, la pureté semble renaître ; c'est l'éclat de la fleur après la rosée, elle se relève un moment, mais le ver l'a piquée, elle mourra avant la fin du jour.

Vous me trouverez peut-être bien sévère pour la génération qui nous suit. Que voulez-vous ? madame, c'est la faute des temps. Quand on ne croit pas à soi-même, on croit difficilement aux autres. Vous voyez pourtant que je ne désespère pas tout à fait de l'avenir, puisque je m'arrête à la deuxième génération, et que j'excepte votre petit-fils de l'anathème. Enfant d'une société régénérée, jeune comme elle, Adam du siècle prochain, je le vois époux, amant, précepteur, femme de chambre, nouant les cheveux, agrafant la robe de son Ève, lui révélant les mystères de la science et de l'amour dans l'Éden aux tapis moelleux de M. Michelet.

Les demoiselles de dix-huit ans attendront long-temps encore, je le crains bien, le mari de vingt-huit ans tel qu'il est décrit dans le livre de l'*Amour*. Ce livre, néanmoins, avance la solution de la question du mariage, en la posant sur le terrain de la réhabilitation de la femme. Vous le savez, madame, la femme a été fort maltraitée jusqu'ici. Des conciles, dit-on, lui ont refusé une âme; mais le fait n'est pas bien prouvé. Ce qu'il y a de très-certain, c'est qu'aux yeux de l'Église la femme est la fille du démon, la tentation incarnée. Je vous fais grâce des textes. L'Église tolère le mariage; mais l'état de sanctification, c'est le célibat. Pour l'État, la femme est placée sous le coup de l'interdiction; éternellement mineure, elle a pour tuteur son mari. Voyez cependant la contradiction : si elle commet une faute, la femme devient responsable; elle n'est plus une chose, mais une personne. La loi religieuse et la loi civile, la théologie et le Code traitent la femme avec une égale sévérité. Vous vous croyiez du moins, madame, quitte de la persécution théologique; eh bien ! pas du tout. Un philosophe à tous crins, adversaire impitoyable des cas et des casuistes, a ramassé dernièrement le vieil anathème des docteurs et vous l'a lancé à la face; vous voilà de nouveau déclarée impure, à la barbe de la science. M. Michelet lui répond vertement là-dessus, et ce n'est pas la partie la moins intéressante de son livre; mais la physiologie ne nous regarde pas; restons dans la morale et le sentiment. Sachez seulement que si le théologien Proudhon vous taxe d'impureté, M. Michelet vous trouve pures de tout point, et pour ainsi dire immaculées.

Voilà donc la femme non-seulement relevée du vieil anathème théologique, mais encore vengée de ces accusations de mobilité, de légèreté, de caprice que la médisance masculine fait peser sur elle depuis si longtemps. On prétend, madame, que les person-

nes de votre sexe ont quelquefois des caprices ; point
du tout. Une crise périodique les rend plus nerveuses, plus sensibles à l'état de l'atmosphère, plus
impressionnables. La crise passée, si elles se sont
montrées un peu bizarres, elles en demandent pardon.
En dehors de cela, leurs caprices, quand elles en
ont, ne sont que le produit d'un pervertissement
causé par l'homme. « Souvent femme varie, » disait
François Ier; être ondoyant et divers, changeant
comme l'onde ; vaines phrases que tout cela. La
femme mobile ! elle est au contraire l'élément de
fixité dans le monde, au dire de M. Michelet. Il vous
fait la part belle, mais ne cherchez pas à l'agrandir ;
n'allez point vous imaginer que vous êtes destinées à
gouverner le monde, à vous mêler de politique et de
diplomatie. Vous ne devez point sortir de votre ménage, où vous êtes reine, où votre travail consiste à
faire l'enfant et l'homme, la force, la beauté des
races, la civilisation des sociétés. Quelqu'un demandait à madame Beecher Stowe comment elle avait fait
l'*Oncle Tom* : « Je l'ai écrit, répondit-elle, en soi-
gnant seule le pot-au-feu de la famille. » Le voilà
donc réhabilité, ce terrible pot-au-feu, effroi des
deux sexes ; le tombeau, dit-on, de l'amour et du
mariage ; il ne fera plus reculer personne maintenant.

Aux gens qui veulent se marier, M. Michelet conseille de choisir de préférence une Française. L'Allemande est toute douceur et pureté ; l'Anglaise,
chasteté, solitude, rêverie ; l'Espagnole, ardeur et
passion ; l'Italienne, candeur et morbidesse ; raison,

amour, vivacité, gaieté, courage, la Française a toutes ces qualités à la fois : elle rend étincelle pour étincelle, pensée pour pensée. Je crains que beaucoup de nos aimables compatriotes ne s'effarouchent un peu de la mission que l'auteur de l'*Amour* impose à la femme, mission qui consiste à aimer, aimer un seul, aimer toujours, et vous le trouverez bien hardi d'effacer d'un seul trait de plume tous les préjugés que l'éducation, l'exemple, les livres, la conversation ont pu mettre dans le cœur des femmes actuelles contre la constance; mais, hardiesse bien plus grande, M. Michelet supprime le temps. L'âge, qui emporte, n'apporte-t-il pas aussi et ne donne-t-il pas à la femme même des moyens, des puissances nouvelles? Beaucoup de choses charmantes et jeunes sont impossibles encore à la jeunesse. C'est un trésor de grâces réservées pour un autre âge. La vieillesse cesse donc d'exister ; à partir d'aujourd'hui il n'y a plus de vieilles femmes. Les jeunes se plaindront peut-être des nouvelles et dangereuses rivales qui leur sont suscitées. Agnès n'aura-t-elle pas raison d'être un peu jalouse de Ninon?

Je parle en homme du dix-neuvième siècle ; il est évident que dans l'avenir il n'y aura plus d'Agnès ni de Ninon, mais une femme éternellement jeune, Agnès et Ninon à la fois, toujours la même dans ses perpétuelles métamorphoses; la polygamie sera détruite par la polygamie elle-même; on aura vingt femmes dans une seule femme. L'amour, de plus en plus vif pendant la vie, durera même par delà la mort. Rêves touchants, dira-t-on, mais rêves cepen-

dant. Et pourquoi toutes ces choses ne se réalise-
raient-elles pas, puisqu'il y a un homme qui les sent
et qui les exprime avec une éloquence si profonde?
Que de pages remuent le cœur dans ce livre, qui est
une utopie sans doute au point de vue du temps,
mais non au point de vue de la raison ! Faites-le lire
à votre mari ; nous appartenons tous les deux à une
génération un peu sceptique, il y a au fond de notre
esprit une pointe d'ironie qui se fait sentir, même
aux heures d'attendrissement et de poésie. Comme
moi, il sourira en lisant certains passages de l'*Amour*,
il en notera trois ou quatre qu'il eût voulu supprimer, mais il ne méconnaîtra pas la portée sociale de
cet ouvrage. Les questions qui se rattachent au mariage, c'est-à-dire à la base même de la société, sont
au moins posées cette fois, et dans leur ordre légitime. D'autres pourront approfondir. Avec vous,
madame, je laisse de côté la partie philosophique et
la partie scientifique de l'*Amour ;* c'est tout simplement pour nous un livre de sentiment, écrit pour les
femmes, et que les femmes doivent lire.

Le croiriez-vous ? il y a pourtant des femmes qui
ne sont pas contentes, et qui s'insurgent contre
M. Michelet. Vous connaissez madame S... et sa pé-
tulance. Elle a lu l'*Amour*. « Ne me parlez pas de ce
livre, me disait-elle hier, il m'apporte des chaînes
cachées sous les fleurs ; je les vois et je les repousse.
Ce mari, ce précepteur, ce père, cette femme de
chambre, cette garde-malade, c'est un maître, je le
devine au soin qu'il prend de m'enfermer, de me
séquestrer, de me séparer de la société et du monde.

Je le connais ce charmant petit appartement dans lequel il veut me voir sans cesse confinée ; il s'appelait le gynécée. « Restez à la maison, madame Lucrèce, et filez de la laine. » Ainsi parle mon Collatin, le plus doux et le plus tendre des Collatins, mais enfin un Collatin, un mari à la romaine, qui ne me quitte jamais, ou qui me laisse entre ma quenouille et une esclave rustique. »

De plus en plus échauffée par son sujet, madame S... ajoutait : « M. Michelet ne le dit pas, mais au fond il se méfie de la femme, il redoute pour elle la *papillonne*, et, pour la préserver de ses dangers, il en fait une captive perpétuelle, captive de la maladie, captive du mari, captive du ménage. Je proteste contre cette tyrannie ; la meilleure manière de me respecter. c'est de me laisser ma responsabilité et de permettre que je me protége moi-même contre la *papillonne*. Maintenant, dites-moi un peu, je vous prie, où M. Michelet a pris que la femme est perpétuellement malade et blessée ? Dans la physiologie... Je me moque de la physiologie, et je déclare que je me porte bien et que je n'entends pas être soignée du matin au soir. Je veux rire, courir, m'amuser, voir mes amies, aller au spectacle. Le mariage, c'est la liberté ; selon ce livre, c'est à la fois le couvent et l'hôpital, avec le mari pour supérieur, pour confesseur, pour directeur et pour sœur de charité. »

J'ai essayé de faire comprendre à madame S... que nous étions dans une période de transition ; que M. Michelet n'entendait pas présenter des solutions définitives, mais les préparer seulement ; qu'il réservait même les questions les plus importantes ; qu'il s'agissait tout simplement pour la femme d'une phase d'initiation pendant laquelle il fallait bien l'isoler un peu, la soustraire aux dangers du milieu social, religieux et de famille dans lequel elle se trouve. Madame S.... n'a rien voulu entendre. Mais vous, madame, vous moins vive et plus sage, vous serez de l'avis de l'auteur.

Votre bonne et charmante Geneviève va sur ses dix-huit ans, et vous me demandez si ce livre peut passer sous ses yeux. Eh bien ! oui. Elle a lu l'*Oiseau*, elle a lu l'*Insecte*, pourquoi ne lirait-elle pas l'*Amour*? Ne faut-il pas qu'elle se connaisse, qu'elle prenne possession d'elle-même? Le plus grand danger, c'est que l'avenir lui réserve un mari bien éloigné de l'idéal entrevu entre deux pages du poëte. Ce danger n'existe-t-il pas toujours? L'instinct seul fait naître chez la jeune fille l'image de ce mari idéal qu'elle ne voit, hélas! que dans ses rêves. L'homme doit créer la femme, mais si la femme ne prend pas les devants et n'essaye pas un peu à son tour de créer l'homme, je crois que nous ne sommes pas près de voir se réaliser l'utopie de M. Michelet. L'*Amour* inspirera à la jeune fille le désir et le courage de commencer, si bien que la jeune fille et le jeune homme se piquant d'émulation, la statue aimera Pygmalion, et Pygmalion la statue.

Votre fils a quitté cette année le collége. Les temps d'épreuves et de dangers vont commencer pour lui. Il est libre, il a vingt ans; si jeune, il est homme, et déjà polygame peut-être ! L'*Amour* peut le retenir sur le penchant de l'abîme ou bien l'en retirer. Donnez-lui bien vite ce livre ; mais, vous surtout, madame, lisez-le, seule, longtemps, et pensez-y après l'avoir lu. Votre grossesse touche à sa fin, la Providence accordera bientôt un nouveau fruit à votre union. C'est l'heure mystérieuse où, par un fluide inconnu, les idées et les sentiments du cerveau et du cœur de la mère passent au cerveau et au cœur de l'enfant. Vous êtes destinée peut-être à mettre au monde le premier mari de l'avenir dans la personne de ce dernier né éclos au souffle des idées nouvelles, bercé au chant de ce grand poëte qui, dans sa douce trilogie, a chanté l'oiseau, l'abeille et la femme.

Agréez, madame, etc.

Paris, 28 novembre 1858.

IV

LA FEMME.

La *Femme* est la suite de l'*Amour*. Dans ce dernier livre, l'auteur avait voulu nous apprendre le moyen d'être heureux en ménage par l'amour. Aimer n'est pas un art, quoi qu'en aient pu dire Ovide et Gentil Bernard, surtout l'art d'aimer sa femme. Il y a là-dessus autant de systèmes que de caractères différents. Telle femme serait charmée de vivre dans la solitude avec son mari, se laisserait choyer, soigner, dorloter par lui, telle autre le prendrait en grippe à cause de ces soins mêmes. Dans notre époque pacifique, nous avons un grand nombre de femmes qui ne sont pas fâchées que l'homme garde encore les mœurs et les habitudes de la vie guerrière d'autrefois; les maris perdraient beaucoup aux yeux de ces dames s'ils voulaient remplir auprès d'elles les fonctions de femme de chambre; elles y verraient une espèce d'abaissement. Il est donc bien difficile, sinon impossible, en matière aussi délicate, d'établir une règle générale. On l'a bien vu par les critiques qui ont fondu de tous côtés sur le nouvel *Art d'aimer* de M. Michelet.

Il ne s'agit plus ici seulement de savoir comment on doit aimer la femme, mais comment on doit l'élever. Grande question, moins grande pourtant que celle-ci : Comment la fera-t-on vivre?

Le salaire des femmes est insuffisant. Je ne parle pas de celles qui se livrent à des travaux de luxe, qui reprisent les cachemires et les dentelles, qui brodent, qui font des modes, des artistes de l'aiguille, en un mot; elles peuvent vivre, à la rigueur; les simples ouvrières meurent de faim. La machine à coudre fait pour onze sous ce que la femme donne pour dix. Lorsque cette différence de cinq centimes aura cessé d'exister, ce qui ne saurait tarder, l'être vivant ne pourra plus lutter contre la mécanique. L'industrie aura dans la machine une couseuse infatigable, jamais malade, ne s'arrêtant jamais. Les ouvrières, que deviendront-elles?

Depuis l'enfance jusqu'à la vieillesse, la vie de la femme n'est que travail et douleur. N'avez-vous pas rencontré dans votre maison ou ailleurs une pauvre vieille montant l'escalier le matin et s'arrêtant à chaque étage pour respirer? Où va-t-elle? chez le vieux garçon du cinquième, dont elle fait le ménage; officier retraité, employé, homme de lettres, ancien avocat; il y a tant de gens à Paris qui finissent ainsi leurs jours dans une chambre mansardée, célibataires, tristes, ennuyés, méchants quelquefois; c'est sur la vieille qu'ils déchargent leur mauvaise humeur; jamais ils n'ont un mot d'affection pour cette pauvre femme, le seul être vivant pourtant qui s'intéresse encore à eux, qui leur demande des nouvelles de leurs maladies et qui les soulage quelquefois. Ce ménage terminé, il faut courir à un autre; la plus robuste, à soixante ans, ne peut faire que deux ménages par jour. C'est donc chaque mois une trentaine de francs qu'elle gagne, et avec cela elle vit, et quelquefois elle fait vivre un mari ivrogne, fainéant, pour lequel toute sa vie elle a travaillé. Et quels services ne rend-elle pas dans le quartier! Si quelque pauvre locataire de la maison qu'elle habite est malade, elle accourt pour la soigner; c'est elle qui veillera la dernière veille au pied du grabat de l'ouvrière à l'agonie; c'est elle encore qui se chargera de la mettre au linceul. On se moque d'elle en récompense, on la tourne en ridicule dans les journaux, dans les livres, dans les vaudevilles, c'est la *femme de ménage*, un type dont vous avez dû rire bien souvent. Vous verrez qu'il n'y a pourtant pas de quoi quand vous connaîtrez son histoire.

Elle a quitté son village à dix ans, en même temps que sa sœur; elles ont fait route ensemble jusqu'à la ville voisine; là, elles se sont séparées, l'une pour entrer dans une filature, l'autre dans une communauté religieuse. Voilà donc notre paysanne transformée en ouvrière; elle est jolie; on tente de la séduire, elle résiste. Vient le chômage : la filature ferme. Comment gagner sa vie ? Notre ouvrière est habile à coudre, elle se couche tard, elle se lève de bonne heure, ne perd pas une minute à s'amuser; mais elle ne peut gagner plus de quinze à dix-huit sous par jour, encore lui faut-il prélever là-dessus l'argent nécessaire pour acheter le fil, les aiguilles, la chandelle. Souvent l'ouvrage manque, et quand elle en demande, on lui répond que le couvent et la prison travaillent à meilleur marché qu'elle. La domesticité s'offre alors comme une ressource; on vient à Paris, on se met en service. D'autres épreuves commencent, que M. Michelet raconte admirablement : les poursuites de monsieur, la jalousie de madame, la tyrannie des enfants, que sais-je? Bref, il faut chercher une autre condition. Je ne parle pas des suggestions de l'intérêt personnel et de la vanité; on lui a dit si souvent : Si jolie, pourquoi travailler, pourquoi servir les autres quand on pourrait être servie soi-même, avoir tout le luxe des maîtres? Elle reste sage pourtant, elle a trouvé une bonne maison, des gens honnêtes qui la traitent bien et qui lui témoignent de l'affection; mais, hélas ! ils ont éprouvé subitement de grands revers de fortune, les gages de la femme de chambre sont arriérés, ils ne peuvent les payer; d'autres maîtres dissipateurs, fripons, font un beau matin faillite à leurs gens et à leurs fournisseurs.

La domesticité a ses chances comme le commerce. Enfin, à force de patience, la pauvre servante a amassé quelques économies ; elle se marie avec un ouvrier qui, de son côté, a aussi un livret à la caisse d'épargne. A eux deux, ils entreprennent un petit commerce ; viennent les enfants, les maladies ; on ne réussit pas. Le mari se dégoûte de l'ouvrage, il boit ; l'âge est venu ; que faire ? des ménages.

La voilà donc courant les rues le matin, un cabas à la main, maigre, mal vêtue, presque grotesque : elle fait les commissions exposée au givre, à la pluie, à la neige. Pendant ce temps-là, sa sœur, entrée au couvent, où on a pris soin de l'instruire, où elle n'a point eu à lutter contre les épreuves du monde, où elle n'a pas connu la misère, passe sa vie à soigner les malades dans un bel hôpital, ou à apprendre à lire aux petits enfants, douce occupation ! Quand elle passe, chacun la salue. Comme la destinée de ces deux filles est différente, et la récompense inégale, quoique avec des services égaux ! A la sœur de charité le respect et la considération ; à la femme de ménage le ridicule et presque le mépris. Pendant que l'une aura son nom inscrit sur une pierre au cimetière, où l'accompagnera une foule nombreuse, la voiture des pauvres conduira l'autre à la fosse commune.

Que faire pour arracher à la misère la femme, cette proie qu'elle guette sans cesse ? D'abord ne point envahir les professions qui semblent naturellement faites pour sa faiblesse. Que de fois, en voyant un homme robuste assis les jambes croisées sur un établi, n'ai-je pas été tenté de lui dire : Ne rougissez-vous pas de tirer ainsi le fil d'une main qui tiendrait si bien le soc d'une charrue? Laissez l'aiguille à la femme ; jeune et vigoureux, c'est à vous de prendre les métiers pénibles. Chose effrayante ! il y a cent mille hommes à Paris qui vivent de l'aiguille ; cent mille ouvriers travaillant à la *confection !* Une statistique récente vient de nous apprendre ce fait. Quelle concurrence pour la femme ! La typographie a commencé par être un secret et un art ; les premiers typographes ont été des savants ; aujourd'hui la typographie n'est plus qu'une question d'adresse et d'habitude ; pourquoi ne pas laisser aux femmes ce métier, qui ne demande que des doigts agiles et de la patience ? Le moyen âge fermait la corporation aux femmes, mais aujourd'hui il n'y a plus de corporation. On me demandera ce que je ferai des typographes et des cent mille ouvriers tailleurs de la capitale. Cela m'inquiète assez peu. Ce n'est pas l'ouvrage qui fait défaut aux bras. Qu'ils quittent Paris, l'ouvrier manque à la campagne, la journée s'y paye aussi cher qu'à la ville. La femme n'a pas cette ressource, quoique souvent employée aux plus rudes travaux des champs ; il faut pour les supporter qu'elle soit née à la campagne, entre le veau et le porc ; elle y devient un animal d'un genre particulier, bête de somme supplémentaire, que j'ai vue, ainsi que M. Michelet, tirer la charrue où elle était attelée côte à côte avec un âne.

Si chaque homme se disait : Ma tâche est double ici-bas, je me dois à moi-même et à la femme; j'en veux prendre une, l'associer à ma destinée; je mettrai ma force dans cette association, elle son dévouement; la misère serait moins à redouter pour nos filles du peuple. Malheureusement on se marie de moins en moins. J'en crois là-dessus M. Michelet sur parole. Mariée, la femme n'en supporte pas moins les charges les plus dures du ménage; je ne parle point seulement des souffrances de l'enfantement, des labeurs de la maternité. Approchez-vous un moment de votre fenêtre, le matin, par un de ces jours de décembre humides et froids, où le brouillard retombe en pluie fine et glacée; une boue liquide couvre le pavé, l'atmosphère est sombre, les marchands ont été obligés d'allumer le gaz; sept heures vont sonner, la rue s'éveille. Voyez la ménagère de la mansarde passer sur le trottoir avec ses brodequins éculés, sa robe d'étoffe légère, un tartan fané, ou un je ne sais quoi de soie sur les épaules. Pourquoi est-elle debout de si bonne heure? Le mari, petit employé, marchand en plein vent, ouvrier, se met à la besogne de bon matin; il faut qu'il mange avant de partir. Plus tard, d'ailleurs, oserait-elle sortir en pareil équipage? La misère est terrible, non-seulement parce qu'elle est la misère, mais encore parce qu'il faut la cacher. Ce n'est pas tout pour la femme que d'affronter les rigueurs de la saison, celles des marchands sont souvent plus dures à supporter. Si le compte de l'épicier est en retard, ce qui n'arrive, hélas! que trop souvent dans les petits ménages, on ne dit rien au mari, la femme reçoit tout à sa place, et Dieu sait souvent quelles grossièretés elle est obligée d'entendre! Le

marchand prend la parole, la marchande, assise à
son comptoir, lance son mot aigre et insolent, le
garçon de boutique lui-même se mêle à la conversation et fait le facétieux; la pauvre femme doit courber
la tête et se taire; si on allait refuser le crédit : Dans
la journée, d'autres créanciers se présenteront, il
faudra leur répondre, soigner les enfants, faire le
ménage, préparer le repas du soir. M. Michelet ne
songeait certainement pas à nos petits ménages pari-
siens, quand il nous présentait la femme comme un
être perpétuellement malade. Il arrive quelquefois à
celle dont nous parlons de succomber à la fatigue;
alors, si la maladie la retient dans son lit, c'est l'enfant qui la supplée. A demi chaussée, à demi vêtue,
à peine protégée contre le froid par un vieux châle
noué autour de la taille, sa petite fille, les lèvres et
les joues bleuies par le froid, traverse la rue, portant
sous son bras un pain souvent plus haut qu'elle.
Comme elle marche vite avec ses petits pieds! si elle
allait tomber sur ce terrain glissant! non, la voilà
sous la porte cochère.... Que Dieu te protége, pauvre
petite, et te donne toujours ton pain quotidien.

Malgré tout, cependant, il vaut mieux que la
femme soit mariée, et M. Michelet a bien raison de
prêcher le mariage à l'homme :

> Quand les bœufs vont deux à deux
> Le labourage en va mieux,

comme dit fort bien la vieille chanson. L'homme ne
doit pas vivre séparé de la femme; mais M. Michelet

est-il bien sûr que la cause de cette séparation vienne tout à fait de l'homme? Je n'en voudrais certainement pas jurer. Soit qu'elles aient pris leur parti du peu de goût des hommes pour l'existence conjugale, soit que certaines idées de liberté, d'émancipation leur aient tourné la tête, les femmes de notre temps aiment beaucoup à vivre en garçons. Cette vie autrefois était impossible; la grisette voulait un bras; elle se serait crue déshonorée d'entrer seule dans un bal. Maintenant il y a des cafés, des brasseries, des restaurants, des lieux de danse et de musique où l'on compte sur les habituées autant que sur les habitués. Les bohêmes sont des deux sexes. La femme déjeune le matin chez la crémière, dîne à la brasserie, fait sa partie de dominos en fumant des cigarettes. Elle est maîtresse de piano, de chant, ou de langues comme tant de jeunes gens sont hommes de lettres ou artistes en apparence, et au fond rien du tout. Ne parlez pas à ces dames des bonheurs du mariage, elles n'en voient que les fatigues et les ennuis qu'elles n'échangeraint certainement pas contre les hasards et les plaisirs de la bohême. Le goût du célibat chez les femmes s'étend tous les jours dans les classes intermédiaires de la société; qui sait s'il ne gagnera pas bientôt les classes hautes? Déjà, assure-t-on, les salons du faubourg Saint-Germain sont remplis de chanoinesses; un nœud de rubans bleus sur l'épaule remplace le mari, et tout est dit; on a sa liberté, on peut sortir seule, porter des toilettes d'une certaine façon; et il y a tant de femmes qui ne recherchent pas d'autres avantages dans le mariage!

Nous en serons quittes pour aller à l'étranger chercher des femmes. M. Michelet nous le conseille; il
n'est pas ennemi du croisement des races, il en attend
d'assez bons résultats, surtout du croisement du blanc
avec la noire. A l'en croire nous ne ferions pas mal
de pousser jusqu'en Afrique pour nous marier. La
femme noire a bien son charme, je ne dis pas le contraire, *nigra sum sed formosa*, mais elle a bien aussi
ses petits inconvénients. C'est plus qu'un animal,
qu'on me pardonne le mot, mais ce n'est pas tout à
fait une femme. Elle est aimante, dévouée, timide
comme la gazelle et, parfois aussi, féroce comme la
panthère; elle a des tendresses et des emportements
qui ne semblent pas toujours d'une créature humaine; elle chante comme le bengali, elle rugit
comme la lionne. Gaie, rieuse, folâtre à présent,
froide, triste, impassible tout à l'heure, oiseau et
sphinx tout à la fois, maîtresse charmante peut-être,
femme difficile à coup sûr. Essayez d'enfermer l'Afrique dans les quelques pieds carrés qu'on nomme un
appartement à Paris. La noire est depuis trop longtemps esclave pour qu'on puisse l'élever tout à coup
au rang d'épouse; il y a pour elle encore un long
apprentissage à faire; peu de gens auront le courage
de s'en charger même avec la perspective de doter la
librairie française d'un second romancier de la fécondité de M. Alexandre Dumas. Le nègre n'est point né
pour le mariage; il ne vit point chez lui, mais à dix
ou quinze lieues de sa case; l'oncle Tom lui-même
aurait fait, j'en suis sûr, un médiocre mari. On crain-
dra toujours un peu que la noire ne partage en amour

les instincts voyageurs du noir. Quant à la rouge, je
ne m'y fie guère non plus, quoi qu'en dise M. Michelet ; elle a ses agréments et ses qualités dans les forêts
vierges et dans les prairies pour un chasseur de cas-
tors ou de bisons; en Europe, on lui préférera généralement la blanche, et peut-être n'aura-t-on pas
tort.

A quoi bon d'ailleurs chercher des femmes si loin
quand il y en a tant en France qui attendent des maris? Occupons-nous d'abord de faire cesser la séparation de plus en plus marquée qui existe entre la
femme et l'homme blancs; nous songerons ensuite
aux noires, aux rouges, aux jaunes. « Il n'est personne qui ne voie le fait capital du temps. Par un
concours singulier de circonstances sociales, économiques, religieuses, l'homme vit séparé de la
femme. . . . .
le pis, c'est qu'ils ne semblent pas pressés de se rapprocher. Il semble qu'ils n'aient rien à se dire. Le
foyer est froid, la table muette, le lit glacé. . . . . . .
Tout le monde voit chaque jour comme un salon se
sépare en deux salons, un des hommes, et un des
femmes. Ce qu'on n'a pas assez vu, ce qu'on peut
expérimenter, c'est que, dans une petite réunion
amicale d'une douzaine de personnes, si la maîtresse
de maison exige par une douce violence que les deux
cercles se fondent, que les hommes causent avec les
femmes, il n'y a plus de conversation.

« Il faut dire nettement la chose comme elle est.
Ils n'ont plus d'idées communes, ni de langage commun, et même sur ce qui pourrait intéresser les deux

parties, on ne sait comment parler. Ils se sont trop perdus de vue. Bientôt, si l'on n'y prend garde, malgré les rencontres fortuites, ce ne serait plus deux sexes, mais deux peuples. »

Ils se sont trop perdus de vue, dit M. Michelet. Je ne sais pas si c'est là la vraie cause du dangereux divorce entre l'homme et la femme qu'il signale. On l'a tour à tour attribué au cigare, au club, à la garde nationale ; c'est dans la forme même de la société qu'il faut la chercher. La société moderne est organisée pour le travail, l'ancienne pour le plaisir. On causait beaucoup autrefois parce qu'on n'avait pas autre chose à faire. La noblesse désœuvrée passait son temps dans les salons et dans les boudoirs; les hommes se faisaient femmes, ils apprenaient à broder. Aujourd'hui chacun travaille; les hommes parlent donc de leurs affaires, et les femmes de leurs robes et de leurs plaisirs; hommes et femmes sentent instinctivement qu'ils s'ennuieraient mutuellement, et chaque sexe fait bande à part. Comment l'homme et la femme auraient-ils un fonds d'idées communes, quand la société elle-même n'a pas d'idées, qu'elle ne repose que sur des intérêts? Cela changera sans doute, le temps des idées et des sentiments reviendra, nous reverrons un jour les hommes et les femmes réunis, se pénétrant de leur mutuelle influence comme à la fin du dix-huitième siècle et dans les premières années de la révolution. A quoi bon en attendant se prêter à prendre un rôle dans cette ridicule parodie du monde et de la sociabilité qui se joue dans ce qu'on appelle encore les salons? Le club et le cigare sont les deux grandes protestations des hommes intelligents et sincères contre le mensonge de la société actuelle.

Il faut bien d'ailleurs le dire à M. Michelet : ses théories au sujet de la femme, telles qu'il les a développées dans l'*Amour*, ne sont point faites pour rapprocher les deux sexes. En enchaînant la femme au foyer domestique par la maladie, par la faiblesse, par le culte même que lui voue le mari, il supprime tout d'un coup l'élément le plus puissant de toute sociabilité. Le mari du livre de l'*Amour* ne m'a pas l'air trop disposé à conduire sa femme dans le monde, et par conséquent sa fille. Je me demande donc comment s'y prendront les jeunes gens désireux de se pourvoir. Je crains bien qu'en visant à détruire la polygamie occidentale, on n'ait réussi qu'à la rendre presque nécessaire. Les chaînes forgées dans l'*Amour*, M. Michelet, au lieu de les alléger, les rive dans son nouvel ouvrage. Quel moyen plus direct de combattre ce fléau de la misère dont la femme est si souvent victime, que de lui fournir du travail? Nous parlions tout à l'heure d'admettre les femmes au travail des imprimeries : on l'a essayé. M. Michelet blâme ces tentatives. La femme, selon lui, ne peut travailler longtemps ni debout ni assise, ce qui revient à dire qu'elle ne peut pas travailler du tout. Si elle est toujours assise, le sang lui remonte, la poitrine est irritée, l'estomac embarrassé, la tête injectée. Si on la tient longtemps debout comme la repasseuse, comme celle qui compose en imprimerie, elle a d'autres accidents sanguins. Que l'homme prenne

donc le fer à repasser, qu'il garde l'aiguille ; la femme
ne peut travailler qu'en variant son attitude, comme
elle fait dans son ménage, allant et venant. Il faut
qu'elle ait un ménage, ajoute M. Michelet, il faut
qu'elle soit mariée. Ainsi, point ou presque point de
profession manuelle pour la femme ; point de profession libérale non plus : « Il vaut mieux pour elle
mourir de faim, que de courir le cachet sur le pavé
de Paris. » C'est l'opinion de M. Michelet. La position de maîtresse de musique ou de grammaire n'est
point brillante en effet ; elle offre même des dangers ;
mais enfin on les évite quelquefois. On pourrait citer
plus d'une maîtresse de piano, élève du Conserva-
toire, mariée et mère de famille ; son mari a une
place ; elle trotte toute la journée sur le pavé de Paris,
ils se retrouvent le soir avec plaisir, heureux d'avoir
travaillé tous les deux. Avec ce que le mari gagne tout
seul, ils vivraient à peine ; grâce aux leçons de la
femme ils sont dans l'aisance. Que l'homme repasse
son linge lui-même, je n'y vois pas grand mal ; mais
qui apprendra les premiers éléments du piano ou de
la syntaxe à nos filles et à nos nièces ? Le maître
pourra venir plus tard ; pour ces commencements, au
moins, la maîtresse est indispensable. Ainsi donc,
pas de professorat ; gouvernante, il n'y faut pas songer ; entre le maître et le fils de la maison, la vertu
de la femme court trop de dangers ; actrice, c'est
bien pire encore. Que faire ? dit la femme. — Mariez-
vous, répond M. Michelet. — Je ne demande pas
mieux ; mais sans argent, sans profession, où trouver un mari ?

Je crois entrevoir pourtant, dans certains passages de son livre, que M. Michelet permettrait, à la rigueur, à la femme, d'être médecin et herboriste. C'est bien quelque chose, mais ce n'est pas assez. Pour l'homme et pour la femme le travail est la loi commune et le véritable lien. Marions-nous, puisque M. Michelet le veut, mais avec une femme libre; je sais que le mot est mal sonnant; on comprendra ce que je veux dire. Pas d'idole, pas de poupée, une femme véritable qui donne un bon coup de main à son mari dans la besogne de la vie. Épaississez-moi un peu le mariage, ou je ne sais plus ce que c'est. A quoi bon tant de subtilités à propos d'une chose si simple ? Nos aïeux chantaient à la noce et prenaient la jarretière de la mariée ; faisons comme eux. Philosophie, physiologie, morale, ne mêlons point tout cela, n'inventons pas le mysticisme nuptial. Je consens bien à servir de femme de chambre à ma femme à condition qu'à son tour elle me raccommode mes chausses si elles ont besoin d'être raccommodées ; qu'elle soigne le pot-au-feu, moi je descends à la cave. Liberté, égalité fraternité, c'est la vraie devise du mariage. M. Michelet s'inquiète de trop de choses, vraiment ! il vise trop à remplacer la mère. C'est à elle seule à entrer dans la chambre nuptiale ; arrêtons-nous sur le seuil, respectons ses mystères, ils sont sacrés. Vouloir donner des conseils, des préceptes dans certaines matières, c'est inutile et dangereux ; les gens délicats s'en formalisent; les autres n'y voient qu'une occasion de grossières plaisanteries. Il y a bien longtemps que nous n'en sommes plus, en fait de mariage, aux coutumes barbares; il n'est pas nécessaire de protester contre des usages qui n'existent plus.

Sur bien des points, on le voit, je ne suis pas de l'avis de l'auteur de la *Femme;* je n'en ai pas moins lu ce livre avec un vif sentiment de plaisir; il a des parties si belles, si touchantes, si élevées, si finement observées; il est écrit d'un style si passionné, si vif, si éloquent! M. Michelet a une manière ou plutôt un art de dire les choses qui lui est tout personnel; on peut trouver à redire à cet art, mais le fait est qu'il entraîne et qu'il subjugue le lecteur. Ses livres, que les pédants critiquent, ont un grand mérite à mes yeux, celui d'être vivants, et de s'occuper de questions vivantes. Ne vaut-il pas mieux nous parler du sort de nos femmes, de nos filles, de nos sœurs, que des prouesses de madame de Longueville, et des patenôtres de la mère Angélique Arnauld?

ŒUVRES LITTÉRAIRES
DE M. GRANIER DE CASSAGNAC

On a tort de ne pas s'arrêter plus souvent à l'étalage
des bouquinistes. On n'a guère plus la chance, il est
vrai, d'y trouver le moindre Elzévir, mais on y apprend
presque toujours quelque chose de curieux. Dernièrement, par exemple, n'ai-je point découvert, grâce à
un bouquin à quinze sous, que M. Granier de Cassagnac avait publié des *Œuvres littéraires* encore plus
inconnues que ses *Œuvres historiques?* J'ignorais, pour
ma part, entièrement ce fait, et je suis sûr qu'il en
est de même de la plupart des lecteurs de cet article,
qui aura du moins pour résultat de révéler au public
un ouvrage offrant un intérêt divers et soutenu, surtout depuis que l'auteur a pris la croix, le glaive et
la balance pour juger la littérature contemporaine:

La politique occupe une grande place dans les
œuvres littéraires de M. Granier de Cassagnac. Il y a
des gens qui ne sauraient prendre la plume pour se
distraire et pour badiner un moment sans qu'on
sente aussitôt en eux le publiciste et l'homme d'État
Leur génie particulier se montre dans les plus pe
choses, et on comprend qu'ils sont faits pour

verner les hommes, même lorsqu'ils ne parlent que d'art et de littérature. Tel se montre l'auteur de ce volume, où il traite à la fois des règles du style et de la politique d'Aristote, du saint-siége et du langage de l'amour en poésie, de l'étude des modèles et de l'influence des capitales, de Racine et du journalisme, de Lacordaire et d'Alexandre Dumas. Homme politique et homme littéraire, publiciste et romancier, nous allons étudier le rédacteur en chef de feu le *Réveil* sous ses deux faces, en commençant par le romancier.

M. Granier de Cassagnac, dans la préface de la *Reine des prairies*, déclare qu'il veut moraliser le roman; il était temps qu'on y songeât. La pastorale est un excellent moyen de moralisation : c'est par elle qu'on maintient la vertu au sein des nations. Ne cherchez point la pureté dans une littérature où il n'y a ni bergers ni bergères.

Une vérité de cette importance ne pouvait échapper à un homme de l'intelligence et de la pénétration de M. Granier de Cassagnac. Que de choses neuves et fortes il nous dit sur le roman dans sa préface : « L'auteur a toujours pensé que le roman, considéré en lui-même, était une composition d'un ordre aussi élevé que la tragédie et la comédie.» Florian pensait aussi cela quand il écrivait *Gonzalve de Cordoue, Estelle et Némorin, Numa Pompilius*. Ce dernier principalement. Il comptait sur cet ouvrage pour se poser comme historien, législateur et philosophe; ses contemporains ne l'ont pas compris.

Florian a fondé l'école du roman antique; Chateaubriand, j'ose le dire, l'a quelque peu imité ; mais c'est M. Granier de Cassagnac qui l'a complétement tiré de l'oubli. *La Reine des prairies* rappelle ses plus beaux succès.

M. Granier de Cassagnac a compris tout le parti qu'on pouvait tirer de la manière de Florian pour moraliser le roman. Le moment était venu de ressusciter le genre Numa et le genre Némorin, de les fusionner, comme on dit aujourd'hui, par un art savant, et d'en tirer des avantages solides au profit de la vertu.

Les romans de M. Granier de Cassagnac iront droit au cœur des gens vertueux ; ils y retrouveront la philosophie de Florian, ses connaissances historiques et cette éloquence poétique qui ne l'a jamais abandonné même au milieu des scènes les plus ordinaires de la vie. Ils y retrouveront aussi ses héros, et surtout ses bergers et ses bergères ; Estelle et Némorin revivent sous les traits de Néobulé et d'Antonio. Comme Florian, M. Granier de Cassagnac aime le zéphyr qui murmure dans le bocage, le ruisseau qui gazouille, l'agneau qui bêle dans la prairie ; comme lui, il soupire la tendre romance.

> Néobulé, la reine des prairies,
> A pris mon cœur.

Ce n'est pas que je prétende comparer Estelle à Néobulé ; je sais trop ce qui lui manque pour soutenir la comparaison. La bergère de Florian est loin d'avoir les hautes connaissances historiques que celle de M. Granier de Cassagnac possède. C'est une simple villageoise, rien de plus. Némorin, pour la largeur des vues et l'étendue du génie philosophique, ne saurait être mis en parallèle avec Antonio ; mais cela tient au progrès qu'ont dû faire les bergers et les bergères depuis que Florian n'est plus de ce monde. Pour le style pourtant, il faut convenir qu'ils diffèrent peu.

On reprochera peut-être à M. Granier de Cassagnac, comme on l'a reproché plus d'une fois à son illustre maître, de faire parler à ses bergers le langage d'un professeur de rhétorique. Reproche frivole, si l'on veut bien considérer que, porté à la vie pastorale par un instinct qui tient à la poésie, et qui est peut-être la poésie elle-même, il est naturel qu'un berger parle poétiquement ; comme d'ailleurs les bergers n'ont que des sentiments nobles, ils emploient naturellement aussi des termes nobles pour les exprimer. Je trouve donc fort simple pour ma part que Néobulé réponde à Antonio, qui vient de lui révéler son amour : « Il me venait quelquefois des tristesses profondes d'être seule, et de n'être point nommée dans les rêves de quelqu'un d'aimé. Va, ma pauvre âme s'épanouit à tes douces paroles. » Je reconnais là l'accent de la bergère émue ; Estelle ne se serait point exprimée autrement. Je reconnais encore le langage des vrais bergers dans ce dialogue entre les deux amants.

« NÉOBULÉ. — Votre nom, Antonio, se répète à l'heure présente dans les quatre langues du monde. Vous êtes grand par la renommée, et ceux que vous aimerez grandiront aussi dans le respect des hommes.

L'affection de ceux qui sont célèbres, Antonio, est comme la lumière du soleil : elle éclaire tout ce qu'elle regarde.

« ANTONIO. — Eh ! qu'avez-vous besoin que l'éclat d'un autre vous illumine, ô Néobulé ! La solitude et l'ombre de votre vie n'ont-elles pas une couronne de gloire comme la nuit une couronne d'étoiles? Là où vous êtes est votre empire ; là où vous n'êtes pas est votre nom. »

Voilà comment de véritables bergers doivent parler. De prétendus savants diront qu'on n'était point aussi littéraire que cela au troisième siècle de l'ère vulgaire dans la campagne romaine. Laissez-les dire : ils n'ont aucune notion des conditions éternelles de la pastorale ; ce sont des réalistes capables de vous faire choir dans quelque mare au diable si vous n'y prenez garde. Si les bergers parlent comme les autres hommes, à quoi bon faire des bergers?

La Reine des prairies m'a procuré des jouissances infinies ; je me suis senti renaître en écoutant ces phrases sortir de la bouche du premier berger : « La pauvre fleur des champs peut se dresser vers les étoiles, les admirer et les chérir ; mais il faut, pour être heureuse, qu'elle se cherche un hymen auprès d'elle parmi les abeilles et les oiseaux. Je vous regarderai donc de loin, ô madame ! les bras étendus vers votre sphère lumineuse, où ils ne sauraient vous atteindre ; mais mon âme, qui a des ailes, vous y portera toute ma vie ma gratitude et mon respect. » Némorin ne s'est jamais élevé sans doute à une telle hauteur, mais dans ses bons moments il s'en approche.

Que M. Granier de Cassagnac ne se laisse pas intimider par les gens qui le blâmeront de n'avoir pas mis de loup dans ses bergeries. C'est un blâme que jetait également à Florian la critique de son temps. Que deviendrait la vertu avec les loups? Florian a donc toujours éloigné avec le plus grand soin de son troupeau toute bête de proie. Pasteur vigilant, imitez-le, chassez les loups; si vous avez une houlette, c'est pour vous en servir.

Une chose qui me contrarie et que je crois absolument opposée aux lois de la pastorale, c'est que le roman de M. Granier de Cassagnac finit mal. Les lecteurs de Florian ne lui auraient certainement point pardonné de faire mourir Estelle ou Némorin ; leur bonheur était nécessaire au bonheur du public. Les cœurs français seraient-ils devenus moins sensibles? M. Granier de Cassagnac tue le berger Antonio : c'est une grande témérité, je doute qu'elle réussisse. Une autre chose que je ne saurais non plus approuver, c'est que Néobulé, après avoir retrouvé sa mère, qui la pleure depuis vingt ans, se hâte de la quitter en lui disant pour toute excuse : « J'ai pour château la clairière des bois et pour foyer la berge des fleurs. Je retourne à la vie des pâtres, par laquelle toutes les grandes races ont commencé. » Ce trait d'érudition en un pareil moment, je ne crains pas de le dire, me paraît hasardé ; j'ajouterai même qu'il m'effraye. Est-ce que, par hasard, Néobulé aurait l'intention de survivre à Antonio et de fonder une nouvelle race? Voilà ce que je ne saurais tolérer à aucun prix. Une bergère bien apprise doit mourir huit jours après son berger ou un mois au plus tard. Comment Néobulé sait-elle que les grandes races ont commencé par la vie pastorale? en est-elle bien sûre, d'ailleurs? on pourrait, je crois, la chicaner là-dessus. C'est par la vie des brigands, à ce qu'il me semble, plutôt que par celle des pâtres que les grandes races commencent en général; il serait facile de lui en citer plus d'un exemple.

Ce qui me charme souvent dans ce livre, c'est l'indignation avec laquelle M. Granier de Cassagnac flétrit l'esclavage. Je me suis laissé dire qu'il l'avait défendu autrefois; c'est une assertion de ses ennemis. Les bergers sont trop sensibles pour aimer ces choses-là. On aura évidemment calomnié M. Granier de Cassagnac. Sur ce point, comme sur bien d'autres, je ne doute point que la *Reine des prairies* n'aide énormément à la moralisation du roman moderne. Pour la rendre plus complète, M. Granier de Cassagnac ne croit-il pas qu'il serait bon de publier une édition des œuvres complètes de Florian avec une préface signée de l'auteur de la *Reine des prairies?* Rien, je crois, ne contribuerait davantage à développer la vertu dans la littérature.

Si dans ses romans M. Granier de Cassagnac s'inspire un peu trop de Florian et même de Marmontel, s'il a dans la *Reine des prairies* des façons de dire les choses qui rappellent assez agréablement *Bélisaire* et les *Incas,* en revanche ses articles de critique littéraire ont un caractère de nouveauté que personne ne peut nier.

L'originalité de M. Granier de Cassagnac ne se

montre bien que dans la critique. Là il est vraiment lui-même et ne relève de personne. Il suffit pour s'en convaincre de lire le chapitre intitulé : *De la nature et des lois du style.* Le sujet est vaste, il embrasse comme fond et comme forme l'ensemble du problème littéraire. Comment se forme le style, à quelles conditions devient-on un grand écrivain : tout est là.

La proportion dans les diverses parties d'une phrase, nous apprend M. Granier de Cassagnac, et l'harmonie des sons finaux, voilà deux lois du style que personne n'a le droit d'enfreindre. Il n'y a pas de peinture si l'on fait une jambe plus grosse que la cuisse, il n'y a pas non plus de style si la proportion n'existe pas entre les divers membres de la période. Un livre contient autant de phrases qu'un pré contient de fleurs. Ces fleurs ne se ressemblent pas entre elles ; il doit en être ainsi des phrases. De même que le dessin procède par deux lignes primordiales, la ligne droite et la ligne courbe, ajoute l'auteur, que nous allons citer textuellement, on compte trois formes primordiales de style qui sont :

1° LA PHRASE A PYRAMIDE.

« Elle débute par une proposition courte, générale, élevée, exprimée par une phrase nette, brève, serrée, brusquement coupée aux deux extrémités, sans laisser dépasser aucune bavure, ou sans laisser pendre aucun filament ; puis on reprend cette proposition générale, on la détaille, on la spécialise, et, à la suite de cette première phrase roide et trapue, on jette des phrases secondaires de plus en plus amples, nombreuses et touffues, de manière à ce que l'ensemble résultant de tous ces détails, la figure sortie de la réunion de tous ces traits représente à l'œil quelque chose comme une pyramide, dont le sommet est le commencement de la phrase totale, et dont la base est son épanouissement. »

2° LA PHRASE A PYRAMIDE RENVERSÉE.

« Au contraire de la précédente, cette phrase commence par une grande profusion de phrases un peu molles, exprimant des propositions un peu vagues ; viennent ensuite des phrases successivement moins nombreuses et plus nettes, exprimant des propositions plus convergentes et plus fermes. Enfin, il y a un moment où toutes les phrases, insensiblement raccourcies, sont réduites à une seule, et où toutes les propositions insensiblement rapprochées aboutissent à une idée ; alors toute la phrase se condense, et toute l'idée se résume en un dernier trait, court, précis et vigoureux, de manière à donner à l'aspect général de la phrase la figure d'une pyramide renversée.

« Dans ces deux phrases, le gros bout de l'idée correspond au petit bout de la phrase, et réciproquement. Dans la première, l'idée commence par se donner dans une généralité, c'est-à-dire en masse, et finit par se donner en plusieurs spécialités, c'est-à-dire en détail. La phrase débute par des membres courts, continue par des membres successivement plus longs, et finit par un épanouissement de draperies et de couleurs qui la font ressembler à un bouquet dont la queue serait en haut et les fleurs en bas, de telle sorte qu'on pourrait également lui donner le nom de *phrase à queue en l'air.*

« La seconde phrase procède d'une façon diamétralement opposée : elle s'annonce par du nombre, par de l'ampleur, par une grande prodigalité dans le son et dans le terme, et continue en se dégradant, en s'affaiblissant, en s'éteignant; tandis que l'idée, au contraire, commence par montrer timidement une de ses faces, puis l'autre, puis toutes; c'est-à-dire qu'elle est timide et toute honteuse, lorsque la phrase prend des airs et se pavane ; qu'elle éclate et qu'elle rayonne, lorsque la phrase s'alanguit et se meurt. »

3° LA PHRASE A DEUX PYRAMIDES.

« Elle n'est qu'un composé des deux formes précédentes ; elle les réunit, soit dans l'ordre où nous les avons placées, soit dans l'ordre opposé. Dans le premier cas, qui est le plus commun, la forme résultante commence par une phrase serrée contenant une idée générale, et finit de même, en plaçant dans le milieu le développement dont la phrase initiale est le germe, et dont la phrase finale est le résumé. Dans le second cas, la forme résultante est comme étranglée, au milieu, par cette phrase courte et serrée qui est à la fois résumé et germe, et elle offre à peu près à l'œil l'image de deux pyramides qu'on aurait jointes par le sommet. »

Voilà, selon l'auteur, les trois types auxquels peuvent être ramenées toutes les phrases possibles. Peut-être le lecteur aura-t-il quelque peine à se retrouver au milieu de ces pyramides, de ces gros bouts et de ces petits bouts, de ces queues droites, de ces résumés qui sont des germes, de ces germes qui deviennent des résumés, de ces idées qui se donnent d'abord en masse et qui finissent par se donner en détail ; mais il faut bien reconnaître que le sujet est ardu, complexe, et qu'on ne saurait se rendre compte de *la nature et des lois du style* sans consacrer à ce travail beaucoup de temps et de réflexion. Il est certainement moins aisé de traiter de l'emploi des formes en littérature que de l'emploi des sentiments ; aussi, dans son chapitre *Du langage de l'amour en poésie*, M. Granier de Cassagnac est-il d'une clarté merveilleuse. Le langage de l'amour se rattache, d'après lui, à quatre grands systèmes médicaux : le système d'Homère sur la moelle épinière ; le système de Pythagore sur les veines et les artères ; le système d'Hippocrate sur la chaleur de la poitrine alimentée par la respiration ; le système d'Épicure sur le diaphragme. Les poëtes de l'antiquité parlaient le langage de l'amour selon l'endroit où, suivant l'un de ces systèmes, ils plaçaient le siége de la vie. Virgile et Ovide, qui tiennent pour la moelle épinière, tiraient de la moelle la plupart des métaphores qu'ils placent dans la bouche de leurs amoureux. Quelquefois cependant Virgile, qui incline au pythagoricisme, puise ses comparaisons dans la veine ; il en est de même de Catulle. Il arrive aussi que Virgile, fort

sceptique à ce qu'il paraît, passe de l'école médicale
de Pythagore dans celle d'Hippocrate. Juvénal, Ti-
bulle, sont les partisans exclusifs du diaphragme.
Les poëtes du dix-septième siècle, Racine et Corneille, procèdent à la fois d'Hippocrate et d'Empé-
docle, qui plaçaient la vie dans le cœur, et donnent
à ce dernier organe une signification morale qu'il
n'a point en anatomie. Racine et Corneille n'étaient
point savants; c'est un grand reproche que leur adresse
M. Granier de Cassagnac. Un vrai poëte ne doit pas
commettre d'erreurs en médecine ; Homère, ajoute-
t-il, était cité par Galien, et M. Andral devrait pouvoir s'appuyer sur Victor Hugo et sur Lamartine ;
pour bien parler le langage de l'amour, il faut suivre
un cours d'anatomie. Le foyer des sentiments, des
passions, des idées n'est plus maintenant ni dans le
diaphragme, ni dans la moelle épinière, ni dans les
veines et les artères, ni dans la chaleur de la poitrine alimentée par la respiration ; on l'a installé
dans le cerveau jusqu'à nouvel ordre ; donc les vrais
poëtes destitueront désormais le cœur et le rempla-
ceront par le cerveau.

> Ce *cerveau* que l'amour rangea sous votre empire,
> Ce *cerveau* qui pour vous à tout moment soupire.

M. Granier de Cassagnac, qui a poursuivi dans
plusieurs articles la réforme de l'enseignement uni-
versitaire, sollicitera probablement la création d'une
chaire d'anatomie dans chaque collége, et demandera que les élèves de rhétorique soient astreints à
suivre une clinique ; sans cela on ne parviendra pas

à corriger le langage de l'amour de ses locutions
vicieuses. Nous souhaiterions vivement que M. Granier de Cassagnac fût chargé du cours de littérature
française à l'École normale ; seul il peut tirer l'enseignement de la routine à laquelle il obéit. Nous
trouvons dans ses *Œuvres littéraires* les éléments
d'une leçon des plus intéressantes sur Racine. Le
lecteur nous saura gré de l'extraire à peu près textuellement de cet ouvrage remarquable. Le professeur prend la parole :

« Messieurs,

« Nous parlerons aujourd'hui d'*Athalie*, œuvre
trop vantée jusqu'ici, et que je range hardiment parmi
les plus médiocres de Racine. L'auteur a cru devoir
placer l'action entre quatre et huit heures du matin.
C'est une faute énorme. A cette heure-là, tous les
honnêtes gens dorment encore. Une autre faute non
moins considérable, c'est d'avoir introduit le peuple
dans le temple. Théologiquement et matériellement
c'est une impossibilité. La loi interdisait au peuple
l'entrée du temple, long de soixante pieds tout au
plus et large de trente, je l'ai mesuré. Voilà des erreurs qui indiquent bien que Racine n'était point né
pour le théâtre. Le sentiment de la couleur locale lui
manque absolument ; il ne fait nulle différence entre
le grand prêtre de Jérusalem et le curé de sa paroisse ;
Mathan n'est pour lui qu'un simple marguillier de
Saint-Séverin. Parlerons-nous du style d'*Athalie ?* Tout
le monde sait bien que la phrase de Racine est trop
arrondie, et qu'elle ne tourne pas assez court. Des

Vers plats, guindés, pâteux, lâches, mous, donnent au style d'*Athalie* un air malade, bouffi et malsain. Quant aux fameux chœurs, je déclare qu'on ne vit jamais plus déplorable exemple de l'oubli dans lequel Racine tombait à l'égard de la poésie digne, noble, élevée, harmonieuse. Prônés par des ignares, ces chœurs sont un ramassis inimaginable de phrases communes et creuses rimées avec des adjectifs et des infinitifs, et telles que ne les écrirait pas aujourd'hui un poète d'anniversaire. L'Opéra-Comique y regarderait à deux fois avant de chanter des couplets de cette facture, et M. Offenbach ne consentirait certainement pas à les mettre en musique. Racine a du reste toujours mis fort peu de soin à ses ouvrages ; ils sont maculés de taches que... »

Ne voulant pas abuser des citations, je m'arrête et je me demande comment l'idée n'est pas encore venue à quelqu'un de composer *une galerie des grotesques au XIXᵉ siècle;* les éléments abondent, et le moment est excellent pour entamer la besogne ; M. Granier de Cassagnac y figurerait à la fois comme homme de lettres et comme homme d'État, car il ne vise pas seulement à polir les esprits, mais encore à les gouverner.

On a donné le nom de socialiste à celui qui éprouve le besoin de renverser de fond en comble la société actuelle et de lui substituer une société nouvelle, construite sur un plan dont il est l'inventeur ou le propagateur. Ces plans sont fort nombreux ; M. Granier de Cassagnac a le sien, qu'il défend avec une franchise qui peut le faire placer parmi les socialistes les plus radicaux de l'époque. La cause des troubles qui agitent sourdement l'Europe est essentiellement dogmatique, selon M. Granier de Cassagnac, elle vient de la lutte du pouvoir spirituel et du pouvoir civil. Expression parfaitement inexacte, du reste, l'auteur a soin de nous en prévenir, par la raison qu'il ne peut pas exister deux pouvoirs dans le monde, et que le pouvoir civil ferait double emploi. Que le pouvoir spirituel s'empare à la fois de la morale, de la famille et des lois, rien de plus naturel, car il assigne à l'homme sa fin et son origine, et cette fin et cette origine contiennent nécessairement tout. Il y a donc, continue notre publiciste, un pouvoir spirituel, tout le monde le conçoit et se fait une idée précise de sa nature. Quant au pouvoir prétendu civil, c'est un rêve, une pure abstraction : M. Granier de Cassagnac défie qui que ce soit de lui dire ce que c'est que le pouvoir *civil*.

Il est certain, malheureusement, que la moderne société française repose sur le mythe du pouvoir civil. Il s'agit donc de la réédifier sur ses bases véritables en substituant le pouvoir spirituel au pouvoir civil, et on conviendra que cette substitution ne peut s'accomplir sans un bouleversement complet, absolu, de la société actuelle. L'établissement de la théocratie en France amènerait des changements aussi considérables dans les positions et dans les intérêts que l'établissement du communisme de Cabet, de l'attraction passionnelle de Fourier ou du *circulus* de Pierre Leroux. En mettant M. Granier de Cassagnac au rang des socialistes du dix-neuvième siècle, nous ne sortons point assurément de la vérité : il fait du socialisme en arrière au lieu de le faire en avant, mais le résultat est le même, et la société au sein de laquelle nous vivons ne sort pas de ses mains plus saine et plus sauve que des mains des autres sectaires.

Il est étonnant qu'avec de pareilles idées M. Granier de Cassagnac consente à faire partie du pouvoir civil, et ne donne pas sa démission de membre du Corps législatif pour le département du Gers. Ne demandons pas trop de logique aux hommes ; le pouvoir civil a ses petits avantages auxquels on ne renonce pas facilement, à ce qu'il paraît. Laissons donc l'auteur des *Œuvres littéraires* s'associer aux empiétements du pouvoir civil sur le pouvoir spirituel, source féconde cependant des agitations qui bouleversent le monde, et passons à un autre sujet.

Il y a environ cinquante années, d'après M. Granier de Cassagnac, que Paris s'est nommé, installé par le droit de la force, ville capitale du royaume ; Paris, une ville secondaire dont l'importance politique sous l'ancien régime, s'il faut en croire l'auteur, était bien au-dessous de celle de Rennes, de Toulouse, d'Aix, voire même de Pau ; Paris s'est imposé par la force des armes aux départements, qui protestent contre son usurpation. Un autre auxiliaire l'a puissamment servi dans l'accomplissement de son œuvre : cet auxiliaire, c'est le Code civil. Ce code émiette les familles, dit M. Granier de Cassagnac, et attaque bien autrement l'aristocratie terrienne que l'institution des majorats ne la soutenait. En cherchant à répondre à ceux qui demandent comment Napoléon Ier, créateur d'une aristocratie, a pu promulguer une telle législation, l'auteur a fait une découverte, c'est que l'empereur n'est point l'auteur du Code civil. Il a été rédigé principalement par des jurisconsultes du Châtelet et du parlement de Paris; encore ces jurisconsultes n'étaient-ils que des plagiaires qui copiaient les œuvres de Pothier, lequel Pothier s'était borné à compiler les coutumes de Paris et d'Orléans. Voilà tout le secret de nos lois actuelles et l'origine du Code civil.

Qu'on ne vienne donc plus nous parler de ces lumineuses discussions du conseil d'État que l'empereur présidait, et auxquelles il aimait à prendre part. Tout cela n'a jamais existé que dans l'imagination des historiens et des journalistes. Le Code civil ne date point de 1810, ainsi qu'on l'avait cru avant M. Granier de Cassagnac, mais du 1er avril 1510; la plus notable partie en fut discutée et publiée sous Louis XIII, dans l'hôtel de l'évêque de Paris, en présence des seigneurs d'Église et d'épée, et de messires François Choart, Jehan Croquet et Regnaud Antouillet, délégués de la commune et échevins de Paris. Ce que c'est que d'être érudit et de savoir les choses, on peut rendre justice à qui de droit; voilà donc Cambacérès, Merlin, Berlier, Portalis, Truguet, Treilhard et une foule d'autres obligés de restituer à François Choart, Jehan Croquet et Regnaud Antouillet la gloire légitime qui leur revient, et que messieurs les conseillers d'État de l'empire s'étaient faussement attribuée. Une bonne part de cette gloire appartient également aux délégués de l'Église, de la noblesse et du tiers état, convoqués, sous Henri III, par maître Florent Serrebounne, greffier au bailliage. Ces délégués, réunis au châtelet d'Orléans, et présidés par Achille de Harlay, achevèrent le Code civil. « Ce sont là, ajoute M. Granier de Cassagnac, les véritables législateurs qui régissent aujourd'hui la France ; le conseil d'État de Napoléon n'a guère eu qu'à émonder et à classer des matériaux vieux de trois siècles. » Si le Corps législatif était investi, comme autrefois, du droit d'initiative parlementaire, M. Granier de Cassagnac n'hésiterait pas à déposer sur le bureau du président une proposition tendante à remplacer le titre de code Napoléon, que rien désormais ne justifie, par celui de code Croquet.

Le Code civil fut le premier essai de domination de Paris. Sa seconde tentative pour « devenir maître absolu de la France, ç'a été de s'ériger de vive force en siége de gouvernement. » Il nous semble que Paris, pour devenir la capitale de la France, n'avait pas attendu le Code civil ; si, pour obtenir ce résultat, il eut besoin de recourir à la force, ce dont personne ne s'était douté jusqu'à ce jour, il faut convenir qu'il fut aidé assez fortement dans son entreprise par les rois, et que Louis XIV entre autres lui donna un bon coup d'épaule. C'est la monarchie qui a fait triompher la suprématie de Paris ; c'est à la monarchie qu'il faut s'en prendre « si cette ville aux instincts turbulents, cette ville aux penchants athées, cette ville envasée de voleurs et de prostituées, cette ville engorgée d'une population unique au monde, car elle

a plus d'un bâtard sur trois habitants, car un cinquième de ses membres naît à l'hôpital, et la moitié
y meurt, cette ville mène un grand pays sans résistance, et, pour le mieux mener, elle le corrompt. »
Le tableau n'est point flatté. On voit que M. Granier
de Cassagnac n'aime pas Paris. Il pourrait bien y
avoir une boule noire dans le scrutin de la loi sur les
embellissements de la capitale.

Suprématie absolue du pouvoir spirituel, suppression du Code civil, translation du siége du gouvernement à Rennes, à Toulouse, à Aix ou à Pau ; à ces
conditions, M. Granier de Cassagnac se chargerait
de mettre fin aux troubles de la société, pourvu cependant qu'on lui permît en outre de prendre certaines mesures propres à empêcher la substitution
des classes bourgeoises aux classes nobles, qui, après
la lutte entre le pouvoir spirituel et le pouvoir civil,
est le plus grand danger qui menace l'Europe. Les
bourgeoisies ont pris la place de la noblesse dans la
conduite des nations ; elles ont envahi toutes les fonctions sociales, la juridiction, la guerre, le sacerdoce,
la science. Comment empêcher les bourgeois d'être
magistrats, généraux, évêques ? En introduisant du
sang nouveau dans les veines de la noblesse sans
doute. Mauvais expédient aux yeux de M. Granier de
Cassagnac : « Les anoblis, qui sont des gens intrus,
ne peuvent avoir, quoi qu'ils fassent, la tradition du
corps dans lequel ils entrent... Rien de moins semblable à un noble qu'un anobli. » Telle est l'opinion
de l'auteur sur les tentatives pour restaurer la noblesse. Ses vues sont hardies sans doute, mais on ne

peut pas dire pourtant qu'elles soient originales. Si, comme romancier, M. Granier de Cassagnac descend de Florian, comme publiciste il relève directement de la grande école dont MM. Veuillot, Coquille sont devenus les chefs après de Bonald et de Maistre.

REMORDS D'UN HOMME HEUREUX

—

VARIÉTÉS LITTÉRAIRES, MORALES ET HISTORIQUES
PAR M. S. DE SACY.

———

« C'est l'honneur des journaux, et c'est aussi leur écueil, que tout aboutit à eux, quand ils sont libres ; qu'il faut être prêt sur tout, parler de tout, et que le pays ne ressent pas une émotion qui ne vienne retentir dans le cœur de celui qui s'est imposé la lourde et périlleuse tâche de servir d'organe au public. Vie laborieuse et dévorante, qui use les plus forts, pour peu qu'ils aient de délicatesse dans la conscience et de sensibilité dans l'âme ! improvisation perpétuelle qui consume le talent et l'épuise sans lui offrir d'autre récompense que le succès d'un jour et l'estime d'un moment ! Noble vie cependant, quoi que l'on en pense et que l'on en dise aujourd'hui ! usage du talent qui en vaut bien un autre, si c'est à la patrie qu'on se dévoue, si c'est à l'amour de la justice et du droit que l'on a consacré ses veilles ! »

On ne peut parler du journalisme avec cette éloquence et cette justesse que lorsqu'on l'a pratiqué soi-même comme on le définit. Cet éloge, personne ne le refusera à l'auteur de l'ouvrage qui forme le sujet de cet article. C'est un recueil d'articles publiés dans un intervalle de près de trente ans dans le *Journal des Débats*.

Quelques personnes se montrent encore sévères pour les livres tirés des journaux. Pourquoi cette sévérité? Tout ce qui paraît dans un journal est-il donc indigne d'être relu et consulté? S'il en est autrement, comme il est permis de le croire, faudrat-il donc feuilleter vingt volumes in-folio pour retrouver une page restée dans le souvenir? Le livre s'essaye pour ainsi dire dans le journal; il se sert de lui comme d'une édition préparatoire. L'édition destinée au public plus attentif paraît ensuite, et le public en général ne l'accueille pas moins favorablement, quoiqu'il la reçoive de seconde main. Qu'importe au lecteur, satisfait d'un livre, que ce livre ait déjà paru par fragments dans une feuille imprimée? L'expérience, et le succès, plus fort que l'expérience, ont prononcé en faveur des réimpressions. Cependant un reste de préjugé subsiste contre elles, et M. de Sacy l'a longtemps partagé.

C'est au point qu'il proposait d'édicter une pénalité contre ceux qui publieraient leurs mélanges politiques, historiques, moraux, littéraires, philosophiques. Tout écrivain atteint et convaincu d'avoir donné au public un volume composé d'anciens articles, devait être déclaré inhabile à rien faire imprimer désormais. Nous avions déjà la mort civile, M. de Sacy créait la mort littéraire.

La punition pouvait paraître exagérée; heureusement le Dracon de 1853 s'est amendé, il publie à son tour non pas des mélanges, mais des variétés;

il est devenu, nous dit-il, plus indulgent pour lui et pour les autres. Nous en sommes charmés, puisque ce changement nous fournit l'occasion de relire d'excellents articles. Après avoir fermé ses deux volumes, nous nous applaudissons fort que M. de Sacy ait retiré sa loi. C'eût été vraiment dommage de fermer à un écrivain aussi distingué l'accès de toutes les imprimeries.

Ce qui nous intéresse dans ces variétés, c'est moins l'auteur que l'homme. M. de Sacy est non-seulement un talent, mais encore une physionomie qui se détache non point par l'éclat, mais par un agréable clair-obscur sur le fond de la presse quotidienne. On dirait une de ces étoiles lointaines et voilées qui ont de la peine à laisser glisser jusqu'aux mortels la paisible douceur de leurs reflets. Si petites qu'elles soient cependant, on les distingue et on ne les confond pas avec les autres. M. de Sacy ne ressemble pas à tout le monde, il garde au milieu de tous les écrivains une espèce d'originalité, mérite rare dans les temps où nous vivons, et surtout dans le journalisme.

Il semblerait au contraire que la polémique fût plus propre que les autres genres de littérature à former des individualités. Il n'en est rien pourtant. Prenez les journalistes des opinions les plus opposées, légitimistes, orléanistes, bonapartistes, républicains; ils se ressemblent tous par un certain côté; ils ont tous ou presque tous ce qu'on pourrait appeler la marque de la profession. L'opinion les distingue, non pas le caractère. C'est le même homme, pour ainsi dire, qui écrit les articles des divers journaux, sinon le même journaliste. Il y a sans doute des différences dans le talent et dans le style. Celui-ci est éloquent, celui-là ironique et incisif; l'un vise quelquefois à l'esprit, l'autre ne se déride jamais. Pure affaire de forme. Il faut quelque chose de plus pour sortir des rangs. On a cru de nos jours que l'injure et la grossièreté étaient des moyens infaillibles de se faire remarquer; mais l'injure et la grossièreté mêmes ont besoin d'être relevées par un certain tour d'esprit qui naît du caractère; autrement, on reste confondu dans la foule de ces sottisiers vulgaires dont malheureusement la presse n'a été dépourvue à aucune époque de son histoire.

Le journalisme a vu figurer dans ses rangs la plupart des talents de ce temps-ci : à part quelques exceptions, tous l'ont traversé. Parmi ceux qui y sont restés et qui n'ont pas été autre chose que des journalistes, nous n'en voyons guère que deux, Armand Carrel et M. de Sacy, qui aient conservé ces traits distinctifs, cette physionomie particulière dont nous parlions tout à l'heure. On nous reprocherait sans doute d'oublier Armand Marrast; nul mieux que lui, il est vrai, n'a résumé par ses qualités et par ses défauts ce qu'on appelle le journaliste; voilà pourquoi, peut-être, il semble garder une attitude moins personnelle et moins isolée que les deux autres.

Armand Carrel et M. de Sacy, dans leur carrière, ont toujours été aux deux pôles du journalisme : l'un a représenté constamment l'opposition, l'autre le pouvoir. On a beaucoup disserté sur la question de savoir lequel de ces deux rôles est le plus agréable, le plus facile à remplir, et là-dessus une foule de lieux communs. « A l'homme d'opposition, disent les gens du gouvernement, la renommée, les applaudissements des masses, les joies de la popularité. » « A l'homme de gouvernement, répondent les gens d'opposition, l'influence, les honneurs, les douceurs solides du pouvoir. » On disputerait éternellement sur ce terrain, et l'unique résultat de la discussion serait de donner pour mobiles, à l'écrivain de l'opposition comme à l'écrivain du pouvoir, la bassesse et la servilité, car l'opposition et le pouvoir se ressemblent en ce sens qu'il est également difficile de leur dire la vérité. Tâchons donc de voir les choses de plus haut et d'une façon plus impartiale. A un parti ou à un gouvernement on ne doit que de lui être fidèle et de le servir, non pas selon ses intérêts, mais selon sa conscience. C'est ainsi que le vrai journaliste comprend sa mission ; par conséquent, il se trouve en face des mêmes obstacles, des mêmes périls, des mêmes luttes, qu'il soutienne un parti ou le gouvernement. Qu'on nous permette une comparaison un peu ambitieuse : les apôtres connaissaient les hommes, et cependant ils se dévouaient pour eux. Le journaliste est, lui aussi, en quelque sorte, un apôtre : il s'est consacré au triomphe d'une idée, il l'aime pour elle, quelquefois malgré elle, sans se faire illusion sur ses défauts. Dire la vérité à son parti, avertir son gouvernement qu'il fait fausse route, c'est là l'héroïsme du journaliste, et on trouve aussi souvent à l'exercer dans l'opposition qu'au pouvoir. Si à cet héroïsme il joint le désintéressement, le journaliste est parfait. Conservateurs et opposants, de nobles exemples de désintéressement ont été donnés. S'il est honorable, après avoir servi un gouvernement pendant vingt ans d'une plume infatigable et influente de s'être trouvé, comme M. de Sacy, simple bibliothécaire à sa chute, il est beau, après être monté de l'opposition au pouvoir, comme Armand Marrast, d'en descendre et de mourir sans laisser de quoi se faire enterrer.

Les hommes de gouvernement et les hommes d'opposition d'autrefois ne se sont pas toujours suffisamment rendu justice. C'est un tort qu'une commune défaite leur a appris à comprendre et à réparer. Nous sommes loin de ce temps où le *Journal des Débats*, oubliant ses vieilles traditions de dignité personnelle et de respect pour ses ennemis, donnait à des brochures ignobles et menteuses les honneurs de son premier-Paris. M. de Sacy, dans sa préface, rend noblement justice aux hommes qu'on attaquait alors avec si peu de mesure, et qui ne répondaient pas aux attaques par respect pour la liberté de la presse, quoiqu'ils eussent aussi leurs parquets. Mais ne nous appesantissons point sur ce sujet et ne rallumons point le feu des anciennes discordes. « Dieu me garde, écrit M. de Sacy en parlant de la révolution de Février, d'insulter les hommes qui tenaient alors entre leurs mains un pouvoir si frêle ! Ils en ont fait généralement un usage honnête et courageux. » Ce peu de mots nous suffit pour le moment, l'histoire impartiale fera le reste.

On nous permettra pourtant de le dire : s'il est

vrai, comme l'assure M. de Sacy et comme nous le croyons avec lui, que la modération est désormais une loi imposée non-seulement à tout gouvernement régulier, quels que soient sa forme et son principe, mais encore à la multitude elle-même, ce progrès n'est pas uniquement dû aux traces qu'ont laissées dans les esprits et dans les mœurs nos trente années de monarchie constitutionnelle ; le règne court et généreux de la république de 1848 y a contribué largement pour sa part. Il serait injuste de le méconnaître. La première pensée de la révolution de Février ne fut-elle pas d'abolir la peine de mort en matière politique ? Il nous semble encore voir se former ce groupe de jeunes gens qui couraient tirer l'échafaud de son obscur hangar, pour le brûler en place de Grève. « En vain des insensés parlent encore de relever les échafauds de 1793 et de 1794, je les en défie ! » M. de Sacy a raison, mais soyons vrais et n'attribuons ni à la monarchie ni à la république la gloire d'avoir rendu la Terreur impossible ; elle s'est tuée elle-même, elle est morte dans la dernière charrette du 8 thermidor. Robespierre vainqueur n'aurait pas pu la ressusciter ; personne n'eût plus voulu relever le couteau de la guillotine, la Terreur serait tombée devant l'opposition du bourreau.

Ne nous laissons pas cependant entraîner par la préface des *Variétés*, revenons à l'auteur. En plaçant les noms de Carrel et de M. de Sacy en regard l'un de l'autre, nous n'avons point cherché à les comparer : tout parallèle entre eux, tout rapprochement même est impossible ; jamais deux hommes ne se sont moins ressemblés pour le fond comme pour la forme ; c'est à des motifs tout différents qu'ils doivent tous les deux d'occuper une place à part dans la presse contemporaine. Carrel a obtenu cet honneur par son caractère, M. de Sacy par son tempérament.

Ce serait une question assez intéressante à étudier, au point de vue littéraire, que celle de l'influence de l'opposition et du gouvernement sur le talent ; laquelle des deux lui est le plus favorable ; mais ce sujet pourrait nous mener loin. Ce n'est pas d'ailleurs parce qu'il a toujours ou presque toujours servi le gouvernement, car il a débuté dans la presse comme journaliste de l'opposition, que M. de Sacy se distingue de ses confrères ; bien d'autres que lui peuvent se vanter de la même constance. Ce qui fait son originalité, c'est d'avoir traité pendant près de trente ans avec supériorité toutes les questions politiques, de se trouver à l'heure qu'il est rédacteur en chef d'un journal politique important, et de n'être pas un homme politique. Rien de moins homme de lettres que Carrel, quoique très-lettré et écrivain remarquable. Dans Marrast, l'homme de lettres se montre davantage, il est vrai, mais on sent qu'il est autre chose en même temps ; M. de Sacy est homme de lettres depuis les pieds jusqu'à la tête, si l'on peut s'exprimer ainsi. Les hommes politiques contractent quelquefois des unions morganatiques avec la littérature ; M. de Sacy a fait tout le contraire. Marié secrètement à la politique, il a toujours regretté la littérature et les nombreux enfants qu'il aurait pu avoir d'elle.

Si l'épouse morganatique de M. de Sacy n'a pas

fait son bonheur, on ne peut pas dire non plus qu'elle lui ait occasionné de bien violents chagrins. Lui-même nous le dit, il n'est guère de chagrin dont la lecture d'un bon livre ne puisse le consoler, pas d'émotion politique dont elle ne puisse le distraire. Nous sommes aux premières années de la révolution de Juillet, l'émeute a grondé toute la journée dans les rues, la nuit vient, Paris est sombre et inquiet du lendemain, M. de Sacy, renfermé dans sa chambre, un volume de madame de Sévigné à la main, oublie son temps et se croit presque le commensal et l'ami de la châtelaine des Rochers; vingt ans plus tard, les mêmes scènes reviennent, M. de Sacy a recours aux mêmes distractions, et l'âge ne les rend pas moins puissantes : il lit Montaigne ou Horace pendant que chacun achète un journal ou court au club. Voyez dans la tribune des journalistes cet homme qui tire un petit livre de sa poche, et se met à le lire pendant qu'un orateur ennuyeux occupe la tribune. Heureux privilége de M. de Sacy qui lui permet de se détacher, quand il veut, des choses de ce monde, et de quitter le présent, quand le présent ne lui convient pas, pour vivre dans le passé !

Avec un tel tempérament on peut jeter un regard tranquille en arrière. On est sûr de n'y trouver aucun sujet de remords trop cuisants ou de regrets trop vifs. M. de Sacy se reproche d'avoir contribué au renversement de la Restauration. Il a, il est vrai, lui aussi, quelque peu crié *Vive la réforme !* en 1829, ce qui devrait le rendre plus indulgent pour ceux qui ont fait comme lui en 1848; mais ce n'est pas là un si

grand crime. Quand ce souvenir se présentera à son
esprit, qu'il relise madame de Sévigné : une seule
lettre suffira, nous en sommes sûr, pour dissiper ses
remords. Il regrette la chute de M. de Martignac, l'a-
bolition du cens, celle de l'hérédité de la pairie,
pertes irréparables sans doute; mais Montaigne et
Horace ne sont-ils pas là pour adoucir l'amertume
de ses regrets?

Il n'y a plus de doctrinaires. On peut pardonner à
Royer-Collard de les avoir inventés. Malheureusement Royer-Collard a créé une autre école qui ne
semble pas près de finir, l'école des gens qui ne
lisent plus, qui relisent. Ce sont des fakirs littéraires
qui, le bonnet de coton du maître enfoncé sur les
oreilles, prétendent rester sourds à tout ce qui se dit
autour d'eux. Les hommes d'aujourd'hui, ceux qui
pensent, qui agissent, qui par le talent exercent une
influence sur leurs contemporains, ne sont pas dignes
d'attirer un seul instant leur attention. Tremblez
cependant, si ces gens-là sont de l'Académie, et si
vous êtes obligé de leur faire une visite de sollicita-
tion, qu'ils ne vous montrent, par quelque bonne
petite méchanceté dite en se frottant les mains, qu'ils
vous connaissent parfaitement, et qu'ils sont fort
bien au courant des choses de ce monde, ce qui ne
les empêchera pas, quand vous serez sortis, de s'é-
crier: « La peste soit de l'importun! Depuis vingt-
quatre heures, je tenais les yeux fixés sur mon nom-
bril, et je commençais à apercevoir la lumière céleste
qui entoure le front de Montaigne, et me voilà obligé
de recommencer. »

M. de Sacy a eu la faiblesse d'entrer dans cette école. Il veut nous faire croire que son esprit et son talent ne sont plus de ce monde; il entend que nous nous bornions à admirer en lui cette sérénité d'esprit qui, dans ce temps de fièvre intellectuelle, d'élan vers l'avenir, lui permet de s'isoler dans le passé, de relire sans cesse trois ou quatre auteurs préférés, et de vivre dans une cellule, n'entendant aucun des bruits du dehors, ne sachant rien de ce qui se fait autour de lui, plongé dans l'extase de l'antiquité et dans la méditation du dix-septième siècle. Singulière situation d'esprit pour le rédacteur en chef d'un journal en 1858!

L'expérience, il est vrai, nous enseigne qu'il ne faut pas prendre au sérieux ces retraites absolues. L'homme le plus modeste a ses petites prétentions. Qui ne *pose* pas un peu dans ce monde, pour nous servir d'une expression familière? On pose du côté où l'on penche. M. de Sacy aime la solitude; il préfère le dix-septième siècle au nôtre; ce sont des goûts qu'il exagère et qu'à son insu peut-être il change en manies. Quoi de plus naturel et de plus innocent? Les petites manies, les petites habitudes contribuent tant au bonheur! M. de Sacy ne lit plus, mais il réimprime : c'est toujours quelque chose. Peut-être un jour se mettra-t-il à lire, quand ce ne serait que les livres de ses nouveaux collaborateurs, MM. Renan, Prevost-Paradol, Taine, Rigault, qu'il a oubliés dans sa préface. Il ne faut jurer de rien.

En attendant, félicitons-nous de la publication de ces deux volumes, depuis si longtemps annoncés

qu'on commençait à en désespérer. Quoique nous ne
nous piquions pas exclusivement de relire, nous
avons relu avec un vif plaisir ces articles si bien faits,
comme tout ce qui sort de cette plume élégante, me-
surée, concise, soigneuse. M. de Sacy a trouvé le
moyen d'installer sur l'étroit pupitre du journaliste
le métier à polir dont parle Boileau. On peut trouver
parfois qu'il manque quelque chose aux *Variétés*,
on voudrait peut-être y ajouter, mais on ne voit rien
à en retrancher, grâce aux facultés particulières d'un
esprit que la sagesse domine plutôt que la passion,
et d'un caractère qui sait se [posséder. La passion !
voilà précisément ce qu'on voudrait donner à ce talent
savant, fin et délicat; M. de Sacy est trop heureux
pour être passionné; il pense, il écrit en homme
heureux.

Après avoir goûté dans les dernières années de la
Restauration les émotions de l'opposition et les charmes de la popularité, M. de Sacy a pu satisfaire pendant dix-huit ans le penchant inné qui le portait,
nous dit-il, à défendre le pouvoir. Quand ce pouvoir
est tombé, ses défenseurs se sont trouvés en présence d'adversaires courtois qui surent respecter
leur défaite. L'Académie paraissait à M. de Sacy le
plus noble des buts pour quiconque a manié une
plume; il y est entré, et ce jour-là a été le plus beau
de sa vie. Un seul beau jour ! le sage n'en demande
pas davantage. Rien ne lui a donc manqué, pas même
l'occasion, toujours bien venue d'un homme de cœur,
de témoigner de sa fidélité à ses affections et à ses
opinions. Mortel privilégié ! l'*Univers* lui-même s'a-

doucit devant lui, il le traite de *janséniste*, et ses fureurs ne vont pas plus loin; il n'y a plus ni parti ni opinion quand il s'agit de louer son talent, et les ennemis les plus implacables de l'Académie sont obligés de convenir qu'elle est bonne à quelque chose, puisqu'en le choisissant elle a pu rendre M. de Sacy plus heureux.

Il est vrai qu'une certaine amertume a dû se mêler à sa joie, comme pour mieux lui en faire savourer la douceur. Le bonheur parfait n'est pas de ce monde; M. de Sacy n'a-t-il pas dû se résigner à entrer à l'Académie comme écrivain de l'opposition? C'est cruel pour un conservateur; mais le destin a parfois de singulières ironies! Né homme de gouvernement, M. de Sacy commence sa carrière par l'opposition; il l'achève dans l'opposition. C'est un chagrin à ajouter au remords qu'il éprouve encore parfois d'avoir contribué à la chute de Charles X. Que ce chagrin lui soit léger!

ORPHÉE ET LES BACCHANTES

—

ELLE ET LUI, par GEORGE SAND

LUI ET ELLE, par PAUL DE MUSSET

LUI, par Mme LOUISE COLET

On a signalé plus d'une fois les inconvénients de la
célébrité ; un des plus grands est cette curiosité du
public qui cherche perpétuellement à regarder par-
dessus le mur de la vie privée. Autrefois les hommes
célèbres faisaient tous leurs efforts pour dépister
cette curiosité, et ils n'y parvenaient pas toujours.
De guerre lasse sans doute, les grands hommes d'aujourd'hui ont pris le parti d'ouvrir leur vie privée au
public, et de leur faire eux-mêmes les honneurs du
sanctuaire. Jean-Jacques Rousseau le premier a donné
l'exemple, et depuis nous n'avons cessé d'être acca-
blés de confessions, de confidences, d'autobiogra-
phies, de mémoires de tous les genres. Depuis quelque temps, il y a même recrudescence dans le fléau.
Ce n'est plus la peine maintenant de chercher dans
les œuvres des écrivains contemporains les traces de
leurs amours, de leurs joies, de leurs désespoirs, de
leurs sentiments personnels. Ces tendres fleurs de la
réalité qui, cachées sous la fiction, se trahissaient

par leur parfum et charmaient tant le lecteur qui savait les découvrir et les cueillir d'une main discrète, il faut leur dire adieu. Plus de violettes littéraires : on les vend maintenant en paquets au marché; on met ses amours dans les journaux et les revues; on publie son cœur par livraisons.

On me répondra peut-être : « De quoi vous plaignez-vous? n'en a-t-il pas toujours été ainsi? Refuseriez-vous par hasard au poëte et au romancier le droit de mettre son âme dans ses vers et dans sa prose, de raconter sa propre histoire? Vous auriez tort certainement, car c'est là ce qui fait les beaux poëmes et les beaux romans. *Adolphe* a bien pu, sans que vous le trouviez mauvais, faire son procès à *Ellénore;* pourquoi Ellénore, à son tour, ne mettrait-elle pas un peu Adolphe sur la sellette? » A cela je n'ai rien à répliquer, sinon que tout dépend des temps et des circonstances. Les amours d'Adolphe et d'Ellénore n'étaient connues que d'un très-petit nombre d'amis et d'initiés; lorsque le roman de Benjamin Constant parut, la France n'éprouvait pas encore cette fièvre de curiosité qui l'a saisie en des temps plus désœuvrés; elle partageait son attention et ne l'accordait pas tout entière aux hommes de lettres, comme elle l'a fait jusqu'à l'apparition récente des financiers. Au lieu de vivre dans une époque ordinaire et dans le demi-jour des salons, supposez qu'Adolphe et Ellénore, l'un ardent poëte de vingt ans, l'autre femme et romancier hardi jusqu'à la témérité, tous les deux soulevant les passions et la curiosité autour de leurs personnes et de leurs œuvres, aient

paru au lendemain même d'une révolution, au milieu
de l'entraînement, de l'ardeur d'une sorte de renaissance littéraire qui attirait l'attention générale sur
les écrivains; admettez que leurs amours éclatantes,
racontées par ceux qui en étaient les témoins, répé-
tées par les gens de lettres, par les journaux, soient
devenues comme une espèce de légende; convenez
que vous trouveriez assez malséant qu'Adolphe allât
vendre, moyennant quelques billets de mille francs,
à une revue sa liaison avec Ellénore, droits de traduction et de reproduction réservés. Ne vous récrie-
riez-vous pas bien plus encore si Ellénore elle-même,
attendant qu'Adolphe ne fût plus là pour lui répondre, s'avisait de conclure ce joli marché?

Sans nous inquiéter de savoir si *Elle et Lui* renferme oui ou non une allégorie à deux personnages,
examinons ce roman, et prenons-le sur l'étiquette
du sac pour l'histoire des amours de deux artistes en
peinture qui s'appellent Thérèse et Laurent. La lecture de ce livre m'a assez tristement impressionné.
Je ne défends certainement pas Laurent : imagination mobile, âme ardente, cœur inconstant, plein de
caprices, de bizarreries, intelligence à éclairs, créant
dans l'orage, caractère ombrageux, susceptible, tendre quelquefois, plus souvent amer et ricaneur, cherchant l'amour et ne croyant pas aux femmes, espèce
de Byron parisien, désenchanté, vain de son éducation de gentilhomme, dédaigneux, allant parfois jusqu'à la fatuité, ce devait être, je l'avoue, un amant
assez incommode que ce Chérubin mélangé de Love-
lace; mais, tel que Thérèse me le dépeint, il m'inté-

resse encore plus que Thérèse elle-même ; s'il ne parvient pas à atteindre l'amour, du moins il le poursuit, il y croit ; il aime Thérèse, on le verra bien plus tard. Quant à Thérèse, aime-t-elle Laurent ? Fort peu. Elle se donne à lui non par amour, mais par tendresse maternelle (elle revient plusieurs fois sur ce sentiment), par désir de sauver cet enfant de l'abîme qui l'attire. « Je t'aime si ardemment et si saintement, que je n'aurais jamais failli avec toi si tu avais dû être sauvé par ma force. Après avoir cru que cette force t'était bonne, qu'elle t'apprenait à découvrir la tienne et à te purifier d'un mauvais passé, te voilà persuadé du contraire, à tel point qu'aujourd'hui c'est le contraire, en effet, qui arrive : tu deviens amer, et il semble, si je résiste, que tu sois prêt à me haïr et à retourner à la débauche en blasphémant même notre pauvre amitié. Eh bien ! j'offre à Dieu pour toi le sacrifice de ma vie. Si je dois souffrir de ton caractère ou de ton passé, je serai assez payée si je te préserve du suicide que tu étais en train d'accomplir quand je t'ai connu. Si je n'y parviens pas, du moins je l'aurai tenté, et Dieu me pardonnera un dévouement inutile, lui qui sait combien il est sincère. » Ces paroles de Thérèse à Laurent me font penser involontairement au langage que dut tenir madame de Warens à Jean-Jacques Rousseau, lorsqu'elle vit « que, pour l'arracher aux périls de sa jeunesse, il était temps de le traiter en homme. » « Entretiens, ajoute Rousseau, pleins de sens et de raison, plus faits pour m'instruire que pour me séduire. » On voit que madame de Warens ne ménageait pas son éloquence avant d'offrir à son protégé des faveurs que tous ceux qui avaient été les amis de cette femme avaient goûtées, qu'il devait partager avec Claude Anet, le domestique de la maison, qu'il partagea depuis avec tous ceux qu'il plut à la charmante *maman* d'admettre dans son intimité, car « elle a toujours cru que rien n'attachait tant un homme à une femme que la possession, et, quoiqu'elle n'aimât ses amis que d'amitié, c'était d'une amitié si tendre, qu'elle employait tous les moyens qui dépendaient d'elle pour se les attacher plus fortement. »

Jean-Jacques Rousseau ne souffrit jamais beaucoup de ce partage. « Le lecteur déjà révolté juge qu'étant possédée par un autre homme, elle (madame de Warens) se dégradait à mes yeux en se partageant, et qu'un sentiment de mésestime attiédissait ceux qu'elle m'avait inspirés; il se trompe. Ce partage, il est vrai, me faisait une cruelle peine, tant par une délicatesse fort naturelle que parce qu'en effet je la trouvais peu digne d'elle et de moi; mais, quant à mes sentiments pour elle, il ne les altérait point. » Chacun a pu lire ce singulier aveu dans les *Confessions*, livre admirable, éloquent et déplorable à la fois, qui a troublé les cœurs plus qu'il ne les a élevés et raffermis. Jean-Jacques Rousseau sentit l'enthousiasme de l'amour plutôt qu'il n'en comprit la délicatesse et la fierté. Les sophismes par lesquels il cherche à se tromper à ce sujet ont fait école, et nulle part on n'en voit mieux la trace que dans ce roman de *Elle et Lui*.

Thérèse descend en droite ligne de madame de

Warens; elle aussi est une *maman*; elle aussi tient à ses amants des propos pleins de sens et de raison, plus faits pour les instruire que pour les séduire. Elle ne se donne pas aux gens, elle les sauve. Madame de Warens du moins, quand elle voyait un de ses amis en péril, n'y allait pas par quatre chemins, et le sauvait d'abord, quitte à faire après sa harangue. Thérèse au contraire pérore, se fait prier, et ne sauve les gens qu'après les avoir laissés crier longtemps, et plus longuement encore elle les sermonne. Thérèse est infiniment plus éloquente sans doute que madame de Warens; mais toute son éloquence n'empêche pas qu'elle ne cède par les mêmes motifs.

Je n'ai pas parlé jusqu'ici d'un troisième personnage qui joue un rôle important dans le roman. Si Laurent est le Jean-Jacques de la situation, un Jean-Jacques ombrageux et jaloux cette fois, Thérèse la madame de Warens pédante, Palmer en est le Claude Anet déguisé en Américain. Nous assistons à la mise en scène d'un chapitre des *Confessions*, un des plus tristes sans contredit, arrangé à la façon moderne. On se rappelle ce que dit Rousseau lorsqu'il apprend la liaison de sa *maman* avec Anet : « Je n'appris pas sans peine que quelqu'un pouvait vivre avec elle dans une intimité plus grande que moi. Je n'avais pas songé même à désirer pour moi cette place; mais il m'était dur de la voir remplir par un autre : cela était fort naturel. Cependant, au lieu de prendre en aversion celui qui me l'avait soufflée, je sentis réellement s'étendre à lui l'attachement que j'avais pour elle. Je désirais sur toutes choses qu'elle fût heureuse; et, puisqu'elle avait besoin de lui pour l'être, j'étais content qu'il le fût aussi. » Dans le roman de George Sand, c'est Claude Anet, c'est-à-dire Palmer, qui apprend qu'un autre est l'amant de madame de Warens, ou de Thérèse, si vous aimez mieux, et qui, au lieu de prendre son rival en aversion, se trouve heureux de savoir qu'il la rend heureuse, en attendant tranquillement, entre elle et lui, que son moment vienne, ce qui ne tarde pas, et alors nous voyons Jean-Jacques-Laurent Rousseau enchanté, lui aussi, d'apprendre que Claude Anet, à son tour, est nécessaire au bonheur de sa maîtresse, s'empresser de lui céder la place, sans que cependant aucun changement extérieur ait lieu entre eux.

« Je n'osais rien faire, dit Jean-Jacques, en parlant d'Anet, qu'il parût désapprouver, et il ne désapprouvait que ce qui était mal. Nous vivions ainsi dans une union qui nous rendait tous heureux, et que la mort seule a pu détruire. Une des preuves de l'excellence du caractère de cette aimable femme est que tous ceux qui l'aimaient s'aimaient entre eux. » A ce point de vue, le caractère de Thérèse ne laisse pas grand'-chose à désirer. Malheureusement les choses ne se passent plus aussi simplement aujourd'hui : les hommes cherchent des dénoûments plus dramatiques à leurs actions. Palmer devient jaloux et se juge indigne d'épouser Thérèse par cela seul qu'il l'a soupçonnée, et Thérèse ne trouve pas ce châtiment au-dessous d'un tel crime. Ce qui prouve qu'elle n'aime guère plus Palmer qu'elle n'a aimé Laurent ; et si on veut une preuve encore plus évidente de sa froideur réelle pour ce dernier, il suffit de lire la lettre qu'elle lui écrit après une seconde et irrévocable rupture. Cette lettre se termine ainsi : « Sois tranquille, va, Dieu te pardonnera de n'avoir pu aimer. Il t'avait condamné à cette insatiable aspiration pour que ta jeunesse ne fût pas absorbée par une femme. Les femmes de l'avenir, celles qui contempleront ton œuvre de siècle en siècle, voilà tes sœurs et tes amantes. » Tout cela est fort beau, sans doute, mais une simple larme eût mieux valu.

Quelque temps après *Elle et Lui*, par George Sand, a paru *Lui et Elle*, par Paul de Musset. Maintenant que je viens d'en achever la lecture, je ne suis pas éloigné de croire, comme le bruit en a couru, que ce roman est une réplique au plaidoyer en faveur de Thérèse contre Laurent. La fin du livre surtout me confirme dans cette opinion. Édouard Falconey, le héros de M. Paul de Musset, malade, alité, voit passer devant ses yeux, par une triste soirée de novembre, toutes sortes d'images fantastiques créées par l'insomnie et la fièvre. Pierre, l'ami de Falconey, pour chasser ces importunes visions, lui lit un journal. Il rencontre le nom de William Caze. C'est le pseudonyme sous lequel une femme qu'il a aimée autrefois publie des mélodies fort goûtées du public. « Voilà celle qui m'a empoisonné, dit Édouard ; je suis comme ces gens qui avaient dîné une fois chez les Borgia ou les Médicis, et ne s'en remettaient jamais. » La conversation roule sur cette femme, et la crainte qu'elle parle d'Édouard un jour comme elle a parlé de ses autres amants se présente à l'esprit de Pierre. Édouard, un

peu effrayé à cette idée, se demande ce que Olympe
pourra dire de lui. « Je ne sais; mais si elle rompt
le silence, sans aucun doute ce sera pour te déchirer
comme les autres. Elle ne manquera pas de te donner
à vingt ans les idées et le caractère d'un homme de
quarante; elle puisera dans ton âge viril de quoi composer un portrait fort peu aimable d'amoureux ado-
lescent. Parce qu'elle t'a rendu ombrageux, elle dira
que tu l'étais avant de la connaître. C'est elle qui t'a
ravi la confiance et la foi du cœur, et elle dira que ton
cœur était défloré. Parce que dans tes moments
d'horreur et de souffrance tu as parfois appliqué des
narcotiques sur ta plaie, elle dira que tu étais déjà
blessé et que tu aimais les narcotiques. Ces mensonges par anachronisme sont les plus perfides, les
plus difficiles à démasquer. »

A cette réponse de Pierre, Falconey, dont l'imagination n'était que trop disposée à se créer des monstres, s'écrie qu'il est perdu; que, sûr de mourir
avant Olympe, il sera calomnié par elle. Pierre le ras-
sure : «La justice et la vérité ne demandent qu'à se produire au grand jour; il suffit de les y aider un peu;
préparons la défense. » On apporte sur le lit de Falconey plusieurs vieux tiroirs où il n'avait pas fouillé
depuis bien des années. Dans l'un de ces tiroirs, les
deux amis trouvent heureusement plusieurs lettres
dans lesquelles Olympe confessait toutes ses fautes.
A ces lettres précieuses Falconey ajoute deux pages
écrites à Naples, et dicte ensuite à Pierre la relation
qui forme le roman de M. Paul de Musset. Muni de ces
documents, Pierre va se retirer. Falconey l'arrête.

« Un mot encore, dit Falconey. Je ne ressemble pas à cette femme. Je ne veux pas renier ce que j'ai aimé sans en avoir un grave sujet; n'oublie pas qu'il s'agit seulement de me défendre. Peut-être aura-t-elle les mêmes scrupules, la même religion que moi.

— Espérons-le, répondit Pierre.

— Ne te sers donc de tout cela qu'à la dernière extrémité.

— A la dernière extrémité, répéta Pierre.

— Mais si elle avait l'audace de mentir à Dieu et aux hommes jusqu'à dire que j'ai été un ingrat, un fou et un méchant, quand c'est elle qui m'a trahi, enlevé la raison et empoisonné le cœur, arrive alors, comme la statue du commandeur, au souper de don Juan.

— J'arriverai.

— Marche sur le mensonge et écrase-le.

— Je marcherai dessus et je l'écraserai.

— Le mandat que je te donne est facile; pour le remplir, il suffit de m'aimer et d'être honnête homme.

Pierre étendit son bras sur le lit du malade et répondit :

— Je le remplirai, je te le jure.

J'ai entendu dire que Pierre avait tenu parole. »

On comprend, en effet, que Pierre n'ait pas cru pouvoir se soustraire à l'accomplissement de la mission que lui avait léguée son ami, quelque pénible qu'elle fût d'ailleurs. Les derniers mots de l'auteur indiquent suffisamment le vrai caractère de son roman. *Lui et Elle* est la contre-partie de *Elle et Lui.*

M. Paul de Musset, l'ami dévoué de Laurent, répond à George Sand, l'avocat officieux de Thérèse, et son récit, dégagé de toute emphase, entrant tout de suite dans la réalité, confirme avec plus de détails ce que nous pouvions savoir des débuts d'une liaison qui, malheureusement, s'est nouée et dénouée en présence du public. Laurent et Thérèse, ou, si vous voulez, Falconey et Olympe, se rencontrèrent pour la première fois dans un souper de journalistes au *Rocher de Cancale*. Le lieu était d'assez triste augure. Beau, élégant, déjà célèbre à vingt ans, Falconey était le *lion* du monde des arts ; Olympe, par sa position assez délicate, par la singularité de ses relations, par l'explosion subite de son talent, jouait aussi dans ce monde le rôle de *lionne*, et n'en paraissait pas fâchée ; elle l'accentuait encore par des excentricités de costume et d'habitudes, comme, par exemple, celles de fumer et de porter un poignard à sa ceinture. Avant de connaître Falconey, Olympe avait été déjà la *maman* d'un jeune homme que son abandon avait réduit au désespoir. L'auteur de *Lui et Elle* raconte à ce sujet une fort triste histoire de lettres enlevées, qu'il tient de la bouche même du jeune homme en question.

J'imagine qu'à ce souper de restaurant, placés à côté l'un de l'autre, se sentant peut-être enveloppés de la curiosité des convives désireux de savoir comment les choses se passeraient entre ces deux célébrités du moment, Falconey et Olympe eurent comme un pressentiment confus de l'avenir. Le monde crée ainsi quelquefois des liaisons par avance et finit par les imposer. Les convives du *Rocher de Cancale* étaient gens à trouver piquant que ce jeune homme et cette jeune femme, égaux en grâce, en talent, en célébrité, s'aimassent. Cette prévision n'avait rien qui pût alarmer le jeune amour-propre de Falconey et d'Olympe, au contraire. Si Falconey plus tard fut si profondément blessé au cœur, je serais tenté de croire que le mal commença par une piqûre légère, et que lui et elle unirent plutôt leurs vanités que leurs cœurs. Il y eut quelque chose, il me semble, de voulu, de prémédité dans cet amour, de la *pose* enfin, s'il m'est permis de me servir de cette expression. Mais beaucoup de liaisons débutent ainsi et deviennent sérieuses par la suite. Du côté de Falconey, du moins, on n'en saurait douter après avoir lu son histoire, il en fut ainsi. De cet amour d'entraînement devait sortir pour lui une passion réelle et durable. Lui-même nous le dit : il avait soupé chez les Médicis et bu le philtre. Au retour du voyage en Italie avec Olympe, on en voyait les traces sur sa figure si changée, si hâve, si maladive que ses parents et ses amis eurent de la peine à le reconnaître; plus tard le corps reprit des forces, mais le cœur était atteint, et jamais il ne put guérir.

Il faut lire dans le roman de M. Paul de Musset le récit de ce voyage en Italie, dans lequel eut lieu la rupture entre Édouard et Olympe. Je n'essayerai même pas de l'analyser ni de résumer cette longue et terrible scène de l'auberge de Naples, dans laquelle Édouard assiste, témoin enchaîné par la maladie, à l'infidélité de sa maîtresse. Pierre nous apprend qu'il a écrit cette scène sous la dictée de son ami. Il n'avait pas besoin de nous en avertir, cela se sent à chaque ligne. D'avoir joué un rôle dans certains drames, cela peut changer le caractère d'un homme, et le drame de Naples éclaire d'une lueur bien vive certains côtés de l'existence de Falconey. Quoique la conduite d'Olympe avec le médicastre italien qui remplace dans *Lui et Elle* le Palmer de *Elle et Lui* me paraisse inexcusable, j'avoue qu'elle m'émeut plus tard lorsqu'elle essaye de renouer avec Édouard. Ses efforts paraissent sincères un moment, et l'envoi de ses beaux cheveux coupés est touchant. Pierre ne se montre-t-il pas un peu sévère lorsqu'il dit en parlant d'Olympe : « Obligée par son art de faire parler les passions, elle éprouve un ardent besoin de les connaître, d'en écouter le langage de près, d'observer dans le cœur des autres toutes celles qu'elle est incapable de sentir. De là cet appétit déréglé de complications, d'aventures, de changements, d'amours interrompues, reprises, abandonnées. »

Olympe ne pourrait-elle pas répondre : « Non, ce n'est pas la curiosité de l'artiste qui me pousse; mais pourquoi faut-il que Dieu ait mis en moi le désir de l'amour à côté de l'impuissance d'aimer? Que d'efforts pour faire fleurir le germe débile déposé dans mon cœur ! C'est moi-même que je cherche à tromper, et non les autres. Je suis comme ces mères dont les enfants sont morts d'une maladie héréditaire, et qui, malgré la pâleur de leur dernier rejeton, essayent de le retenir à la vie. Que ne puis-je raconter ce qui se passe au fond de mon âme, lorsque dans les émotions du présent je poursuis celles de l'avenir ? J'aime et je n'aime plus ; je serre quelqu'un contre mon sein, mais je ne sais son nom. Appartiens-je à l'amant d'aujourd'hui ou à celui de demain ? Je veux combattre, et j'appelle la défaite. Ni artiste ardente, comme vous dites, ni coquette vulgaire, comme beaucoup m'appelleront : je suis la chercheuse d'amour. »

Je serais disposé, pour ma part, à admettre cette défense, même malgré les lettres si malheureusement retrouvées pour Olympe au fond du vieux tiroir de Falconey. L'accent du cœur, le goût, la mesure (il y a de tout cela dans la passion vraie), y manquent presque toujours. Le fragment suivant de la quatrième lettre peut donner une idée assez exacte de toutes les autres : « L'heure de ma mort est en train de sonner. Chaque jour qui s'écoule frappe un coup, et dans quelques jours le dernier coup ébranlera l'air vital autour de moi. Alors s'ouvrira une tombe où ma jeunesse et mes amours descendront pour jamais ; et que serai-je ensuite ? Triste spectre, sur quelles rives iras-tu errer et gémir ? Grèves immenses, hivers sans fin. Il faut plus de courage pour franchir le seuil des passions et pour entrer dans le calme du désespoir que pour avaler la ciguë.... » Cela rappelle le style de Thérèse dans la lettre que j'ai citée plus haut et la mauvaise rhétorique de J.-J. Rousseau.

Les romans de *Elle et Lui* et de *Lui et Elle*, dangereux dans tous les temps, le sont bien plus encore dans le nôtre, où règne dans toutes les classes de la société, et surtout dans les classes élevées, une curiosité dépravée pour tout ce qui touche à la vie privée des gens célèbres et même de ceux qui ne le sont pas. N'excitons point ce goût de scandales littéraires qui a remplacé le goût de la littérature ; gardons-nous de transporter la chronique dans le roman. Je suis sûr que Thérèse doit regretter maintenant d'avoir chargé George Sand de porter sa cause devant la foule. Lorsque l'âge arrive, à mesure que la jeunesse s'éloigne, les impressions de ce temps-là nous paraissent meilleures ; ses souffrances et ses déceptions elles-mêmes prennent du charme, ses souvenirs sont le viatique de la dernière étape. Les hommes en général respectent ces souvenirs. Les femmes auraient-elles moins de cœur que nous ? Je ne saurais le croire. A l'heure qu'il est, j'en suis sûr, en regardant ses cheveux qui commencent à blanchir, Thérèse regrette d'avoir ouvert devant la foule des débats qui n'étaient pas faits pour elle. Qu'a-t-elle gagné au plaidoyer de George Sand ? et la morale, qu'y a-t-elle gagné à son tour ? Rien. On a dit que l'avocat de Laurent aurait mieux fait de ne pas user de son droit et de renoncer à la réplique. On oublie qu'à côté d'un droit à exercer, il y avait pour M. Paul de Musset un devoir à remplir. Il aurait volontiers abandonné le droit, mais il n'a pas voulu reculer devant le devoir, et je trouve qu'il a eu raison.

M. Edmond Texier a eu dernièrement un fort joli mot dans la revue hebdomadaire du *Siècle* : c'est Orphée mis en pièces par les bacchantes, a-t-il dit en parlant de tous ces livres écrits par des femmes et dont Alfred de Musset est le héros. La première qui porta la main sur Orphée est, si je ne me trompe, mademoiselle Céleste Mogador. Elle sauta un beau jour sur Orphée et voulut l'égratigner. Après les *Mémoires de Céleste Mogador*, nous en sommes maintenant à *Lui*, par madame Louise Colet.

« Je ne définirai pas l'amour, nous dit la baronne Stéphanie de Rostan, la nouvelle *Elle*, mais je l'ai senti par le cœur, par l'esprit et par le sens d'une façon très-complète. » Voilà qui s'appelle parler net, et nous savons du moins à quoi nous en tenir ; nous n'avons point affaire à une de ces mijaurées qui vivent de l'air, comme cette insupportable Thérèse de *Elle et Lui*. A quarante ans (je crois qu'elle se rajeunit), *Elle* a encore la taille svelte, le cou d'un blanc de marbre blanc, la tête belle et expressive, des cheveux abondants d'un blond doré, des mains charmantes, des bras d'un modèle parfait et d'une blancheur éblouissante. Jugez de ce qu'elle était à dix-huit ans, et de sa façon de vivre avec un mari qui la contraignait à ne paraître dans le monde qu'avec des robes montantes et des manches longues. Un *Lui* quelconque ne devait pas tarder à se montrer. Un soir, ce mari farouche conduit sa femme à une soirée de l'Arsenal. C'était en 1836; notez bien cette date. *Elle* se souvient encore de sa toilette : « Je portais ce soir-là une robe de velours noir qui m'emprisonnait jusqu'au cou ; mes cheveux, frisés à l'anglaise, retombaient en longues boucles abondantes de chaque côté de mes épaules *enfermées ;* (pauvre victime !) des traînées de liserons blancs entouraient le chignon et flottaient par derrière. Cette coiffure aurait pu être gracieuse se dégageant sur *le nu* ; mais amoncelée sur le velours du corsage, elle n'était qu'étrange. » Souvenirs du cœur et du *Journal des modes*, que vous êtes touchants !

C'est dans cette soirée que *Elle* et *Lui* se rencontrèrent pour la première fois. *Elle* le vit « passer tourbillonnant dans une valse rapide, » comme on disait en 1836. « Il portait un habit vert-bronze à boutons de métal. » J'aime ces détails ; ils prouvent qu'on a la mémoire du cœur. Des années s'écoulèrent entre cette première entrevue et la seconde. Dans l'intervalle, *Elle* était| devenue veuve, et la perte d'un procès l'obligeait à traduire des romans étrangers pour vivre et pour faire vivre son enfant, car il y a un enfant dans ce roman, afin que la femme puisse de temps en temps se cacher derrière la mère. Cela rend d'ailleurs le bas-bleu plus intéressant, du moins il se l'imagine. « J'avais un magnifique enfant, un fils de sept ans, répandant le rire et le mouvement autour de moi, et j'avais dans le cœur un amour profond, aveugle comme l'espérance et fortifiant comme la foi. » *Elle*, je vous en préviens, a conservé dans son style quelque chose de 1836 et même de 1830 ; maintenant que j'y suis fait, cette emphase romantique ne me paraît pas sans charme ; elle me rappelle ma jeunesse et les romans de M. Gustave Drouineau.

Je ne suis qu'à la page onzième de *Lui*, et je m'aperçois que l'on pourrait déjà l'intituler *Eux ;* en effet, Albert, qui est le héros du roman, n'a pas été le premier *Lui* de l'héroïne. Combien verrons-nous donc de *Lui* secondaires graviter autour du *Lui* principal? En vérité, je l'ignore, quand je songe à ce que l'auteur nous a dit au début de son livre; souvenez-vous que nous avons affaire à une gaillarde (passez-moi l'expression) qui a senti l'amour par le cœur, par l'esprit, par le sens, de la façon la plus complète. Le premier *Lui* n'est pas très-bien traité par *Elle;* il faut convenir aussi que c'est un drôle de *Lui :* « Il vivait au loin à la campagne, travaillant en fanatique de l'art à un grand livre, disait-il; j'étais la confidente de ce génie inconnu; chaque jour ses lettres m'arrivaient, et tous les deux mois, quand sa tâche était accomplie, je redevenais sa récompense adorée, sa joie radieuse, la frénésie passagère de son cœur, qui, chose étrange! s'ouvrait et se refermait à volonté à ces sensations puissantes. » Entre deux frénésies, *Elle* traduisait donc des romans étrangers pour vivre, et pour donner à son enfant « des habits plus élégants et toutes les gâteries maternelles. » Quant à ce terrible *piocheur* qui laboure son grand livre à la campagne, qu'*Elle* fût gênée ou non, il ne s'en doutait même pas. « Comment se serait-il aperçu de ma mauvaise fortune, lui qui n'attachait de prix qu'aux choses idéales? » Oh! l'aimable *Lui* qui ne s'informe seulement pas si celle qu'il aime a le pain de chaque jour assuré, et qui lui répond, lorsqu'elle l'avertit des poursuites dont elle est l'objet de la part d'un autre, que, « malgré l'amour immense qu'il avait pour elle, il ne se reconnaissait pas le droit de s'interposer entre les désirs d'Albert et son entraînement vers lui, si jamais elle venait à l'aimer. Le bonheur d'un homme de la valeur d'Albert imposait tous les sacrifices. » C'est la première fois, je crois, qu'on voit un amant songer à la *valeur* de l'homme qui veut lui enlever sa maîtresse. C'est le droit du seigneur passé du baron féodal au grand homme. Je me demande comment *Elle* a pu accepter une pareille théorie, et ressentir pour *Lui* un amour « aveugle comme l'espérance et fortifiant comme la foi. » Cet homme qui vient vous voir tous les deux mois entre en frénésie, comme vous dites, et le moment passé reprend le chemin de fer sans vous demander comment vous vivez vous et votre enfant, et se remet à son éternel roman de mœurs; cet homme qui vous écrit tranquillement que vous devez accepter tous les sacrifices pour faire le bonheur des hommes de valeur qui voudront bien se présenter chez vous, ce bon gros égoïste, vous prétendez «qu'il n'attache de prix qu'aux choses idéales, » et vous l'aimez !...

Ne parlons pas d'amour, il ne saurait en être question à propos de ce livre.

Il a des côtés plaisants et des côtés tristes, il fait rire, et il inspire du dégoût. Léonce, l'homme au grand livre, aux sensations puissantes, est un personnage qui tourne au comique, avec son roman qui n'en finit jamais, et ses lettres où il répond aux cris de douleur de sa maîtresse par ce qu'elle appelle des cris de passion : « Il souffrait plus que moi, me disait-il, mais la souffrance était une grandeur; il se plaisait à se comparer aux pères du désert, brûlant de désirs et immolant au Dieu jaloux du Thabor leur chair et leur cœur. Pour lui, l'art était le dieu jaloux qu'on ne peut posséder et s'assimiler qu'en

se vouant tout à lui dans la solitude. » On ne se doutait guère que la Thébaïde fût indispensable pour écrire un roman dans le genre de *Madame Bovary* ou de *Fanny*. Chacune des lettres de ce farouche romancier à sa maîtresse se termine par le conseil invariable de se distraire, de voir ses amis, et d'attirer de plus en plus Albert, « qu'il fallait guérir à tout prix. » Et remarquez que ces avis désolants arrivent juste au commencement du printemps, au moment le plus dangereux de l'année : « Les femmes surtout sentent l'influence de ce changement rapide des saisons ; passer des glaces de l'hiver à une température tiède, sentir en soi la séve des arbres et des plantes qui poussent et qui fleurissent, c'est, près d'un être aimé, un épanouissement plein d'orgueil et d'ivresse ; mais dans la solitude cette surabondance de l'être se transforme en souffrances et en tortures. Que faire du trop-plein de son cœur? A quoi bon les rougeurs subites qui colorent les joues, et la flamme plus vive qui jaillit du regard? A quoi bon se sentir plus forts et plus beaux si l'amour manque à l'énergie et à la beauté ? » C'est là en effet une situation terrible quand on a affaire à un diable d'homme que le changement de saison laisse indifférent, et qui vous engage à garder vos rougeurs subites, la flamme de vos regards, votre énergie et votre beauté jusqu'à la fin de son roman ; il n'en est encore qu'à la première partie ; mais quand il l'aura terminé, vous verrez. —
« Je devais le plaindre, me disait-il ; mais une abstraction puissante était comme la religion, comme le martyre, il s'y devait tout entier ; puis l'âpre labeur

accompli, de même que le dévot a pour récompense le paradis, il savourerait avec bien plus d'intensité la joie immense de l'amour. »

Voilà donc notre pauvre *Elle* placée entre le trop laborieux Léonce qui promet toujours d'aimer le mois prochain, et le trop aimable poëte Albert qui veut aimer tout de suite ; vous croyez peut-être qu'une femme aussi sensible aux influences printanières va céder à ce dernier. Erreur profonde ! elle lui résiste, et non pas une fois, deux fois, trois fois, toujours. Cela vous étonne, et moi aussi ; mais enfin nous sommes trop polis pour donner des démentis aux dames ; seulement nous pouvons dire entre nous qu'*Elle* se conduit d'une façon bien légère. Allez donc vous promener la nuit au bois de Boulogne avec un jeune cavalier, asseyez-vous à ses côtés, comme dans les romans du temps de l'empire, au pied d'une croix, au fond d'une clairière, et empêchez ensuite les médisants de jaser. Vous aurez beau leur répondre : rien de plus innocent que cette promenade, « j'avais soif de l'air de la nuit, il me semblait qu'il me délivrerait des obsessions brûlantes du jour, » ils ne vous croiront peut-être pas. Pour moi, je vous admire, Stéphanie ; quel courage lorsque vous sentez « ses lèvres courir frénétiques et rapides sur votre front, sur vos yeux, sur votre bouche ! » Vous lui échappez violemment, toujours comme dans ces bons vieux romans dont je parlais tout à l'heure, et vous vous élancez au hasard dans les allées. Effort sublime ! j'ai tremblé un moment, je l'avoue, en songeant à vos rougeurs subites, et surtout aux obsessions brûlantes du jour. Enfin vous avez triomphé; mais, croyez-moi, obtenez de Léonce qu'il interrompe son roman pour vingt-quatre heures seulement, et qu'il arrive courrier par courrier avec sa frénésie, sinon je ne réponds plus de vous.

Madame Louise Colet me permettra de lui dire qu'elle aurait fait sagement de garder pour elle les confidences de son amie la baronne de Rostan. Cette femme abuse indignement de la confiance qu'Albert a pu lui témoigner dans certains moments d'abandon et d'oubli. Sa confession, parsemée d'anecdotes qui ne lui appartenaient pas, de médisances rétrospectives sur des femmes maintenant protégées par leurs cheveux blancs, réveillera peut-être la curiosité blasée d'un public indifférent au bien et au mal, mais elle révoltera à coup sûr les honnêtes gens. Si la baronne de Rostan croit faire la satire d'une certaine partie de la société littéraire de son temps, elle se trompe, elle n'en fait que la chronique. Cette femme qui nous parle sans cesse de ses cheveux, de ses épaules, de ses bras qu'on *palpe* à travers sa manche large, qui se laisse embrasser par les gens la nuit dans les allées du bois de Boulogne, qui les embrasse fort bien elle-même, et qui appelle cela « l'appel de l'esprit au génie, » dans quel monde a-t-elle donc vécu? Et quels infinis détails de toilette! Il ne lui suffit pas de la couleur de la robe, de la coupe du chapeau, du nom des fleurs; elle en ajoute bien d'autres encore qu'on ne lui demande pas : « mes épaules et mon sein se détachaient à travers le clair tissu, et mes bras étaient presque à découvert. » Elle s'étonne ensuite que le regard d'Albert « s'arrête avec une fixité gênante sur le corsage de sa robe. » J'en suis d'autant moins surpris pour ma part, que, dès le commencement de ce livre, madame Louise Colet a eu soin de m'apprendre que l'héroïne possède toutes les grâces de la Sapho de Pradier. On sait ce que cela veut dire. Se renfermer à minuit dans un coupé bas et dans le costume que je viens de décrire avec un homme qui s'est déjà assis avec vous au pied d'une croix, au fond des clairières du bois de Boulogne, dont vous avez senti « les lèvres courir rapides et frénétiques sur votre front, sur vos yeux, sur votre bouche, » c'est bien imprudent ! surtout quand l'absence de Léonce se prolonge, et que son roman pourrait bien n'être pas fini avant l'année prochaine. Vraiment, Stéphanie, si vous ne voulez être que coquette, vous l'êtes trop, et Albert a raison de vous dire : « Vous n'avez mis cette robe que pour me tenter; » vous voilà maintenant dans l'antre du lion, il a rugi, qu'allez-vous faire?... Mais je vous laisse parler : « J'ouvris violemment la portière, et suivant l'élan de mon sang du Midi, de ce sang grec et latin qui fait des héros, des martyrs et des fous, je me précipitai.... Si la tête avait porté à terre, j'étais morte; mais je tombai sur les deux genoux, et comme la pluie des jours précédents avait amolli ces plâtras, je ne me fis que quelques écorchures. Cependant je ressentis intérieurement une commotion si vive, que je crus d'abord que j'allais mourir sans revoir mon pauvre enfant; à cette pensée se mêla le souvenir de Léonce, et mes bras défaillants se tendirent pour lui dire adieu.» C'est la seconde fois, baronne, que vous vous exposez à un semblable danger; ne tentez pas une troisième épreuve; on a beau avoir du sang grec et latin dans les veines, il faut éviter de s'élancer trop souvent d'un coupé qui traverse au galop la place du Carrousel; même avec de l'habitude, on n'en est pas toujours quitte pour une commotion. Je vous ai reproché, je crois, vos croix de pierre, vos lunes qui se voilent, etc.; défaites-vous également de ces souvenirs qui se mêlent à des pensées, de ces bras défaillants qui se tendent, de ce style à la Cottin qui pourrait faire croire que vous avez plus de quarante ans.

Il est un autre conseil infiniment plus grave que je voudrais donner à la baronne de Rostan. Peut-être Léonce et Albert ne sont-ils point les seuls souvenirs d'une jeunesse qui a senti l'amour d'une façon si complète par le cœur, par l'esprit et par le sens : s'il lui prend fantaisie de raconter ses autres aventures, qu'elle n'y mêle point son fils, qu'elle éloigne l'innocente créature. Les femmes comme Stéphanie ne devraient jamais nous dire qu'elles sont mères.

Lui sera-t-il le dernier esclandre sur la tombe du poëte? Espérons-le. En attendant, il faudrait se montrer sans pitié pour ces publications sans excuse. Si, pour vous châtier, Stéphanie, on répétait ce qu'Albert disait de vous? Ne vous redressez pas déjà dans votre vanité; vous ne seriez pas odieuse, mais ridicule. On se tait parce qu'il faut se respecter soi-même et le public : mais comme vous méritteriez cette punition !

Quand elle fait semblant de croire qu'on refuse à

Thérèse le droit de raconter ses amours, l'auteur de *Elle et Lui* sait très-bien à quel artifice elle a recours pour changer le terrain de la discussion. La vraie source de création pour l'artiste est en lui-même, on le sait bien, et l'artiste le plus éloquent est celui qui sait le mieux exprimer les joies ou les souffrances qu'il a éprouvées. Thérèse a aimé, elle s'est donnée. Permis à elle de mettre le public dans la confidence de ses sentiments. Ce qu'on a discuté, c'est l'opportunité, la convenance et la vérité de cette confession. Thérèse a voulu plaider en séparation devant le tribunal de l'opinion, chacun a donc pu juger les torts des parties. Mais vous, madame, peut-on dire à la baronne de Rostan, quel procès avez-vous à vider avec cette ombre tourmentée? L'exemple de Thérèse ne devait-il pas vous avertir qu'on ne réveille pas impunément les morts? Il vous a aimée, dites-vous; ne deviez-vous pas, à cause de cela même, le respecter davantage? Votre récit n'est qu'un grossier mélange des appétits d'une femme mûre et des désirs d'un jeune libertin. C'est là ce que vous appelez de l'amour? Non, Albert, qui l'ignore? ne vous a jamais aimée. N'ayant pas eu le pouvoir de le faire souffrir, vous usez du seul qui vous reste, celui de montrer ses mauvaises habitudes et ses défaillances de caractère. Quand Thérèse a soulevé entre elle et lui ce fatal procès, on a écouté la déposition écrite d'un frère qui ne pouvait rester étranger au débat; mais vous, madame, quel devoir vous y appelait? S'il est vrai que du cœur toujours saignant d'Albert soit sortie un jour la sombre et triste histoire de ses anciennes amours, il fallait la garder ensevelie au fond du vôtre. Femme, ce n'était point à vous à jeter la pierre à une autre femme. Je sais bien que le scandale appelle le scandale, et que le récit de la baronne de Rostan n'est que le châtiment de Thérèse; mais le recevoir d'une telle main ! je la trouve trop punie.

Quelques personnes m'ont demandé si Léonce avait enfin terminé son roman. Espérons-le.

LA NOUVELLE POÉSIE PROVENÇALE

—

MIRÈIO

POÈME PROVENÇAL AVEC LA TRADUCTION EN REGARD

PAR FRÉDÉRIC MISTRAL

———

Français, ce que je vais dire ne vous regarde point.
Vous pouvez aller à vos affaires, construire des chemins de fer, jouer à la bourse, cet article n'a rien
qui vous intéresse, quoiqu'il contienne une grande
nouvelle. Vous hausserez les épaules quand vous la
saurez ; mais elle volera de bouche en bouche depuis
la ville où l'arc de triomphe de Domitius dresse son
fronton doré par le soleil jusqu'aux côtes basses où
le Rhône se jette dans la mer, depuis les rives affairées de la Joliette jusqu'aux bords paisibles de la mer
de Cannes et de Fréjus, depuis la folle Durance jusqu'au Var ombragé de lauriers-roses et d'orangers. Il
en sera parlé dans les villes et dans les campagnes,
dans la montagne et dans la plaine, sur terre aussi
bien que sur mer. Réjouissez-vous, gens de la haute
et de la basse Provence, pâtres dont les grands troupeaux paissent l'été l'herbe des Alpes, et l'hiver
l'herbe salée de la Crau ; dompteurs des chevaux et
des taureaux de la Camargue, pêcheurs des Calanques

et des Madragues, laboureurs des vallées alpines, portefaix, ouvriers, hommes des ports et de la ville, marins, paysans, Provençaux de toutes les contrées et de tous les états; réjouissez-vous aussi, vieilles capitales, Arles l'impériale, Avignon la papale, Aix la savante, Marseille l'industrieuse, Toulon la guerrière, Saint-Remy, Draguignan, Saint-Tropez, Tarascon, un poëte vous est né !

Que chante-t-il? Les amours d'un vannier et d'une paysanne. Se peut-il que vous n'ayez pas entendu parler de Mireille? On voit bien que vous n'êtes pas de la Crau, ni des plaines de la Camargue, ni des environs de Saint-Remy et de Saint-Chamas; jusqu'au fond des terres baussenques, il n'est question que de la jeune fermière du mas des Falabreguiers, de Mireille la brune et la jolie, éclose comme une rose au gai soleil de Provence. Son visage frais et ingénu était orné de deux fossettes, de deux fossettes à fleur de joue; ses yeux étaient doux comme des rayons d'étoile, des tresses noires s'échappaient de sa chevelure, et sa poitrine arrondie semblait une pêche double sur le point de mûrir. Quel âge avait son amoureux Vincent? Seize ans, comme elle. C'était un beau garçon, et bien découplé, un peu noir de peau, mais de terre noire bon froment, et de raisin noir vin qui réchauffe, comme dit le proverbe. Il allait de ferme en ferme, raccommodant et vendant des paniers, chassait la verte cantharide au temps où les oliviers sont en fleur, cueillait le kermès rouge, ou, battant l'eau des marais, il pêchait la sangsue collée à sa jambe, et du produit de ces diverses industries il nourrissait son vieux père et sa jeune sœur.

Comment l'amour vint-il à Vincent et à Mireille ? C'était un beau matin de mai, au temps où les vers à soie filent leur linceul d'or, où les jeunes filles cueillent la feuille des mûriers ; Vincent et Mireille travaillaient ensemble ; en mettant dans le sac la feuille humide de rosée, la main blanche et la main brune se touchèrent, les joues rougirent, les regards se rencontrèrent, et, à partir de ce jour-là, Mireille aima Vincent. Il lui vint des demandeurs de tous les points de la contrée : un berger d'Entressen, un gardeur de cavales riverain du Rhône camarguais, un bouvier des pâturages du Sauvage, tous les trois riches, jeunes et beaux ; elle les refusa, ne voulant pour mari que son vannier. Mais Vincent n'a pas le sou, et maître Ramon, le père de Mireille, compte parmi les plus gros fermiers de la Crau. Donner sa fille à un va-nu-pieds comme ce raccommodeur de corbeilles ! la pauvre enfant a beau lui dire qu'elle en mourra s'il ne veut point y consentir, qu'elle en meure !

A l'extrémité de l'île de Camargue s'élèvent le village et l'église des *Saintes-Maries*. C'est là qu'abordèrent, selon la tradition, Marie-Madeleine la pécheresse, Marie-Jacobé, mère de saint Jacques le Mineur ; Marie-Salomé, mère de saint Jacques le Majeur et de saint Jean l'Évangéliste ; Marthe, Lazare, Maximin, Trophime et Saturnin, chassés de la Judée après la mort du Christ et livrés à la merci des flots sur un navire désemparé, s'il en faut croire l'ancien cantique dans lequel les juifs parlent ainsi aux chrétiens :

> Allez sans voile et sans cordage,
> Sans mât, sans ancre, sans timon,
> Sans aliments, sans aviron,
> Allez faire un triste naufrage !
> Retirez-vous d'ici, laissez-nous en repos ;
> Allez crever parmi les flots.

Pendant que tout dort au mas, Mireille, que le sommeil fuit, se lève et s'habille ; d'abord elle met un rouge cotillon qu'elle-même a piqué de frais carreaux de broderie ; sur ce jupon un autre ; puis elle serre autour de sa taille une casaque de soie noire : d'une dentelle fine ses cheveux une fois enveloppés, elle les ceint d'un large ruban bleu fixé par une épingle d'or ; elle noue son tablier, croise son fichu de mousseline sur son sein et la voilà dans la campagne, n'ayant rien oublié que son chapeau à larges bords, son grand chapeau de Provençale. Où va-t-elle ainsi à l'heure où les étoiles brillent encore au ciel ? Elle se rend à l'église des Trois-Maries pour implorer les saintes. Malheureux pèlerinage dont Mireille ne revient pas ; elle tombe sur le sable frappée d'un coup de soleil.

Telle est la donnée du poëme ; on voit qu'il était difficile d'en choisir une plus simple. Cette simplicité même ajoute beaucoup au mérite de l'auteur, qui a su faire tenir dans un cadre étroit non-seulement l'histoire de deux amants, mais encore celle de tout un peuple. La Provence avec ses mœurs, ses fêtes, ses légendes, revit dans les chants du poëte. Brizeux, dans son poëme les *Bretons*, a tenté pour son pays ce que Frédéric Mistral vient de faire pour le sien. Quand il décrit les mirages de la Crau, les prés salés de la Camargue, les travaux et les plaisirs rustiques : la moisson, la levée des cocons, la course, la lutte, le poëte provençal est plus ému, plus poétique, sans cesser d'être aussi vrai ; on sent parfois dans ses vers un souffle de l'antiquité, d'autant plus doux et plus frais qu'il est naturel. La description du vase de buis ciselé que le berger offre à Mireille est un de ces morceaux qui rappellent les poëtes antiques ; non point Homère, comme on l'a dit, mais Théocrite et Virgile, on pourrait même ajouter Longus, car Vincent et Mireille sont le Daphnis et la Chloé de la Provence, un Daphnis et une Chloé chastes cependant, quoique M. l'abbé Monier, dans un recueil qui se publie à Avignon, la *Revue des bibliothèques paroissiales*, reproche fort injustement, selon moi, à la muse de Frédéric Mistral de manquer de chasteté ; les points dont il émaille ses citations pourraient faire croire au lecteur que le texte fourmille des plus gros péchés. La pudeur de M. l'abbé Monier s'alarme trop facilement. Rien dans les paroles et dans les actions des deux amants ne justifie cette expression de *licencieux rossignols* qu'il emprunte à un discours récent de M. Vitet pour l'appliquer à Vincent et à Mireille.

Un autre critique méridional, M. Ernest Roussel, dans un article très-bien fait du *Courrier du Gard*, donne une idée beaucoup plus juste et plus vraie du genre de sentiment décrit par l'auteur : « Ce n'est ni la passion fatale de Didon, ni l'amour raisonneur et métaphysique de Julie, ni le sentiment plein d'ignorance et d'instinctive pudeur de Virginie; c'est un mélange d'entraînement physique et d'exaltation morale, ce sont des élans passionnés contenus par le respect de l'objet aimé et le sentiment religieux. » L'habit que porte l'abbé Monier rend sa critique plus sévère, pour le fond même du poëme, cela se conçoit, sans l'empêcher pourtant d'en admirer les détails et les épisodes : « Presque au hasard, dit-il, nous pouvons désigner la peinture du cheval de Camargue, l'éloge d'Arles, le combat des géants, la navigation des saints de Provence, la description de l'embouchure du Rhône, un des plus beaux morceaux de poésie descriptive que nous connaissions; la légende du trou de la cape, que nous mettrions volontiers à côté de la fameuse ballade de Burger. » Sauf cette dernière assimilation, peu justifiée, selon moi, je suis de l'avis de M. l'abbé sur tous ces morceaux; il en est d'autres qu'en ma qualité de laïque je puis admirer tout autant; il serait trop long de les énumérer; personne n'a eu jusqu'ici le sentiment aussi vif et aussi profond de la nature provençale que Frédéric Mistral; réaliste et spiritualiste à la fois, il saisit les objets d'un regard pénétrant et sait les rendre d'un cœur ému; il voit et il sent, deux qualités qui ne se trouvent pas souvent réunies. Que ne puis-je, pour en convaincre le lecteur, citer la scène du nid dans le mûrier, celle du rendez-vous, et le voyage de Mireille à travers la Camargue? Mais je serais obligé de citer la traduction; il ne resterait plus qu'une fleur desséchée, le texte perdrait tout son parfum.

Tout en rendant justice au talent de composition déployé par l'auteur de *Mirèio*, je m'associe volontiers à un léger reproche que lui adresse M. Ernest Roussel sur les dernières scènes de son poëme. Mireille s'est traînée à grand'peine jusqu'à l'église. « Mais là, sur les marches sacrées, ses yeux se ferment, et une vision céleste vient rafraîchir son âme. Les saintes patronnes de la contrée lui apparaissent, la détachent de la vie, et lui racontent leur histoire dans un chant tout imprégné des parfums bibliques et des merveilleux souvenirs de la première aurore chrétienne. Toutes les légendes de la Provence : la prédication de saint Trophime, à Arles; la victoire de sainte Marthe, à Tarascon; les fondations plus récentes du roi René, tout est fondu dans ce chant, dont la valeur, si on le considère isolé du tout, est très-élevée, mais qui dans l'ensemble du poëme a peut-être le tort d'interrompre l'action trop longtemps et d'introduire un récit épisodique trop détaillé dans la portion de l'œuvre où les événements doivent se presser et courir au dénoûment. » Pour moi, j'adresserai encore un autre reproche à Mistral. Les histoires du genre de celle qu'il raconte gagnent beaucoup, même en intérêt, à finir heureusement et simplement; il faut éloigner d'elles jusqu'à la plus petite apparence de mélodrame. Pourquoi avoir fait mourir Mireille? J'aurais mieux aimé, et bien des lecteurs sont de mon avis, que le poëme se terminât par une noce; c'eût été le dernier et le plus agréable de tous les tableaux dont se compose la galerie provençale de Frédéric Mistral. On aurait dansé dans la Crau, et mené la farandole au son du tambourin et des chansons patoises.

A ce mot de patois j'entends l'auteur de *Mirèio* qui se récrie et me répond : « Il est, ce nous semble, profondément injuste de traiter de patois, et comme tel de mépriser un idiome parlé par de nombreuses populations, hautement probes, intelligentes et poétiques, sous prétexte qu'il existe au-dessus une langue administrative, commerciale et savante. Traiter banalement de patois la langue provençale, c'est l'insulte que le mauvais riche jette à Lazare, le vainqueur au vaincu. Mais que prouve une insulte? est-ce un argument?... A ce titre, la belle langue d'Italie peut s'attendre incessamment à être décrétée patois par les Autrichiens. »

Poëte Mistral, impétueux comme votre nom, calmez-vous et cessez de voir dans ce mot de patois une injure pour l'intelligence et la probité des Provençaux; si on les attaquait à ce point de vue, que de voix s'élèveraient pour les défendre, et la mienne ne serait pas la dernière assurément. Qu'est-ce qu'un patois? C'est une langue qui ne se renouvelle pas, et qui est destinée à périr; il en est du provençal comme du languedocien, comme du bas-breton, comme du picard, comme d'une foule d'autres idiomes que rien ne peut défendre de l'invasion du français, non rien, pas même un beau poëme comme celui de *Mirèio.* Songez-vous bien à ce que vous dites, lorsque vous appelez la langue de Victor Hugo, de Lamartine, d'Alfred de Musset, de Michelet, de Quinet, de George Sand (je ne parle ni de Racine, ni de Corneille, ni de Voltaire, ni de Rousseau), une langue administrative et savante? Y a-t-il encore des vainqueurs et des vaincus parmi nous, et les Français campent-ils à Arles comme les Autrichiens à Milan?

Certes, il n'est personne à qui le parler du pays natal ne soit doux; j'ai été ému plus d'une fois en écoutant Vincent et Mireille. L'année dernière pourtant, à Marseille, j'aperçus, me promenant seul en Rive-Neuve, à l'heure de midi, un petit garçon et une petite fille déguenillés, deux *quecous*, comme on les appelle, qui causaient à l'abri du soleil, derrière une barrique. Je m'approchai sans faire de bruit; ô surprise ! ils parlaient le français, mes deux enfants, Vincent et Mireille de la bohème marseillaise, un français douteux, si vous voulez, mais qui me fit plus de plaisir à entendre que la langue la plus correcte. C'est que vous avez beau dire, poëte Mistral, ce sera un beau jour que celui où les vingt millions d'individus qui parlent les divers patois de notre commune patrie s'exprimeront en français; ce jour-là, il y aura vingt millions d'hommes qui sauront lire en France, et la cause du progrès et de la liberté sera définitivement gagnée. Condamner le peuple au patois, c'est le condamner à l'ignorance. L'histoire, la géographie, la chimie, la physique, toutes les sciences qu'il a besoin d'apprendre, ne s'écrivent pas en patois. Vous dites que la langue française ne suffit pas à la parole vive et imagée des Provençaux : Mirabeau ne serait peut-être pas de cet avis; mais que les Provençaux, s'il en est ainsi, essayent de façonner la

langue française à leur image, c'est un service qu'ils
lui rendront, et qu'elle ne refusera pas. Cela vaudra
mieux que de tenter sérieusement une renaissance
provençale impossible. La Provence, comme Sarah,
a eu un fruit tardif; elle ne demande pas que le miracle se renouvelle. Dieu n'accorde pas deux fois une
pareille faveur.

On m'a raconté que dernièrement, en un jardin
voisin d'Avignon, s'étaient réunis tous les poëtes
provençaux. Il y avait là Roumanille, Aubanel, Gar-
cin, Anselme Mathieu, Louis Roumieu, Tavan le
paysan, l'abbé Lambert et l'abbé Aubert, Adolphe
Dumas, Autheman, Benedit, Gelu, Crouzilliat, et
une foule d'autres dont le nom m'échappe. Or, voici
ce qui s'est passé, dit-on, dans cette réunion: chacun
avait lu des vers, et Frédéric Mistral venait d'achever
la dernière stance de *Miréio*, lorsque tout à coup
les arbrisseaux de la charmille à l'ombre de laquelle
chantaient les poëtes s'entr'ouvrirent doucement
pour donner passage à une femme d'une merveilleuse beauté. Une guirlande de cassies au parfum pénétrant ceignait sa chevelure noire d'un diadème d'or;
elle avait le teint mat et les traits réguliers des vierges
romaines, avec quelque chose de plus vif et de plus
gracieux dans le regard et dans le sourire; les plis de
sa robe balayaient la poussière derrière elle; à sa
ceinture pendaient d'un côté deux petites cymbales,
de l'autre une aumônière de velours. Moitié déesse,
moitié châtelaine, la belle inconnue s'avançait vers
les poëtes étonnés, et leur parlait ainsi d'une voix
harmonieuse et douce :

« Amis, je suis la muse provençale et j'accours à vos vers ; la voix de Mireille m'a rappelée sur cette terre où brilla en tout temps la fleur de poésie, où ses parfums adoucirent et calmèrent la féodalité barbare, où naquit la gaie science au souffle des brises d'Orient. Quand le reste de la France était plongé dans la noire mélancolie du moyen âge, l'écho mélodieux des chansons de Séville, de Grenade, de Tolède venait de côte en côte expirer sur mes plages où je prêtais l'oreille pour le recueillir. Les chevaliers arabes étaient les bienvenus dans mes cours brillantes, car pendant soixante ans la Provence et l'Espagne eurent les mêmes souverains ; ils me chantaient leurs ghazels et leurs cassides, et je les redisais ensuite à mes troubadours.

» Hardis sirventes, tensons brûlantes et tendres, je me suis trop bercée à vos mélodies passagères. Le cœur qui bondit, l'esprit qui raille, l'imagination qui brode, trop longtemps j'ai cru que cela seulement était la poésie ; j'ai pris l'éclair pour le soleil, la nue qui court dans le ciel pour le ciel lui-même ; aussi j'ai des poëtes par centaines et pas un poëme. Ce sont les nations qui font les poëmes ; hélas ! la Provence n'a jamais été une nation : Grecs, Italiens, Sarrasins ont tour à tour passé sur son sol fertile en républiques, et, de tant de petits peuples, un grand peuple n'a pas pu sortir, non plus que de tant d'hommes de talent et presque de génie, un seul grand homme. Dante, en écrivant sa *Divine comédie* dans la langue des troubadours, qu'il parla, allait éterniser leur littérature ; mais, après avoir hésité

un moment, il aima mieux, pour son poëme nouveau, inventer une langue nouvelle.

» Depuis ce moment, pauvre muse provençale, je
n'ai fait que souffrir. Trois fois les barons du Nord
sont venus et m'ont foulée aux pieds dans leur haine
sauvage ; Dominique et Montfort m'ont cruellement
torturée ; les fers de l'inquisition ont meurtri mes
bras et mon sein. Les prêtres et les routiers ont brûlé
mes poëmes ; on a exterminé mes Vaudois et mes
Albigeois, qui priaient Dieu en langue provençale,
et la Provence n'a pas eu de Cid pour recommencer
la guerre, aucun de ses héros n'avait survécu au
grand carnage du Midi. Amère souvenance ! un de
mes fils conduisait la sanglante croisade, Folquet
présidait aux exécutions, un troubadour tuait la poésie des troubadours. »

Après un soupir, la Provence reprit :

« On me mena à la conquête de Naples, et, sous
son ciel doux et perfide, je perdis ce qui me restait
de vigueur. Qu'avais-je à chanter, lorsque la papauté
voyageuse vint bâtir sur les bords de mon Rhône son
éphémère Vatican ? les crimes de la royauté napoli-
taine et les scandales de la cour papale. La Provence
s'assoupit sous les ailes d'une papauté cupide et im-
puissante. Cependant un secret espoir me soutenait
encore. Un jeune homme errait pensif sur les bords
de mes sorgues fleuries ; à l'ombre de mes platanes,
son cœur s'était ouvert à l'amour et à la poésie. Cet
idéal que j'offris un jour à sa vue dans la personne
de Laure, j'espérais qu'il le célèbrerait dans la langue
de Laure elle-même. L'ingrat aima mieux la chanter

dans une langue étrangère. L'Italie, qui m'avait déjà pris les rimes de Dante, m'enleva les sonnets de Pétrarque. Ce fut le dernier coup. J'allais mourir lorsque l'insouciant et vieux René légua la Provence à son cousin le roi de France. Au souffle de ma nouvelle patrie, je me sentis renaître ; à elle je me donnai tout entière. Chez elle je trouvai d'autres sœurs; d'autres encore vinrent à leur tour nous rejoindre, et maintenant, la main dans la main, Normandie, Bretagne, Picardie, Auvergne, Gascogne, Flandre, Provence, mêlées et confondues, nous formons ce chœur de nationalités qui s'appelle la France.

« De nos génies variés s'est formé le génie français, de notre diversité naît son unité puissante ; nous avons toutes contribué à la fonder, et chacune de nous est jalouse de la maintenir. Ne sentez-vous pas que la Provence par le génie des orateurs, des poëtes, des écrivains de tous les genres qu'elle n'a cessé de donner à la France revit aussi forte et aussi belle que par vos vers. Dans un siècle à peine personne ne les comprendra plus. Chantez pourtant, ô poëtes ! chantez, je vous écouterai, si, gardant à la France vos meilleures inspirations, vous vous contentez de donner un souvenir au passé qui ne peut plus revivre ; alors cachée comme aujourd'hui dans le feuillage, la muse de la Provence heureuse entendra vos chansons en silence, et répandra les fleurs de sa couronne sur vos fronts. »

Une pluie de cassies tomba sur les poëtes; ils cherchèrent en vain la muse : elle avait disparu. L'air resta longtemps embaumé, et le chant des oiseaux parut plus doux dans la charmille.

Les sceptiques ne voudront pas croire à cette apparition, quoique nous vivions dans un temps fertile en miracles ; pour moi, j'y crois fermement, et je suis tout à fait de l'avis de la muse provençale : il serait fâcheux qu'un poëte comme Frédéric Mistral fût perdu pour la France. «Que voulez-vous? me répond-il, on est poëte comme on peut ; l'inspiration me vient en provençal, en français elle me fuit. N'est-ce donc rien d'ailleurs que d'être chanté par tant de braves gens qui ne comprennent pas un mot aux plus beaux vers de la langue française? C'est là mon lot et je m'en contente. Le printemps a déjà répandu sur nos collines sa corbeille pleine de fleurs, la fraise rougit dans nos jardins, dans quelques jours la figue-fleur paraîtra sur la branche, et la grappe madalénenque sera formée ; n'attendez pas qu'arrivent les cigales ; avant les ardeurs de l'été venez visiter ce côté-ci de la Provence : Arles, Saint-Remy, Mont-mayour, les Baux. Vous verrez qu'on peut être encore poëte en provençal. Vous vous plaignez que ma Mireille soit morte ; prenons le bâton et la guêtre de cuir, allons en Crau ; là je vous montrerai plus d'une autre Mireille. »

Au revoir donc, poëte Mistral; laissez venir la première quinzaine de mai, et nous nous reverrons en Provence.

FIN.

TABLE DES MATIÈRES

FIN DE LA TABLE.

Paris. — Imprimerie de P.-A. Bourdier et Cie, rue Mazarine, 30.